Texte détérioré — reliure défectueuse

NF Z 43-120-11

Reliure serrée

QUESTIONS
SUR
L'ENCYCLOPÉDIE,
PAR
DES AMATEURS.

QUATRIEME PARTIE.

M. DCC. LXXI.

QUESTIONS
SUR
L'ENCYCLOPEDIE.

CICÉRON.

'EST dans le tems de la décadence des beaux arts en France, c'est dans le siécle des paradoxes, & dans l'avilissement de la littérature & de la philosophie persécutées, qu'on veut flétrir *Cicéron*; & quel est l'homme qui essaie de deshonorer sa mémoire? c'est un de ses disciples, c'est un homme qui prête, comme lui, son ministère à la défense des accusés; c'est un avocat qui a étudié l'éloquence chez ce grand maître; c'est un citoyen qui paraît animé comme *Cicéron* même de l'amour du bien public.

Dans un livre intitulé *Canaux navigables*, livre rempli de vues patriotiques & grandes

Quatrième partie. A

plus que praticables, on est bien étonné de lire cette philippique contre *Cicéron* qui n'a jamais fait creuser de canaux :

„ Le trait le plus glorieux de l'histoire de
„ *Cicéron*, c'est la ruine de la conjuration de
„ *Catilina* ; mais à le bien prendre, elle ne
„ fit du bruit à Rome qu'autant qu'il affecta
„ d'y mettre de l'importance. Le danger exi-
„ stait dans ses discours bien plus que dans
„ la chose. C'était une entreprise d'hommes
„ yvres qu'il était facile de déconcerter. Ni
„ le chef, ni les complices n'avaient pris la
„ moindre mesure pour assurer le succès de
„ leur crime. Il n'y eut d'étonnant dans cette
„ étrange affaire que l'appareil dont le con-
„ seil chargea toutes ses démarches, & la fa-
„ cilité avec laquelle on lui laissa sacrifier à
„ son amour-propre tant de rejettons des
„ plus illustres familles.

„ D'ailleurs, la vie de *Cicéron* est pleine
„ de traits honteux ; son éloquence était vé-
„ nale autant que son ame était pusillanime.
„ Si ce n'était pas l'intérêt qui dirigeait sa
„ langue, c'était la frayeur ou l'espérance ;
„ le desir de se faire des appuis le portait à
„ la tribune pour y défendre sans pudeur des
„ hommes plus deshonorés, plus dangereux
„ cent fois que *Catilina*. Parmi ses cliens, on
„ ne voit presque que des scélerats : & par
„ un trait singulier de la justice divine, il
„ reçut enfin la mort des mains d'un de ces

„ misérables que son art avait dérobés aux
„ rigueurs de la justice humaine. "

A le bien prendre, la conjuration de *Catilina* fit à Rome plus que *du bruit* ; elle la plongea dans le plus grand trouble, & dans le plus grand danger. Elle ne fut terminée que par une bataille si sanglante qu'il n'est aucun exemple d'un pareil carnage, & peu d'un courage aussi intrépide. Tous les soldats de *Catilina* après avoir tué la moitié de l'armée de *Petreius* furent tués jusqu'au dernier ; *Catilina* périt percé de coups sur un monceau de morts, & tous furent trouvés le visage tourné contre l'ennemi. Ce n'était pas là une entreprise si facile à déconcerter ; *César* la favorisait, & elle apprit à *César* à conspirer un jour plus heureusement contre sa patrie.

Cicéron défendait sans pudeur des hommes plus deshonorés, plus dangereux cent fois que Catilina.

Est-ce quand il défendait dans la tribune la Sicile contre *Verres*, & la république Romaine contre *Antoine* ? est-ce quand il réveillait la clémence de *César* en faveur de *Ligarius* & du roi *Dejotare* ? ou lorsqu'il obtenait le droit de cité pour le poëte *Archias*; ou lorsque dans sa belle oraison pour la loi *Manilia* il emportait tous les suffrages des Romains en faveur du grand *Pompée* ?

Il plaida pour *Milon* meurtrier de *Clodius* ;

mais *Clodius* avait mérité fa fin tragique par fes fureurs. *Clodius* avait trempé dans la conjuration de *Catilina*, *Clodius* était fon plus mortel ennemi, il avait foulevé Rome contre lui, & l'avait puni d'avoir fauvé Rome; *Milon* était fon ami.

Quoi! c'eft de nos jours qu'on ofe dire que DIEU punit *Cicéron* d'avoir plaidé pour un tribun militaire nommé *Popilius Léna*, & que la vengeance célefte le fit affaffiner par ce *Popilius Léna* même! Perfonne ne fait fi *Popilius Léna* était coupable ou non du crime dont *Cicéron* le juftifia quand il le défendit; mais tous les hommes favent que ce monftre fut coupable de la plus horrible ingratitude, de la plus infame avarice, & de la plus déteftable barbarie, en affaffinant fon bienfaiteur pour gagner l'argent de trois monftres comme lui. Il était refervé à notre fiécle de vouloir faire regarder l'affaffinat de *Cicéron* comme un acte de la juftice divine. Les triumvirs ne l'auraient pas ofé. Tous les fiécles jufqu'ici ont détefté & pleuré fa mort.

On reproche à *Cicéron* de s'être vanté trop fouvent d'avoir fauvé Rome, & d'avoir trop aimé la gloire. Mais fes ennemis voulaient flétrir cette gloire. Une faction tyrannique le condamnait à l'exil, & abattait fa maifon, parce qu'il avait préfervé toutes les maifons de Rome de l'incendie que *Catilina* leur préparait. Il vous eft permis (c'eft même un devoir) de vanter vos services quand on les méconnait, & surtout quand on vous en fait un crime.

On admire encor *Scipion* de n'avoir répondu à ses accusateurs que par ces mots : *C'est à pareil jour que j'ai vaincu Annibal, allons rendre grace aux Dieux.* Il fut suivi par tout le peuple au capitole, & nos cœurs l'y suivent encor en lisant ce trait d'histoire.

Cicéron fut admiré de même par le peuple Romain le jour qu'à l'expiration de son consulat, étant obligé de faire les sermens ordinaires, & se préparant à haranguer le peuple selon la coutume, il en fut empêché par le tribun *Metellus* qui voulait l'outrager. *Cicéron* avait commencé par ces mots, *Je jure* ; le tribun l'interrompit, & déclara qu'il ne lui permettrait pas de haranguer. Il s'éleva un grand murmure. *Cicéron* s'arrêta un moment, & renforçant sa voix noble & sonore, il dit pour toute harangue, *Je jure que j'ai sauvé la patrie.* L'assemblée enchantée s'écria, *Nous jurons qu'il a dit la vérité.* Ce moment fut le plus beau de sa vie. Voilà comme il faut aimer la gloire.

Je ne sais où j'ai lu autrefois ces vers ignorés.

Romains, j'aime la gloire & ne veux point m'en taire ;
Des travaux des humains c'est le digne salaire :
Ce n'est qu'en vous servant qu'il la faut acheter.
Qui n'ose la vouloir n'ose la mériter.

A iij

Peut-on mépriser *Cicéron* si on considère sa conduite dans son gouvernement de la Cilicie, qui était alors une des plus importantes provinces de l'empire Romain, en ce qu'elle confinait à la Syrie, & à l'empire des Parthes. Laodicée, l'une des plus belles villes d'Orient, en était la capitale : cette province était aussi florissante qu'elle est dégradée aujourd'hui sous le gouvernement des Turcs.

Il commence par protéger le roi de Cappadoce *Ariobarzane*, & il refuse les présens que ce roi veut lui faire. Les Parthes viennent attaquer en pleine paix Antioche ; *Cicéron* y vole, il atteint les Parthes après des marches forcées par le mont Taurus, il les fait fuir, il les poursuit dans leur retraite, *Orzace* leur général est tué avec une partie de son armée.

De-là il court à Pendenissum capitale d'un pays allié des Parthes, il la prend ; cette province est soumise. Il tourne aussi-tôt contre les peuples appellés *Tiburaniens*, il les défait ; ses troupes lui déférent le titre d'*empereur* qu'il garda toute sa vie. Il aurait obtenu à Rome les honneurs du triomphe sans *Caton* qui s'y opposa, & qui obligea le sénat à ne décerner que des réjouïssances publiques & des remerciemens aux Dieux.

Si on se représente l'équité, le désintéressement de *Cicéron* dans son gouvernement, son activité, son affabilité, deux vertus si rarement compatibles, les bienfaits dont il combla les peuples dont il était le souverain absolu, il faudra être bien difficile pour ne pas accorder son estime à un tel homme.

Si vous faites réflexion que c'est-là ce même Romain qui le premier introduisit la philosophie dans Rome, que ses *Tusculanes* & son livre de la *Nature des Dieux* sont les deux plus beaux ouvrages qu'ait jamais écrit la sagesse qui n'est qu'humaine, & que son traité des *offices* est le plus utile que nous ayons en morale, il sera encor plus mal aisé de mépriser *Cicéron*. Plaignons ceux qui ne le lisent pas, plaignons encor plus ceux qui ne lui rendent pas justice.

Opposons au détracteur Français les vers de l'Espagnol *Martial* dans son épigramme contre *Antoine*.

Quid prosunt sacræ pretiosa silentia linguæ ?
Incipient omnes pro Cicerone loqui.

Ta prodigue fureur acheta son silence,
Mais l'univers entier parle à jamais pour lui.

CLERC.

IL y aurait peut-être encor quelque chose à dire sur ce mot, même après le Dictionnaire de *Du Cange*, & celui de l'Encyclopédie. Nous pouvons, par exemple, observer qu'on était si savant vers le dixiéme & onziéme siécle, qu'il s'introduisit une coutume ayant force de loi en France, en Allemagne, en Angleterre, de faire grace de la corde à tout criminel condamné qui savait lire, tant un homme de cette érudition était nécessaire à l'état.

Guillaume le bâtard, conquérant de l'Angleterre, y porta cette coutume. Cela s'appellait bénéfice de clergie, *beneficium clericorum aut clergicorum*.

Nous avons remarqué en plus d'un endroit que de vieux usages perdus ailleurs se retrouvent en Angleterre, comme on retrouva dans l'isle de Samothrace les anciens mystères d'*Orphée*. Aujourd'hui même encor ce bénéfice de clergie subsiste chez les Anglais dans toute sa force pour un meurtre commis sans dessein, & pour un premier vol qui ne passe pas cinq cent livres sterling. Le criminel qui sait lire, demande le bénéfice de clergie ; on ne peut le lui refuser. Le juge qui était réputé par l'ancienne loi ne savoir pas lire lui-même, s'en rapporte encor au chapelain de la prison, qui présente un livre au condamné. Ensuite il demande au chapelain, *Legit ? Lit-il ?* Le chapelain répond, *Legit ut clericus*, *Il lit comme un clerc*. Et alors on se contente de faire marquer d'un fer chaud le criminel à la paume de la main. On a eu soin de l'enduire de graisse ; le fer fume

& fait beaucoup de bruit fans faire aucun mal au patient réputé clerc.

DU CÉLIBAT DES CLERCS.

On demande fi dans les premiers fiécles de l'églife le mariage fut permis aux clercs, & dans quel tems il fut défendu ?

Il eft avéré que les clercs, loin d'être engagés au célibat dans la religion juive, étaient tous au contraire excités au mariage, non-feulement par l'exemple de leurs patriarches, mais par la honte attachée à vivre fans poftérité.

Toutefois, dans les tems qui précédèrent les derniers malheurs des Juifs, il s'éleva des fectes de rigoriftes, efféniens, judaïtes, thérapeutes, hérodiens, & dans quelques-unes comme celles des efféniens & des thérapeutes, les plus dévots ne fe mariaient pas. Cette continence était une imitation de la chafteté des veftales établies par *Numa Pompilius*, de la fille de *Pythagore* qui inftitua un couvent, des prêtreffes de *Diane*, de la pythie de Delphe, & plus anciennement de *Caffandre* & de *Chryfis* prêtreffes d'*Apollon*, & même des prêtreffes de *Bacchus*.

Les prêtres de *Cybèle* non-feulement fefaient vœu de chafteté, mais de peur de violer leurs vœux ils fe rendaient eunuques.

Plutarque, dans fa huitiéme queftion des propos de table, dit qu'il y a des collèges de prêtres en Egypte qui renoncent au mariage.

Les premiers chrétiens, quoique fesant profession d'une vie aussi pure que celle des esséniens & des thérapeutes, ne firent point une vertu du célibat. Nous avons vu que presque tous les apôtres & les disciples étaient mariés. St. Paul écrit à Tite, *Choisissez pour prêtre celui qui n'aura qu'une femme ayant des enfans fidèles, & non accusés de luxure.*

Epître à Tite ch. 1.

Il dit la même chose à Timothée ; *que le surveillant soit mari d'une seule femme.*

I. à Timoth. ch. III. ℣. 2.

Il semble faire si grand cas du mariage, que dans la même lettre à Timothée, il dit, *la femme ayant prévariqué se sauvera en fesant des enfans.*

Chap. 11 ℣. 15.

Ce qui arriva dans le fameux concile de Nicée au sujet des prêtres mariés, mérite une grande attention. Quelques évèques, au rapport de *Sozomène* & de *Socrate*, proposèrent une loi qui défendit aux évèques & aux prêtres de toucher dorénavant à leurs femmes ; mais *St. Paphnuce* le martyr, évèque de Thèbes en Egypte, s'y opposa fortement, disant, *que coucher avec sa femme c'est chasteté ;* & son avis fut suivi par le concile.

Sozom. liv. 1. Socrate. liv. 1.

Suidas, Gelase Cisicène, Cassiodore & *Nicéphore Caliste*, rapportent précisément la même chose.

Le concile seulement défendit aux ecclésiastiques d'avoir chez eux des agapètes, des associées, autres que leurs propres femmes, excepté leurs mères, leurs sœurs, leurs tantes & des vieilles hors de tout soupçon.

Depuis ce tems, le célibat fut recommandé sans être ordonné. *St. Jérôme* voué à la solitude, fut celui de tous les pères qui fit les plus grands éloges du célibat des prêtres; cependant, il prend hautement le parti de *Cartérius* évêque d'Espagne qui s'était remarié deux fois. *Si je voulais nommer*, dit-il, *tous les évêques qui ont passé à de secondes noces, j'en trouverais plus qu'il n'y eut d'évêques au concile de Rimini*; *Tantus numerus congregabitur ut à Riminensis synodus superetur.* Lettre LXVII. à *Occanus.*

Les exemples des clercs mariés, & vivans avec leurs femmes, font innombrables. *Sydonius* évêque de Clermont en Auvergne au cinquiéme siécle, épousa *Papianilla* fille de l'empereur *Avitus*; & la maison de *Polignac* a prétendu en descendre. *Simplicius* évêque de Bourges eut deux enfans de sa femme *Palladia*.

St. Grégoire de Nazianze était fils d'un autre *Grégoire* évêque de Nazianze, & de *Nonna*, dont cet évêque eut trois enfans, savoir *Cesarius*, *Gorgonia* & le *Saint*.

On trouve dans le décret romain, au canon *Osius*, une liste très longue d'évêques enfans de prêtres. Le pape *Osius* lui-même était fils du sous-diacre *Etienne*, & le pape *Boniface I* fils du prêtre *Joconde*. Le pape *Felix III* fut fils du prêtre *Felix*, & devint lui-même un des ayeux de *Grégoire* le grand. *Jean II* eut pour père le prêtre *Projectus*, *Agapet* le prêtre *Gordien*. Le pape *Sylveſtre* était fils du pape *Hormiſdas*. *Théodore I* nàquit du mariage de *Théodore* patriarche de Jéruſalem, ce qui devait réconcilier les deux égliſes.

Enfin, après plus d'un concile tenu inutilement ſur le célibat qui devait toûjours accompagner le ſacerdoce, le pape *Grégoire VII* excommunia tous les prêtres mariés, ſoit pour rendre l'égliſe plus reſpectable par une diſcipline plus rigoureuſe, ſoit pour attacher plus étroitement à la cour de Rome les évêques & les prêtres des autres pays qui n'auraient d'autre famille que l'égliſe.

Cette loi ne s'établit pas ſans de grandes contradictions.

C'eſt une choſe très remarquable que le concile de Bâle ayant dépoſé, du moins en paroles, le pape *Eugène IV*, & élu *Amedée de Savoye*, pluſieurs évêques ayant objecté que ce prince avait été marié, *Enéas Silvius*, depuis pape ſous le nom de *Pie II*, ſoutint l'élection d'*Amedée* par ces propres paroles ; *Non ſolum qui uxorem habuit, ſed uxorem habens poteſt aſſumi.* — Non-ſeulement celui qui a été marié, mais celui qui l'eſt peut être pape.

Ce *Pie II* était conſéquent. Liſez ſes lettres à ſa maîtreſſe dans le *recueil de ſes œuvres*. Il était perſuadé qu'il y a de la démence à vou-

loir frauder la nature, qu'il faut la guider, & *Voyez*
non chercher à l'anéantir.   *Onanisme*.

Quoi qu'il en soit, depuis le concile de Trente il n'y a plus de dispute sur le célibat des clercs dans l'église catholique romaine; il n'y a plus que des desirs.

Toutes les communions protestantes se sont séparées de Rome sur cet article.

Dans l'église grecque qui s'étend aujourd'hui des frontières de la Chine au cap Matapan, les prêtres se marient une fois. Partout les usages varient, la discipline change selon les tems & selon les lieux. Nous ne fesons ici que raconter, & nous ne controversons jamais.

CLIMAT.

Hic segetes, illic veniunt felicius uvæ:
Arborei fœtus alibi, atque injussa virescunt
Gramina; nonne vides, croceos ut Tmolus odores,
India mittit ebur, molles sua thura Sabæi?
Ut chalybes nudi ferrum, virosaque pontus
Castorea, Eliadum palmas Epirus equarum?

Il faut ici se servir de la traduction de Mr. l'abbé de *l'Isle*, dont l'élegance en tant d'endroits est égale au mérite de la difficulté surmontée.

Ici font des vergers qu'enrichit la culture,
Là règne un verd gazon qu'entretient la nature;
Le Tmole eft parfumé d'un fafran précieux;
Dans les champs de Saba l'encens croît pour les Dieux;
L'Euxin voit le caftor fe jouer dans fes ondes,
Le Pont s'enorgueillit de fes mines profondes;
L'Inde produit l'yvoire; & dans fes champs guerriers
L'Epire pour l'Elide exerce fes courfiers.

Il eft certain que le fol & l'atmofphère fignalent leur empire fur toutes les productions de la nature, à commencer par l'homme, & à finir par les champignons.

Dans le grand fiécle de *Loüis XIV*, l'ingénieux *Fontenelle* a dit:

„ On pourait croire que la zône torride &
„ les deux glaciales, ne font pas fort propres
„ pour les fciences. Jufqu'à préfent elles n'ont
„ point paffé l'Egypte & la Mauritanie d'un
„ côté, & de l'autre la Suède. Peut-être n'a
„ ce pas été par hazard qu'elles fe font tenues
„ entre le mont Atlas & la mer Baltique. On
„ ne fait fi ce ne font point là les bornes que
„ la nature leur a pofées; & fi l'on peut ef-
„ pérer de voir jamais de grands auteurs La-
„ pons ou Nègres. "

Chardin, l'un de ces voyageurs qui raifonnent, & qui approfondiffent, va encor plus loin que *Fontenelle* en parlant de la Perfe.

Chardin
ch. VII.

„ La température des climats chauds, (dit-il)

„ énerve l'efprit comme le corps, & diffipe
„ ce feu néceffaire à l'imagination pour l'in-
„ vention. On n'eft pas capable dans ces
„ climats-là de longues veilles, & de cette
„ forte application qui enfantent les ouvra-
„ ges des arts libéraux & des arts méchani-
„ ques, &c. "

Chardin ne fongeait pas que *Sady* & *Lokman* étaient Perfans. Il ne fefait pas attention qu'*Archimède* était de Sicile, où la chaleur eft plus grande que dans les trois quarts de la Perfe. Il oubliait que *Pythagore* apprit autrefois la géométrie chez les bracmanes.

L'abbé *Dubos* foutint, & développa autant qu'il le put ce fentiment de *Chardin*.

Cent cinquante ans avant eux *Bodin* en avait fait la bafe de fon fyftême, dans fa *république* & dans fa *méthode de l'hiftoire*; il dit que l'influence du climat eft le principe du gouvernement des peuples & de leur religion.

Diodore de Sicile fut de ce fentiment longtems avant *Bodin*.

L'auteur de l'*Efprit des loix*, fans citer perfonne, pouffa cette idée encor plus loin que *Dubos*, *Chardin* & *Bodin*. Une certaine partie de la nation l'en crut l'inventeur, & lui en fit un crime. C'eft ainfi que cette partie de la nation eft faite. Il y a partout de fots entoufiaftes.

On pourait demander à ceux qui soutiennent que l'atmosphère fait tout, pourquoi l'empereur *Julien* dit dans son *Misopogon* que ce qui lui plaisait dans les Parisiens c'était la gravité de leurs caractères, & la sévérité de leurs mœurs; & pourquoi ces Parisiens, sans que le climat ait changé, sont aujourd'hui des enfans badins à qui le gouvernement donne le fouet en riant, & qui eux-mêmes rient le moment d'après, & chansonnent leurs précepteurs?

Pourquoi les Egyptiens qu'on nous peint encor plus graves que les Parisiens, sont aujourd'hui le peuple le plus mou, le plus frivole & le plus lâche, après avoir, dit-on, conquis autrefois toute la terre pour leur plaisir, sous un roi nommé *Sésostris* ?

Pourquoi dans Athènes n'y a-t-il plus d'*Anacréons* ni d'*Aristotes*, ni de *Zeuxis* ?

D'où vient que Rome a pour les *Cicérons*, ses *Catons* & ses *Tite-Lives*, des citoyens qui n'osent parler, & une populace de gueux abrutis, dont le suprême bonheur est d'avoir quelquefois de l'huile à bon marché, & de voir défiler des processions?

Cicéron plaisante beaucoup sur les Anglais dans ses lettres. Il prie *Quintus* son frère, lieutenant de *César*, de lui mander s'il a trouvé de grands philosophes parmi eux dans l'expédition d'Angleterre. Il ne se doutait pas qu'un

jour

jour ce pays pût produire des mathématiciens qu'il n'aurait jamais pu entendre. Cependant le climat n'a point changé; & le ciel de Londre est tout aussi nébuleux qu'il l'était alors.

Tout change dans les corps & dans les esprits avec le tems; peut-être un jour les Américains viendront enseigner les arts aux peuples de l'Europe.

Le climat a quelque puissance, le gouvernement cent fois plus; la religion jointe au gouvernement encor davantage.

INFLUENCE DU CLIMAT.

Le climat influe sur la religion en fait de cérémonies & d'usages. Un législateur n'aura pas eu de peine à faire baigner des Indiens dans le Gange à certains tems de la lune; c'est un grand plaisir pour eux. On l'aurait lapidé s'il eût proposé le même bain aux peuples qui habitent les bords de la Duina vers Arcangel. Défendez le porc à un Arabe qui aurait la lèpre s'il mangeait de cette chair très mauvaise & très dégoûtante dans son pays, il vous obéira avec joie. Faites la même défense à un Vestphalien, il sera tenté de vous battre.

L'abstinence du vin est un bon précepte de religion dans l'Arabie, où les eaux d'orange, de citron, de limon sont nécessaires à la santé. *Mahomet* n'aurait pas peut-être défendu le vin en Suisse, surtout avant d'aller au combat.

Quatriéme partie. B

Il y a des usages de pure fantaisie. Pourquoi les prêtres d'Egypte imaginèrent-ils la circoncision ? ce n'est pas pour la santé. *Cambyse* qui les traita comme ils le méritaient, eux & leur bœuf *Apis*, les courtisans de *Cambyse*, les soldats de *Cambyse*, n'avaient point fait rogner leurs prépuces & se portaient fort bien. La raison du climat ne fait rien aux parties génitales d'un prêtre. On offrait son prépuce à *Isis* probablement, comme on présenta partout les prémices des fruits de la terre. C'était offrir les prémices du fruit de la vie.

Les religions ont toûjours roulé sur deux pivots; observance & croyance; l'observance tient en grande partie au climat; la croyance n'en dépend point. On fera tout aussi bien recevoir un dogme sous l'équateur & sous le cercle polaire. Il sera ensuite également rejetté à Batavia & aux Orcades, tandis qu'il sera soutenu *unguibus & rostro* à Salamanque. Cela ne dépend point du sol & de l'atmosphère, mais uniquement de l'opinion, cette reine inconstante du monde.

Certaines libations de vin seront de précepte dans un pays de vignoble, & il ne tombera point dans l'esprit d'un législateur d'instituer en Norvège des mystères sacrés qui ne pouraient s'opérer sans vin.

Il sera expressément ordonné de brûler de l'encens dans le parvis d'un temple où l'on égorge des bêtes à l'honneur de la Divinité & pour le souper des prêtres. Cette boucherie appellée *temple*, ferait un lieu d'infection abominable, si on ne le purifiait pas continuellement : & sans le secours des aromates, la religion des anciens aurait apporté la peste. On ornait même l'intérieur des temples de festons de fleurs pour rendre l'air plus doux.

On ne sacrifiera point de vache dans le pays brûlant de la presqu'isle des Indes; parce que cet animal qui nous fournit un lait nécessaire est très rare dans une campagne aride, que sa chair y est sèche, coriace, très peu nourrissante, & que les bracmanes feraient très mauvaise chère. Au contraire, la vache deviendra sacrée, attendu sa rareté & son utilité.

On n'entrera que pieds-nuds dans le temple de *Jupiter-Ammon*, où la chaleur est excessive : il faudra être bien chauffé pour faire ses dévotions à Copenhague.

Il n'en est pas ainsi du dogme. On a cru au polithéïsme dans tous les climats; & il est aussi aisé à un Tartare de Crimée qu'à un habitant de la Mecque de reconnaître un DIEU unique, incommunicable, non engendré & non engendreur. C'est par le dogme encor plus que par les rites qu'une religion s'étend d'un climat à un autre. Le dogme de

B ij

l'unité de Dieu passa bientôt de Médine au mont Caucase ; alors le climat cède à l'opinion.

Les Arabes dirent aux Turcs : „ Nous nous
„ fesions circoncire en Arabie sans savoir trop
„ pourquoi ; c'était une ancienne mode des
„ prêtres d'Egypte d'offrir à *Oshiret* ou *Osiris*
„ une petite partie de ce qu'ils avaient de
„ plus précieux : Nous avions adopté cette
„ coutume trois mille ans avant d'être ma-
„ hométans. Vous serez circoncis comme
„ nous ; vous serez obligés comme nous de
„ coucher avec une de vos femmes tous les
„ vend.edis , & de donner par an deux
„ & demi pour cent de votre revenu aux
„ pauvres. Nous ne buvons que de l'eau
„ & du sorbet ; toute liqueur enyvrante nous
„ est défendue ; elles sont pernicieuses en
„ Arabie. Vous embrasserez ce régime, quoi-
„ que vous aimiez le vin passionnément ; &
„ que même il vous soit souvent nécessaire
„ sur les bords du Phaze & de l'Araxe. Enfin,
„ si vous voulez aller au ciel & y être bien
„ placés , vous prendrez le chemin de la
„ Mecque. "

Les habitans du nord du Caucase se soumettent à ces loix , & embrassent dans toute son étendue une religion qui n'était pas faite pour eux.

En Egypte le culte emblématique des animaux succéda aux dogmes de *Thaut*. Les

Dieux des Romains partagèrent enfuite l'E-
gypte avec les chiens, les chats & les crocodiles. A la religion romaine fuccéda le chrif-
tianifme : il fut entiérement chaffé par le ma-
hométifme, qui cédera peut-être la place à
une religion nouvelle.

Dans toutes ces viciffitudes le climat n'eft
entré pour rien : le gouvernement a tout fait.
Nous ne confidérons ici que les caufes fecon-
des, fans lever des yeux prophanes vers la
providence qui les dirige. La religion chrétienne, née dans la Syrie, ayant reçu fes
principaux accroiffemens dans Alexandrie,
habite aujourd'hui les pays où *Teutate*, *Ir-
minful*, *Frida*, *Odin* étaient adorés.

Il y a des peuples dont ni le climat, ni
le gouvernement n'ont fait la religion. Quelle
caufe a détaché le nord de l'Allemagne, le
Dannemark, les trois quarts de la Suiffe,
la Hollande, l'Angleterre, l'Ecoffe, l'Irlande
de la communion romaine?... la pauvreté.
On vendait trop cher les indulgences & la
délivrance du purgatoire à des ames dont les
corps avaient alors très peu d'argent. Les
prélats, les moines engloutiffaient tout le revenu d'une province. On prit une religion
à meilleur marché. Enfin, après vingt guerres civiles on a cru que la religion du pape
était fort bonne pour les grands feigneurs,
& la réformée pour les citoyens. Le tems fera

voir qui doit l'emporter vers la mer Egée & le Pont-Euxin de la religion grecque ou de la religion turque.

C L O U.

NOus ne nous arrêterons pas à remarquer la barbarie agreste qui fit clou de *clavus*, & cloud de *clodoaldus*, & clou de gérofle, quoique le gérofle ressemble fort mal à un clou; & *clou*, maladie de l'œil, & *clou*, tumeur de la peau, &c. Ces expressions viennent de la négligence & de la stérilité de l'imagination; c'est la honte d'un langage.

Nous demandons seulement ici aux reviseurs de livres la permission de transcrire ce que le missionnaire *Labat* dominicain, provéditeur du St. Office, a écrit sur les clous de la croix, à laquelle il est plus que probable que jamais aucun clou ne fut attaché.

Voyage du jacobin Labat. tom VIII. pages 34 & 35.

„ Le religieux Italien qui nous conduisait,
„ eut assez de crédit pour nous faire voir
„ entre autre un des clous dont notre Sei-
„ gneur fut attaché à la croix. Il me parut
„ bien différent de celui que les bénédictins
„ font voir à St. Denis. Peut-être que celui
„ de St. Denis avait servi pour les pieds, &
„ qu'il devait être plus grand que celui des

„ mains. Il falait pourtant que ceux des mains
„ fuſſent aſſez grands, & aſſez forts pour
„ ſoutenir tout le poids du corps. Mais il
„ faut que les Juifs ayent employé plus de
„ quatre clous, ou que quelques-uns de ceux
„ qu'on expoſe à la vénération des fidè-
„ les ne ſoient pas bien autentiques. Car
„ l'hiſtoire rapporte que *Ste. Hélène* en jetta
„ un dans la mer pour appaiſer une tempète
„ furieuſe qui agitait ſon vaiſſeau. *Conſtan-*
„ *tin* ſe ſervit d'un autre pour faire le mord
„ de la bride de ſon cheval. On en montre
„ un tout entier à St. Denis en France,
„ un autre auſſi tout entier à Ste. Croix de
„ Jéruſalem à Rome. Un auteur Romain de
„ notre ſiécle, très célèbre, aſſure que la
„ couronne de fer dont on couronne les
„ empereurs en Italie, eſt faite d'un de ces
„ clous. On voit à Rome & à Carpentras
„ deux mords de bride auſſi faits de ces clous,
„ & on en fait voir encor en d'autres endroits.
„ Il eſt vrai qu'on a la diſcrétion de dire de
„ quelques-uns, tantôt que c'eſt la pointe,
„ & tantôt que c'eſt la tête. "

Le miſſionnaire parle ſur le même ton de toutes les reliques. Il dit au même endroit que lorſqu'on apporta de Jéruſalem à Rome le corps du premier diacre *St. Etienne*, & qu'on le mit dans le tombeau du diacre St. Laurent, en 557, *St. Laurent ſe retira de lui-même pour donner la droite à ſon hôte;*

action *qui lui acquit le surnom de civil Espagnol. a)*

Ne fesons sur ces passages qu'une réflexion, c'est que si quelque philosophe s'était expliqué dans l'Encyclopédie comme le mission-

---

a) Ce même missionnaire *Labat*, frère prêcheur, provéditeur du St. Office, qui ne manque pas une occasion de tomber rudement sur les reliques & sur les miracles des autres moines, ne parle qu'avec une noble assurance de tous les prodiges & de toutes les prééminences de l'ordre de *St. Dominique*. Nul écrivain monastique n'a jamais poussé si loin la vigueur de l'amour-propre conventuel. Il faut voir comme il traite les bénédictins & le père Martène. *Ingrats bénédictins!... ah père Martène! — noire ingratitude, que toute l'eau du déluge ne peut effacer! — vous enchérissez sur les lettres provinciales, & vous retenez le bien des jacobins! tremblez, révérends bénédictins de la congrégation de Ste. Vannes. — Si père Martène n'est pas content, il n'a qu'à parler.*

[Voyages de Labat tom. v. depuis la page 303 jusqu'à la page 313.]

C'est bien pis quand il punit le très judicieux & très plaisant voyageur *Misson*, de n'avoir pas excepté les jacobins de tous les moines auxquels il accorde beaucoup de ridicule. *Labat* traite Misson de *boufon ignorant qui ne peut être lu que par la canaille Anglaise*. Et ce qu'il y a de mieux, c'est que ce moine fait tous ses efforts pour être plus hardi & plus drole que *Misson*. Au surplus, c'était un des plus effrontés convertisseurs que nous eussions; mais en qualité de voyageur il ressemble à tous les autres qui croyent que tout l'univers a les yeux ouverts sur tous les cabarets où ils ont couché, & sur leurs querelles avec les commis de la douane.

naire dominicain *Labat*, une foule de *Patouillets* & de *Nonottes*, de *Chiniacs*, de *Chaumeix* & d'autres poliſſons auraient crié au déïſte, à l'athée, au géomètre.

<blockquote>
Selon ce que l'on peut être
Les choſes changent de nom.

Amphitrion.
</blockquote>

COHÉRENCE, COHÉSION, ADHÉSION.

Force par laquelle les parties des corps tiennent enſemble. C'eſt le phénomène le plus commun & le plus inconnu. *Newton* ſe moque des atômes crochus par leſquels on a voulu expliquer la *cohérence* ; car il reſterait à ſavoir pourquoi ils ſont crochus, & pourquoi ils cohèrent.

Il ne traite pas mieux ceux qui ont expliqué la *cohéſion* par le repos ; *C'eſt*, dit-il, *une qualité occulte*. Il a recours à une attraction ; mais cette attraction qui peut exiſter, & qui n'eſt point du tout démontrée, n'eſt-elle pas une qualité occulte ? La grande attraction des globes céleſtes eſt démontrée & calculée. Celle des corps adhérens eſt incalculable. Or, comment admettre une force imméfurable qui ferait de la même nature que celle qu'on mefure ?

Néanmoins, il eſt démontré que la force d'attraction agit fur toutes les planètes & fur tous les corps graves, proportionnellement à leur folidité ; donc elle agit fur toutes les particules de la matière ; donc il eſt très vrai-femblable qu'en réſidant dans chaque partie par rapport au tout, elle réſide auſſi dans chaque partie par rapport à la continuité ; donc la cohérence peut être l'effet de l'attraction.

Cette opinion parait admiſſible juſqu'à ce qu'on trouve mieux ; & le mieux n'eſt pas facile à rencontrer.

COLIMAÇONS.

Petit ouvrage écrit en 1768.

SECTION PREMIÈRE.

IL y a quelque tems qu'on ne parlait que des jéſuites, & à préſent on ne s'entretient que des eſcargots. Chaque choſe a ſon tems ; mais il eſt certain que les colimaçons dureront plus que tous nos ordres religieux : car il eſt clair que ſi on avait coupé la tête à tous les capucins & à tous les carmes, ils ne pouraient plus recevoir de novices; au lieu qu'une limace à qui l'on a coupé le cou reprend une nouvelle tête au bout d'un mois.

Plusieurs naturalistes ont fait cette expérience, & ce qui n'arrive que trop souvent, ils ne sont pas du même avis. Les uns disent que ce sont les limaces simples que j'appelle *incoques* qui reprennent une tête; les autres disent que ce sont les escargots, les limaçons à coquilles. *Experientia fallax*, l'expérience même est trompeuse. a) Il est très vraisemblable que le succès de cette tentative dépend de l'endroit dans lequel l'on fait l'amputation & de l'âge du patient.

Je me suis donné souvent le plaisir innocent de couper des têtes de colimaçons escargots à coquilles, & de limaces nues incoques. Je vais vous exposer fidélement ce qui m'est arrivé. Je serais fâché d'en imposer au monde.

Le vingt-sept de May 1768 par les neuf heures du matin, le tems étant serein, je cou-

a) Dans un programme des *reproductions animales* imprimé, il est dit page 6, dans l'avis du traducteur, que la tête & les autres parties se reproduisirent dans l'escargot terrestre, & que les cornes se reproduisirent dans le limaçon sans coquille; c'est communément tout le contraire. Et d'ailleurs les limaces nues incoques, & le colimaçon à coquille sont également terrestres.

pai la tête entière avec ses quatre antennes à vingt limaces nues incoques de couleur mort-doré brun, & à douze escargots a coquilles. Je coupai aussi la tête à huit autres escargots, mais entre les antennes. Au bout de quinze jours deux de mes limaces ont montré une tete naissante, elles mangeaient déja, & leurs quatre antennes commençaient à poindre. Les autres se portent bien, elles mangent sous le capuchon qui les couvre sans allonger encor le cou. Il ne m'est mort que la moitié de mes escargots, tous les autres sont en vie. Ils marchent, ils grimpent à un mur, ils allongent le cou; mais il n'y a nulle apparence de tête, excepté à un seul. On lui avait coupé le cou entièrement, sa tête est revenue; mais il ne mange pas encore. *Unus est ne desperes ; sed unus est ne confidas.* *b*)

Ceux a qui l'on n'a fait l'opération qu'entre les quatre antennes, ont déja repris leur museau. Dès qu'ils seront en état de manger & de faire l'amour, j'en rendrai compte. Voilà deux prodiges bien avérés : des animaux qui vivent sans tête ; des animaux qui reproduisent une tête.

J'ose espérer que mes escargots, mes colimaçons reprendront des têtes entières com-

---

b) On est obligé de dire qu'on doute encore si cet escargot auquel il revient une tête, & dont une corne commence à paraître, n'est pas du nombre de ceux à qui l'on n'a coupé que la tête & deux me les limaces ; mais enfin je n'en ai encor vu qu'un à qui cela foit arrivé ; & je crains même de m'être trompé.

Si la tête revient difficilement aux efcargots, ils ont en récompenfe des privilèges bien plus confidérables. Les colimaçons ont le bonheur d'être à la fois mâles & femelles, comme ce beau garçon fils de *Vénus* & de *Mercure*, dont la nymphe *Salmacis* fut amoureufe.

Les colimaçons font affurément l'efpèce la plus favorifée de la nature. Ils ont de doubles organes de plaifir. Chacun d'eux eft pourvu d'une efpèce de carquois blanc, dont il tire une flèche amoureufe longue de trois à quatre lignes. Ils donnent & reçoivent tour-à-tour ; leurs voluptés font non-feulement le double des nôtres, mais elles font beaucoup plus durables. On fait, jeunes gens, dans quel court efpace de tems s'évanouït votre jouïffance. Un moment la voit naître & mourir. Cela paffe comme un éclair, & ne revient pas fi fouvent qu'on le dit dans les chanfons. Les colimaçons fe pâment trois, quatre heures entières. C'eft peu par rapport à l'éternité ; mais c'eft beaucoup par rapport

---

antennes. Il eft déja revenu un mufeau à ceux-ci au bout de quinze jours. Ces expériences font inconteftables.

à nous. Vous voyez évidemment que *Louis Racine* a tort d'appeller le colimaçon *solitaire odieux*, il n'y a rien de plus sociable. J'ose interpeller ici l'amant le plus tendre & le plus vigoureux ; s'il était quatre heures entières dans la même attitude avec l'objet de ses chastes amours, je pense qu'il serait bien ennuyé & qu'il désirerait d'être quelque tems à lui-même ; mais les colimaçons ne s'ennuyent point. C'est un charme de les voir s'approcher & s'unir ensemble par cette longue fraise qui leur sert à la fois de jambes & de manteau. J'ai vingt fois été témoin de leurs tendres caresses.

Si les limaces incoques n'ont ni deux sexes ni ces longs ravissemens, la nature en récompense les fait renaître. Lequel vaut mieux ?

Les escargots nous surpassent autant dans la faculté de la vue que dans celle de l'amour. Ils ont une double paire d'yeux comme un double instrument de tendresse. Quatre yeux pour un colimaçon ! O nature ! nature ! Il y a un grain noir au bout de leurs quatre antennes supérieures. Ce point noir descend dans le creux de ces quatre trompes quand on y touche, à travers une espèce d'humeur vitrée, & remonte ensuite avec célérité ; leurs yeux sont mobiles, ils sont enfermés dans une gaine ; ces yeux sont à la fois des cornes, des trompes, avec lesquelles l'escargot & la limace cherchent leur nourriture. Coupez les yeux & les trompes à l'escargot & à la limace incoque, ces yeux se reproduisent dans la limace incoque. Peut-être qu'ils ressusciteront aussi dans l'escargot.

Je crois l'une & l'autre espèce sourde : car quelque bruit que l'on fasse autour d'eux, rien ne les allarme. Si elles ont des oreilles je me retracterai ; cela ne coûte rien à un galant homme.

Qu'ils soient sourds ou non, il est certain que les têtes des limaces ressuscitent ; & que les colimaçons vivent sans tête. *O altitudo divitiarum !*

SECTION SECONDE.

Cet animal à qui je viens de couper la tête est-il encore animé ? Oui sans doute, puisque l'escargot décapité remue & montre son cou, puisqu'il vit, puisque la tête revient en moins d'un mois à des limaces incoques.

Cet animal a-t-il des sensations avant que sa tête soit revenue ? Je dois le soupçonner, puisqu'il remue le cou, qu'il l'étend, & que dès qu'on y touche, il le resserre.

Peut-on avoir des sensations sans avoir au moins quelque idée confuse ? Je ne le crois pas : car toute sensation est plaisir ou douleur, & on a la perception de cette douleur & de ce plaisir. Autrement ce serait ne pas sentir.

Qui donne cette senfation, cette idée commencée ? Celui qui a fait le limaçon, le soleil & les aftres. Il eft impoffible qu'un animal fe donne des fenfations à lui-même. Le fceau de la Divinité eft dans les apperceptions d'un ciron, comme dans le cerveau de *Virgile*.

On cherche à expliquer comme on fent, comment on penfe. Je m'en tiens au poete *Aratus* que *St. Paul* a cité.

In Deo vivimus, movemur & fumus.

Qui me dira comment une ame, un principe de fenfations & d'idées réfide entre quatre cornes, & comment l'ame reftera dans l'animal quand les quatre cornes & la tête font coupées ? On ne peut guères dire d'une limace : *Igneus eft illis vigor & cœleftis origo*; il ferait difficile de prouver que l'ame d'un colimaçon qui n'eft qu'une glaire en vie foit un feu célefte. Enfin ce prodige d'une tête renaiffante inconnu depuis le commencement des chofes jufqu'à nous, eft plus inexplicable que la direction de l'aimant. Cet étonnant objet de notre curiofité confondue tient à la nature de chofes, aux premiers principes, qui ne font pas plus à notre portée que la nature des habitans de Syrius & de Canope. Pour peu qu'on creufe on trouve un abîme infini. Il faut admirer & fe taire.

CONCILE.

Assemblée, conseil d'état, parlement, états généraux, c'était autrefois la même chose parmi nous. On n'écrivait ni en celte, ni en germain, ni en espagnol dans nos premiers siécles. Le peu qu'on écrivait était conçu en langue latine par quelques clercs; ils exprimaient toute assemblée de leudes, de heerren, ou de ricos-ombres, ou de quelques prélats par le mot de *concilium*. De là vient qu'on trouve dans le sixiéme, septiéme & huitiéme siécle, tant de conciles qui n'étaient précisément que des conseils d'état.

Nous ne parlerons ici que des grands conciles appellés *généraux* soit par l'église grecque, soit par l'église latine : on les nomma *synodes* à Rome comme en Orient dans les premiers siécles ; car les Latins empruntèrent des Grecs les noms & les choses.

En 325 grand concile dans la ville de Nicée, convoqué par *Constantin*. La formule de la décision est ; *Nous croyons* Jesus *consubstantiel au Père*, Dieu *de* Dieu, *lumière de lumière, engendré & non fait. Nous croyons aussi au St. Esprit.* (Voyez *Arianisme*.)

Quatriéme partie.

Il est dit dans le supplément appellé *appendix*, que les pères du concile voulant distinguer les livres canoniques des apocryphes, les mirent toûs sur l'autel, & que les apocryphes tombèrent par terre d'eux-mêmes.

Liv. VIII.
c. XXIII.
Nicéphore assure que deux évêques, *Chrisante* & *Misonius*, morts pendant les premières sessions, ressuscitèrent pour signer la condamnation d'*Arius*, & remoururent incontinent après.

Tom. IV.
N°. 82.
Baronius soutient le fait, mais *Fleuri* n'en parle pas.

En 359 l'empereur *Constance* assemble le grand concile de Rimini & de Séleucie, au nombre de six cent évêques, & d'un nombre prodigieux de prêtres. Ces deux conciles correspondans ensemble, défont tout ce que le concile de Nicée a fait, & proscrivent la consubstantiabilité. Aussi fut-il regardé depuis comme faux concile.

En 381, par les ordres de l'empereur *Théodose*, grand concile à Constantinople, de cent cinquante évêques, qui anathématisent le concile de Rimini. *St. Grégoire* de Nazianze y préside; a) l'évêque de Rome y envoye des députés. On ajoute au simbole de Nicée;

a) Voyez la lettre de *St. Grégoire* de Nazianze à *Procope* ; il dit, "Je crains les conciles, je n'en » ai jamais vu qui n'ayent fait plus de mal que de » bien, & qui ayent eu une bonne fin; l'esprit de

JESUS-CHRIST s'est incarné par le St. Esprit & de la vierge Marie — il a été crucifié pour nous sous Ponce Pilate — il a été enseveli, & il est ressuscité le troisième jour, suivant les écritures. — Il est assis à la droite du Père — nous croyons aussi au St. Esprit, Seigneur vivifiant qui procède du Père.

En 431 grand concile d'Ephèse convoqué par l'empereur Théodose. *Nestorius* évêque de Constantinople ayant persécuté violemment tous ceux qui n'étaient pas de son opinion sur des points de théologie, essuia des persécutions à son tour pour avoir soutenu que la sainte vierge *Marie* mère de JESUS-CHRIST n'était point mère de DIEU, parce que, disait-il, JESUS-CHRIST étant le verbe fils de DIEU, *Marie* ne pouvait pas être à la fois la mère de DIEU le père & de DIEU le fils. *St. Cyrille* s'éleva hautement contre lui. *Nestorius* demanda un concile œcuménique; il l'obtint. *Nestorius* fut condamné, mais *Cyrille* fut déposé par un comité du concile. L'empereur cassa tout ce qui s'était fait dans ce concile; ensuite permit qu'on se rassemblât. Les députés de Rome arrivèrent fort tard.

» dispute, la vanité, l'ambition y dominent; celui
» qui veut y réformer les méchans, s'expose à être
» accusé sans les corriger. «

Ce saint savait que les pères des conciles sont hommes.

Les troubles augmentant, l'empereur fit arrêter *Nestorius* & *Cyrille*. Enfin, il ordonna à tous les évêques de s'en retourner chacun dans son église, & il n'y eut point de conclusion. Tel fut le fameux concile d'Ephèse.

En 449 grand concile encor à Ephèse, surnommé depuis *le brigandage*. Les évêques furent au nombre de cent trente. *Dioscore* évêque d'Alexandrie y présida. Il y eut deux députés de l'église de Rome, & plusieurs abbés de moines. Il s'agissait de savoir si JESUS-CHRIST avait deux natures. Les évêques & tous les moines d'Egypte s'écrièrent qu'*il falait déchirer en deux tous ceux qui diviseraient en deux* JESUS-CHRIST. Les deux natures furent anathématisées. On se battit en plein concile, ainsi qu'on s'était battu au petit concile de Cirthe en 355, & au petit concile de Carthage.

En 451 grand concile de Calcédoine convoqué par *Pulchérie*, qui épousa *Martien*, à condition qu'il ne serait que son premier sujet. *St. Léon* évêque de Rome qui avait un très grand crédit, profitant des troubles que la querelle des deux natures excitait dans l'empire, présida au concile par ses légats ; c'est le premier exemple que nous en ayons. Mais les pères du concile craignant que l'église d'Occident ne prétendît par cet exemple la supériorité sur celle d'Orient, décidèrent par le vingt-huitiéme canon que le siége de Constantinople & celui de Rome auraient également les mêmes avantages & les mêmes privilèges. Ce fut l'origine de la longue inimitié qui régna & qui règne encor entre les deux églises.

Ce concile de Calcédoine établit les deux natures & une seule personne.

En 553 grand concile à Constantinople, convoqué par *Justinien* qui se mèlait de théologie. Il s'agissait de trois petits écrits différens qu'on ne connaît plus aujourd'hui. On les appella *les trois chapitres*. On disputait aussi sur quelques passages d'*Origène*.

L'évêque de Rome *Vigile*, voulut y aller en personne, mais *Justinien* le fit mettre en prison. Le patriarche de Constantinople présida. Il n'y eut personne de l'église latine, parce qu'alors le grec n'était plus entendu dans l'Occident devenu tout-à-fait barbare.

En 680 encor un concile général à Constantinople, convoqué par l'empereur *Constantin le barbu*. C'est le premier concile appellé par les Latins *in trullo*, parce qu'il fut tenu dans un sallon du palais impérial. L'empereur y présida lui-même. A sa droite étaient les patriarches de Constantinople & d'Antioche ; à sa gauche les députés de Rome & de Jérusalem. On y décida que JESUS-CHRIST avait deux volontés. On y condamna le pape

Honorius I comme monotélite, c'est-à-dire, qui voulait que JESUS-CHRIST n'eût eu qu'une volonté.

En 787 second concile de Nicée, convoqué par *Irène* sous le nom de l'empereur *Constantin* son fils, auquel il fit crever les yeux. Son mari *Léon* avait aboli le culte des images, comme contraire à la simplicité des premiers siécles, & favorisant l'idolâtrie, *Irène* le rétablit ; elle parla elle-même dans le concile. C'est le seul qui ait été tenu par une femme. Deux légats du pape *Adrien IV* y assistèrent & ne parlèrent point, parce qu'ils n'entendaient pas le grec ; ce fut le patriarche *Tarèze* qui fit tout.

Sept ans après, les Francs ayant entendu dire qu'un concile à Constantinople avait ordonné l'adoration des images, assemblèrent par l'ordre de *Charles* fils de *Pepin*, nommé depuis *Charlemagne*, un concile assez nombreux à Francfort. On y traita le second concile de Nicée de *synode impertinent & arrogant, tenu en Grèce pour adorer des peintures*.

En 842 grand concile à Constantinople, convoqué par l'impératrice *Théodora*. Culte des images solemnellement établi. Les Grecs ont encor une fête en l'honneur de ce grand concile, qu'on appelle l'*orthodoxie*. Théodora n'y présida pas.

En 861 grand concile à Constantinople, composé de trois cent dix-huit évêques, convoqué par l'empereur *Michel*. On y dépose *St. Ignace* patriarche de Constantinople, & on élut *Photius*.

En 866 autre grand concile à Constantinople, où le pape *Nicolas I* est déposé par contumace & excommunié.

En 869 autre grand concile à Constantinople, où *Photius* est excommunié & déposé à son tour, & *St. Ignace* rétabli.

En 879 autre grand concile à Constantinople, où *Photius* déja rétabli, est reconnu pour vrai patriarche, par les légats du pape *Jean VIII*. On y traite de *conciliabule* le grand concile écuménique où *Photius* avait été déposé.

Le pape *Jean VIII* déclare *Judas*, tous ceux qui disent que le St. Esprit procède du Père & du Fils.

En 1122 & 23 grand concile à Rome, tenu dans l'église de St. Jean de Latran par le pape *Calixte II*. C'est le premier concile général que les papes convoquèrent. Les empereurs d'Occident n'avaient presque plus d'autorité, & les empereurs d'Orient pressés par les mahométans & par les croisés, ne tenaient plus que de chétifs petits conciles.

Au reste, on ne sait pas trop ce que c'est que Latran. Quelques petits conciles avaient été déjà convoqués dans Latran. Les uns disent que c'était une maison bâtie par un nommé *Latranus* du tems de *Néron*, les autres que c'est l'église de St. Jean même bâtie par l'évêque *Sylvestre*.

Les évêques dans ce concile se plaignirent fortement des moines; *Ils possèdent*, disent-ils, *les églises, les terres, les châteaux, les dixmes, les offrandes des vivans & des morts, il ne leur reste plus qu'à nous ôter la crosse & l'anneau*. Les moines restèrent en possession.

En 1139 autre grand concile de Latran par le pape *Innocent II*; il y avait, dit-on, mille évêques. C'est beaucoup. On y déclara les dixmes ecclésiastiques de *droit divin*, & on excommunia les laïques qui en possédaient.

En 1179 autre grand concile de Latran par le pape *Alexandre III*; il y eut trois cent deux évêques Latins & un abbé Grec. Les décrets furent tous de discipline. La pluralité des bénéfices y fut défendue.

En 1215 dernier concile général de Latran par *Innocent III*, quatre cent douze évêques, huit cent abbés. Dès ce tems, qui était celui des croisades, les papes avaient établi un patriarche Latin à Jérusalem & un à Constantinople. Ces patriarches vinrent au concile. Ce grand concile dit, *que* DIEU *ayant donné aux hommes la doctrine salutaire par Moïse, fit naître enfin son fils d'une vierge pour montrer le chemin plus clairement ; que personne ne peut être sauvé hors de l'église catholique.*

Le mot de *transubstantiation* ne fut connu qu'après ce concile. Il y fut défendu d'établir de nouveaux ordres religieux. Mais depuis ce tems on en a formé quatre-vingt.

Ce fut dans ce concile qu'on dépouilla *Raimond* comte de Toulouse de toutes ses terres.

En 1245 grand concile à Lyon ville impériale. *Innocent IV* y mène l'empereur de Constantinople *Jean Paléologue* qu'il fait asseoir à côté de lui. Il y dépose l'empereur *Fréderic II* comme *félon* ; il donne un chapeau rouge aux cardinaux, signe de guerre contre *Fréderic*. Ce fut la source de trente ans de guerres civiles.

En 1274 autre concile général à Lyon. Cinq cent évêques, soixante & dix gros abbés & mille petits. L'empereur Grec *Michel Paléologue*, pour avoir la protection du pape, envoye son patriarche Grec *Théophane*, & un évêque de Nicée pour se réunir en son nom à l'église latine. Mais ces évêques sont désavoués par l'église grecque.

En 1311 le pape *Clément V* indique un concile général dans la petite ville de Vienne en Dauphiné. Il y abolit l'ordre des templiers. On ordonne de brûler les bégares, béguins & béguines, espèce d'hérétiques, auxquels on imputait tout ce qu'on avait imputé autrefois aux premiers chrétiens.

En 1414 grand concile de Constance, convoqué enfin par un empereur qui rentre dans ses droits ; c'est *Sigismond*. On y dépose le pape *Jean XXIII* convaincu de plusieurs crimes. On y brûle *Jean Hus* & *Jérôme* de Prague convaincus d'opiniâtreté.

En 1431 grand concile de Bâle, où l'on dépose en vain le pape *Eugène IV* qui fut plus habile que le concile.

En 1438 grand concile à Ferrare, transféré à Florence, où le pape excommunié excommunie le concile, & le déclare criminel de lèze-majesté. On y fit une réunion feinte avec l'église grecque, écrasée par les synodes turcs qui se tenaient le sabre à la main.

Il ne tint pas au pape *Jules II* que son concile de Latran en 1512, ne passât pour un concile général œcuménique. Ce pape y excommunia solemnellement le roi de France *Louis XII*, mit la France en interdit, cita tout le parlement de Provence à comparaître devant lui ; il excommunia tous les philosophes, parce que la plûpart avaient pris le parti de *Louis XII.* Cependant, ce concile n'a point le titre de *brigandage* comme celui d'Ephèse.

En 1537 concile de Trente, convoqué d'abord par le pape *Paul III* à Mantoue, & enfuite à Trente en 1543, terminé en Décembre 1563 fous *Pie IV.* Les princes catholiques le reçurent quant au dogme, & deux ou trois quant à la difcipline.

On croit qu'il n'y aura déformais pas plus de conciles généraux qu'il n'y aura d'états généraux en France & en Efpagne.

Il y a dans le Vatican un beau tableau qui contient la lifte des conciles généraux. On n'y a infcrit que ceux qui font approuvés par la cour de Rome : chacun met ce qu'il veut dans fes archives.

CONFESSION.

LE repentir de fes fautes peut feul tenir lieu d'innocence. Pour paraître s'en repentir, il faut commencer par les avouer. La confeffion eft donc prefque auffi ancienne que la fociété civile.

On se confessait dans tous les mystères d'Egypte, de Grèce, de Samothrace. Il est dit dans la vie de *Marc-Aurèle*, que lorsqu'il daigna s'associer aux mystères d'*Eleusine*, il se confessa à l'hiérophante, quoi qu'il fût l'homme du monde qui eût le moins besoin de confession.

Il est difficile de dire en quel tems cette pratique s'établit chez les Juifs, qui prirent beaucoup de rites de leurs voisins. La *Mishna* qui est le recueil des loix juives, dit que souvent on se confessait en mettant la main sur un veau appartenant au prêtre, ce qui s'appellait *la confession des veaux*.

Mishna tom. II. pag. 394.

Il est dit dans la même *Mishna* que tout accusé qui avait été condamné à la mort, s'allait confesser devant témoins dans un lieu écarté, quelques momens avant son supplice. S'il se sentait coupable, il devait dire, *que ma mort expie tous mes péchés*. S'il se sentait innocent, il prononçait, *que ma mort expie mes péchés, hors celui dont on m'accuse*.

Mishna tom. IV. pag. 134.

Le jour de la fête que l'on appellait chez les juifs l'*expiation solemnelle*, les juifs dévots se confessaient les uns les autres en spécifiant leurs péchés. Le confesseur récitait trois fois treize mots du pseaume LXXVII, ce qui fait trente-neuf, & pendant ce tems il donnait trente-neuf coups de fouet au confessé, lequel

Sinagogue judaique ch. 35.

les lui rendait à fon tour ; après quoi ils s'en retournaient quitte à quitte. On dit que cette cérémonie fubfifte encor.

On venait en foule fe confeffer à *St. Jean* pour la réputation de fa fainteté, comme on venait fe faire batifer par lui du batème de juftice, felon l'ancien ufage ; mais il n'eft point dit que *St. Jean* donnât trente-neuf coups de fouet à fes pénitens.

Dans l'ancienne églife chrétienne, on confeffa d'abord fes fautes publiques publiquement. Au cinquiéme fiécle après le shifme de *Novatus* & de *Novatien*, on établit les pénitenciers pour abfoudre ceux qui étaient tombés dans l'idolâtrie. Cette confeffion aux prêtres pénitenciers fut abolie fous l'empereur *Théodofe*. Une femme s'étant accufée tout haut au pénitencier de Conftantinople d'avoir couché avec le diacre, cette indifcrétion caufa tant de fcandale & de trouble dans toute la ville *a*), que *Nectarius* permit à tous les fidèles de s'approcher de la fainte table fans confeffion, & de n'écouter que leur confcience pour communier. C'eft pourquoi *St. Jean Chryfoftome* qui fuccéda à *Nectarius*, dit au peuple dans fa cinquiéme homélie : „ Con„ feffez-vous continuellement à DIEU ; je ne

Socrate liv. v.
Sozoméne liv. VII.

―――――――――――
a) En effet, comment cette indifcrétion auraitelle caufé un fcandale public fi elle avait été fecrète?

„ vous produis point fur un théâtre avec vos
„ compagnons de fervice pour leur décou-
„ vrir vos fautes. Montrez à DIEU vos blef-
„ fures, & demandez-lui les remèdes; avouez
„ vos péchés à celui qui ne les reproche point
„ devant les hommes. Vous les céleriez en
„ vain à celui qui connaît toutes chofes, &c. "

On prétend que la confeffion auriculaire ne commença en Occident que vers le feptiéme fiécle, & qu'elle fut inftituée par les abbés, qui exigèrent que leurs moines vinffent deux fois par an leur avouer toutes leurs fautes. Ce furent ces abbés qui inventèrent cette formule, *Je t'abfous autant que je le peux & que tu en as befoin*. Il femble qu'il eût été plus refpectueux pour l'Etre-fuprème, & plus jufte, de dire, *puiffe-t-il pardonner à tes fautes & aux miennes!*

Le bien que la confeffion a fait, eft d'avoir obtenu quelquefois des reftitutions de petits voleurs. Le mal eft d'avoir quelquefois dans les troubles des états, forcé les pénitens à être rebelles & fanguinaires en confcience. Les prêtres guelfes refufaient l'abfolution aux gibelins, & les prêtres gibelins fe gardaient bien d'abfoudre les guelfes.

Le confeiller d'état *Lénet* rapporte dans fes mémoires, que tout ce qu'il put obtenir en Bourgogne pour faire foulever les peuples en faveur du prince de *Condé* détenu à Vincennes par le Mazarin, *fut de lâcher des prêtres dans les confessionaux.*

Au siége de Barcelone, les moines refusèrent l'absolution à tous ceux qui restaient fidèles à *Philippe V.*

Dans la dernière révolution de Gènes, on avertissait toutes les consciences, qu'il n'y avait point de salut pour quiconque ne prendrait pas les armes contre les Autrichiens.

Ce remède salutaire se tourna de tout tems en poison. Les assassins des *Sforces*, des *Médicis*, des princes d'*Orange*, des rois de France, se préparèrent aux parricides par le sacrement de la confession.

Loüis XI, la *Brinvilliers* se confessaient dès qu'ils avaient commis un grand crime ; & se confessaient souvent, comme les gourmands prennent médecine pour avoir plus d'appétit.

DE LA RÉVÉLATION PAR LA CONFESSION.

Jaurigny & *Baltazar Gérard*, assassins du prince d'Orange *Guillaume I*, le dominicain *Jacques Clément*, *Jean Châtel*, le feuillant *Ravaillac* & tous les autres parricides de ce tems-là se confessèrent avant de commettre leurs crimes. Le fanatisme dans ces siécles déplorables était parvenu à un tel excès, que la confession n'était qu'un engagement de plus à consommer leur scéleratesse : elle devenaît facrée, par cette raifon que la confeſſion eſt un facrement.

Strada dit lui-même, que Jaurigny *non ante facinus aggredi fuſtinuit quam expiatam nexis animam apud dominicanum facerdotem cæleſti pane firmaverit. Jaurigny n'ofa entreprendre cette action fans avoir fortifié par le pain célefte fon ame purgée par la confeſſion aux pieds d'un dominicain.*

On voit dans l'interrogatoire de *Ravaillac* que ce malheureux fortant des feuillans & voulant entrer chez les jéfuites, s'était addreffé au jéfuite d'*Aubigni*; qu'après lui avoir parlé de plufieurs apparitions qu'il avait eues, il montra à ce jéfuite un couteau, fur la lame duquel un cœur & une croix étaient gravés, & qu'il dit ces propres mots au jéfuite : *Ce cœur indique que le cœur du roi doit être porté à faire la guerre aux huguenots.*

Peut-être fi ce d'*Aubigni* avait eu affez de zèle & de prudence pour faire inftruire le roi de ces paroles, peut-être s'il avait dépeint l'homme qui les avait prononcées, le meilleur des rois n'aurait pas été affaffiné.

Le vingtiéme Auguſte, ou Août, l'année 1610, trois mois après la mort de *Henri IV*, dont les bleffures faignaient dans le cœur de tous les Français, l'avocat-général *Servin*, dont

la

la mémoire eſt encor illuſtre, requit qu'on fît signer aux jéſuites les quatre articles ſuivans.

1°. Que le concile eſt au-deſſus du pape.

2°. Que le pape ne peut priver le roi d'aucun de ſes droits par l'excommunication.

3°. Que les eccléſiaſtiques ſont entiérement ſoumis au roi comme les autres.

4°. Qu'un prêtre qui ſait par la confeſſion une conſpiration contre le roi & l'état, doit la révéler aux magiſtrats.

Le 22 le parlement rendit un arrêt, par lequel il défendait aux jéſuites d'enſeigner la jeuneſſe avant d'avoir ſigné ces quatre articles. Mais la cour de Rome était alors ſi puiſſante, & celle de France ſi faible, que cet arrêt fut inutile.

Un fait qui mérite d'être obſervé, c'eſt que cette même cour de Rome, qui ne voulait pas qu'on révélât la confeſſion, quand il s'agirait de la vie des ſouverains, obligeait les confeſſeurs à dénoncer aux inquiſiteurs ceux que leurs pénitentes accuſaient en confeſſion de les avoir ſéduites & d'avoir abuſé d'elles. *Paul IV*, *Pie IV*, *Clément VIII*, *Grégoire XV* ordonnerent ces révélations. *b*) C'était un piége bien embarraſſant pour les

___
b) La conſtitution de *Grégoire XV* eſt du 30 Auguſte 1622. Voyez les *Mémoires eccléſiaſtiques* du jéſuite d'*Avrigni*, ſi mieux n'aimez conſulter le Bullaire.

Quatrième partie.   D·

confesseurs & pour les pénitentes. C'était faire d'un sacrement un greffe de délations & même de sacrilèges. Car par les anciens canons, & surtout par le concile de Latran tenu sous *Innocent III*, tout prêtre qui révèle une confession de quelque nature que ce puisse être, doit être interdit & condamné à une prison perpétuelle.

Mais il y a bien pis ; voilà quatre papes aux seiziéme & dix-septiéme siécles qui ordonnent la révélation d'un péché d'impureté, & qui ne permettent pas celle d'un parricide. Une femme avoue ou suppose dans le sacrement devant un carme qu'un cordelier l'a séduite ; le carme doit dénoncer le cordelier. Un assassin fanatique croyant servir Dieu en tuant son prince, vient consulter un confesseur sur ce cas de conscience ; le confesseur devient sacrilège s'il sauve la vie à son souverain.

Cette contradiction absurde & horrible est une suite malheureuse de l'opposition continuelle qui régne depuis tant de siécles entre les loix ecclésiastiques & les loix civiles. Le citoyen se trouve pressé dans cent occasions entre le sacrilège & le crime de haute trahison ; & les règles du bien & du mal sont ensevelies dans un chaos dont on ne les a pas encor tirées.

La réponse du jésuite *Coton* à *Henri IV* durera plus que l'ordre des jésuites. Révéleriez-vous la confeſſion d'un homme réſolu de m'aſſaſſiner ? *Non ; mais je me mettrais entre vous & lui.*

On n'a pas toûjours ſuivi la maxime du père. *Coton*. Il y a dans quelques pays des myſtères d'état inconnus au public, dans leſquels les révélations des confeſſions entrent pour beaucoup. On fait par le moyen des confeſſeurs attitrés les ſecrets des priſonniers. Quelques confeſſeurs, pour accorder leur intérêt avec le ſacrilège, uſent d'un ſingulier artifice. Ils rendent compte, non pas préciſément de ce que le priſonnier leur a dit, mais de ce qu'il ne leur a pas dit. S'ils ſont chargés, par exemple, de ſavoir ſi un accuſé a pour complice un Français ou un Italien, ils diſent à l'homme qui les employe, Le priſonnier m'a juré qu'aucun Italien n'a été informé de ſes deſſeins. De-là on juge que c'eſt le Français ſoupçonné qui eſt coupable.

L'auteur de cet article a été preſque témoin lui-même d'une révélation encor plus forte & plus ſingulière.

On connait la trahiſon que fit *Daubenton* jéſuite, à *Philippe V* rói d'Eſpagne, dont il était confeſſeur. Il crut par une politique très mal entendue, devoir rendre compte des ſecrets de ſon pénitent au duc *d'Orléans* régent du royaume, & eut l'imprudence de lui écrire ce qu'il n'aurait dû confier à perſonne de vive voix. Le duc d'*Orléans* envoya fa lettre au roi d'Efpagne ; le jéfuite fut chaffé, & mourut quelque tems après. C'eft un fait avéré. *c*)

On ne laiffe pas d'être fort en peine pour décider formellement dans quels cas il faut révéler la confeffion ; car fi on décide que c'eft pour crime de lèze-màjefté humaine, il eft aifé d'étendre bien loin ce crime de lèze-majefté, & de le porter jufqu'à la contrebande du fel & des mouffelines, attendu que ce délit offenfe précifément les majeftés. A plus forte raifon faudra-t-il révéler les crimes de lèze-majefté divine ; & cela peut aller jufqu'aux moindres fautes, comme d'avoir manqué vêpres & le falut.

Il ferait donc très important de bien convenir des confeffions qu'on doit révéler, & de celles qu'on doit taire ; mais une telle décifion ferait encor très dangereufe. Que de chofes il ne faut pas approfondir !

Pontas qui décide en trois volumes *in folio* de tous les cas poffibles de la confcience des Français, & qui eft ignoré dans le refte de la terre, dit qu'en aucune occafion on ne doit révéler la confeffion. Les parlemens ont décidé le contraire. A qui croire de *Pontas* ou des gardiens des loix du royaume, qui veil'ent fur la vie des rois & fur le falut de l'état ? *d*)

c) Voyez le *Précis du fiécle de Louis XV* in-4°. tom. II. page 61.

d) Voyez *Pontas* à l'article *Confeffeur*.

CONFESSION.

SI LES LAÏQUES ET LES FEMMES ONT ÉTÉ CONFESSEURS ET CONFESSEUSES.

De même que dans l'ancienne loi les laïques se confessaient les uns aux autres, les laïques dans la nouvelle loi eurent longtems ce droit par l'usage. Il suffit pour le prouver de citer le célèbre *Joinville* qui dit expressément, *que le connétable de Chypre se confessa à lui, & qu'il lui donna l'absolution selon le droit qu'il en avait.*

St. Thomas s'exprime ainsi dans sa somme ; *Confessio ex defectu sacerdotis laïco facta sacramentalis est quodam modò. La confession faite à un laïque au défaut d'un prêtre est sacramentale en quelque façon.* — 3e. partie pag. 255. édition de Lyon 1738.

Fleuri, dans son *histoire ecclésiastique*, dit, qu'en Espagne, au treizième siécle, les abbesses donnaient la bénédiction à leurs religieuses, entendaient leurs confessions, & prêchaient publiquement. — Livre LXXVI. tom. XVI pag. 246.

Innocent III n'attaque point cet usage dans sa lettre du 10 Décembre 1210.

Ce droit était si ancien qu'on le trouve établi dans les règles de *St. Basile*. Il permet aux abbesses de confesser leurs religieuses conjointement avec un prêtre. — Tom. II. pag. 453.

Le père *Martène*, dans ses *rites de l'église*, convient que les abbesses confessèrent longtems leurs nonnes ; mais il ajoute qu'elles — Tom. II. pag. 39.

étaient si curieuses, qu'on fut obligé de leur ôter ce droit.

L'ex-jésuite nommé *Nonotte* doit se confesser, & faire pénitence, non pas d'avoir été un des plus grands ignorans qui ayent jamais barbouillé du papier, car ce n'est pas un péché ; non pas d'avoir appellé du nom d'*erreurs* des vérités qu'il ne connaissait pas ; mais d'avoir calomnié avec la plus stupide insolence l'auteur de cet article, & d'avoir appellé son frère *Raca*, en niant tous ces faits & beaucoup d'autres dont il ne savait pas un mot. Il s'est rendu coupable de *la géhenne du feu* ; il faut espérer qu'il demandera pardon à DIEU de ses énormes sotises : nous ne demandons point la mort du pécheur, mais sa conversion.

On a longtems agité pourquoi trois hommes assez fameux dans cette petite partie du monde où la confession est en usage, sont morts sans ce sacrement. Ce sont le pape *Léon X*, *Pélisson* & le cardinal *Dubois*.

Ce cardinal se fit ouvrir le périnée par le bistouri de *la Peironie*, mais il pouvait se confesser & communier avant l'opération.

Pélisson protestant jusqu'à l'âge de quarante ans, s'était converti pour être maître des rèquetes & pour avoir des bénéfices.

A l'égard du pape *Léon X*, il était si occupé des affaires temporelles, quand il fut surpris par la mort, qu'il n'eut pas le tems de songer aux spirituelles.

DES BILLETS DE CONFESSION.

Dans les pays protestans on se confesse à DIEU, & dans les pays catholiques aux hommes. Les protestans disent qu'on ne peut tromper DIEU; au-lieu qu'on ne dit aux hommes que ce qu'on veut. Comme nous ne traitons jamais la controverse, nous n'entrons point dans cette ancienne dispute. Notre société littéraire est composée de catholiques & de protestans réunis par l'amour des lettres. Il ne faut pas que les querelles ecclésiastiques y sément la zizanie.

En Italie, & dans les pays d'obédience, il faut que tout le monde sans distinction se confesse & communie. Si vous avez par devers vous des péchés énormes, vous avez aussi les grands pénitenciers pour vous absoudre. Si votre confession ne vaut rien, tant pis pour vous. On vous donne à bon compte un reçu imprimé, moyennant quoi vous communiez, & on jette tous les reçus dans un ciboire; c'est la règle.

On ne connaissait point à Paris ces billets au porteur, lorsque vers l'an 1750 un archevêque de Paris imagina d'introduire une espèce de banque spirituelle pour extirper le jansénisme & pour faire triompher la bulle *Unigénitus*. Il voulut qu'on refusât l'extrême-onction & le viatique a tout malade qui ne remetrait pas un billet de confeffion, figné d'un prêtre conftitutionnaire.

C'était refufer les facremens aux neuf dixiémes de Paris. On lui difait en vain, Songez à ce que vous faites ; ou ces facremens font néceffaires pour n'etre point damné, ou l'on peut être fauvé fans eux avec la foi, l'efpérance, la charité, les bonnes œuvres & les mérites de notre Sauveur. Si l'on peut être fauvé fans ce viatique, vos billets font inutiles. Si les facremens font abfolument néceffaires, vous damnez tous ceux que vous en privez ; vous faites brûler pendant toute l'éternité fix à fept cent mille ames, fuppofé que vous viviez affez longtems pour les enterrer ; cela eft violent ; calmez-vous ; & laiffez mourir chacun comme il peut.

Il ne répondit point à ce dilemme ; mais il perfifta. C'eft une chofe horrible d'employer pour tourmenter les hommes la religion qui les doit confoler. Le parlement qui a la grande police, & qui vit la fociété troublée, oppofa, felon la coutume, des arrêts aux mandemens. La difcipline eccléfiaftique ne voulut point céder à l'autorité légale. Il falut que la magiftrature employât la force, & qu'on envoyât des archers pour faire confeſſer, communier & enterrer les Pariſiens à leur gré.

Dans cet excès de ridicule dont il n'y avait point encor d'exemple, les eſprits s'aigrirent; on cabala à la cour, comme s'il s'était agi d'une place de fermier-général, ou de faire diſgracier un miniſtre. Le royaume fut troublé d'un bout à l'autre. Il entre toûjours dans une cauſe des incidens qui ne ſont pas du fond : il s'en mêla tant que tous les membres du parlement furent exilés, & que l'archevêque le fut à ſon tour.

Ces billets de confeſſion auraient fait naître une guerre civile dans les tems précédens; mais dans le nôtre ils ne produiſirent heureuſement que des tracaſſeries civiles. L'eſprit philoſophique qui n'eſt autre choſe que la raiſon, eſt devenu chez tous les honnêtes gens le ſeul antidote dans ces maladies épidémiques.

CONFIANCE EN SOI-MÊME.

Nous tromper dans nos entrepriſes,
C'eſt à quoi nous ſommes ſujets;
Le matin je fais des projets,
Et le long du jour des ſotiſes.

Ces petits vers conviennent assez à un grand nombre de raisonneurs ; & c'est une chose assez plaisante de voir un grave directeur d'ames finir par un procès criminel, conjointement avec un banqueroutier. A ce propos nous réimprimons ici ce petit conte qui est ailleurs, car il est bon qu'il soit partout.

Memnon conçut un jour le projet insensé d'être parfaitement sage. Il n'y a guères d'hommes à qui cette folie n'ait quelquefois passé par la tête. *Memnon* se dit à lui-même ; Pour être très sage, & par conséquent très heureux, il n'y a qu'à être sans passions ; & rien n'est plus aisé, comme on sait. Premiérement je n'aimerai jamais de femme ; car en voyant une beauté parfaite, je me dirai à moi-même, Ces joues-là se rideront un jour, ces beaux yeux seront bordés de rouge, cette gorge ronde deviendra platte & pendante, cette belle tête deviendra chauve. Or je n'ai qu'à la voir à présent des mêmes yeux dont je la verrai alors ; & assurément cette tête ne fera pas tourner la mienne.

En second lieu je serai toûjours sobre : j'aurai beau être tenté par la bonne chère, par des vins délicieux, par la séduction de la société ; je n'aurai qu'à me représenter les suites des excès, une tête pesante, un estomac embarrassé, la perte de la raison, de la santé, & du tems : je ne mangerai alors que pour le besoin ; ma santé sera toûjours égale, mes idées toûjours pures & lumineuſes. Tout cela eſt ſi facile, qu'il n'y a aucun mérite à y parvenir.

Enſuite, diſoit *Memnon*, il faut penſer un peu à ma fortune ; mes deſirs ſont modérés, mon bien eſt ſolidement placé ſur le receveur-général des finances de Ninive ; j'ai de quoi vivre dans l'indépendance ; c'eſt-là le plus grand des biens. Je ne ſerai jamais dans la cruelle néceſſité de faire ma cour : je n'envierai perſonne, & perſonne ne m'enviera. Voilà qui eſt encor très aiſé. J'ai des amis, continuait-il, je les conſerverai, puiſqu'ils n'auront rien à me diſputer. Je n'aurai jamais d'humeur avec eux, ni eux avec moi. Cela eſt ſans difficulté.

Ayant fait ainſi ſon petit plan de ſageſſe dans ſa chambre, *Memnon* mit la tête à la fenêtre. Il vit deux femmes qui ſe promenaient ſous des platanes auprès de ſa maiſon. L'une était vieille & paraiſſait ne ſonger à rien. L'autre était jeune, jolie, & ſemblait fort occupée. Elle ſoûpirait, elle pleurait, & n'en avait que plus de graces. Notre ſage fut touché, non pas de la beauté de la dame, (il était bien ſûr de ne pas ſentir une telle faibleſſe) mais de l'affliction où il la voyait. Il deſcendit, il aborda la jeune Ninivienne, dans le deſſein de la conſoler avec ſageſſe. Cette belle perſonne lui conta de l'air le plus naïf & le plus touchant tout le mal que lui fai-

fait un oncle qu'elle n'avait point ; avec quels artifices il lui avait enlevé un bien qu'elle n'avait jamais possédé, & tout ce qu'elle avait à craindre de sa violence. Vous me paraissez un homme de si bon conseil, lui dit-elle, que si vous aviez la condescendance de venir jusques chez moi, & d'examiner mes affaires, je suis sûre que vous me tireriez du cruel embarras où je suis. *Memnon* n'hésita pas à la suivre, pour examiner sagement ses affaires, & pour lui donner un bon conseil.

La dame affligée le mena dans une chambre parfumée, & le fit asseoir avec elle poliment sur un large sopha, où ils se tenaient tous deux les jambes croisées vis-à-vis l'un de l'autre. La dame parla en baissant les yeux, dont il échappait quelquefois des larmes, & qui en se relevant rencontraient toûjours les regards du sage *Memnon*. Ses discours étaient pleins d'un attendrissement qui redoublait toutes les fois qu'ils se regardaient. *Memnon* prenait ses affaires extrèmement à cœur, & se sentait de moment en moment la plus grande envie d'obliger une personne si honnête & si malheureuse. Ils cessèrent insensiblement, dans la chaleur de la conversation, d'être vis-à-vis l'un de l'autre. Leurs jambes ne furent plus croisées. *Memnon* la conseilla de si près, & lui donna des avis si tendres, qu'ils ne pouvaient ni l'un ni l'autre parler d'affaires, & qu'ils ne savaient plus où ils en étaient.

Comme ils en étaient là, arrive l'oncle, ainſi qu'on peut bien le penſer : Il était armé de la tête aux pieds ; & la première choſe qu'il dit, fut qu'il allait tuer, comme de raiſon, le ſage *Memnon* & ſa niéce ; la dernière qui lui échappa fut qu'il pouvait pardonner pour beaucoup d'argent. *Memnon* fut obligé de donner tout ce qu'il avait. On était heureux dans ce tems-la d'en être quitte à ſi bon marché ; l'Amérique n'était pas encor découverte ; & les dames affligées n'étaient pas à beaucoup près ſi dangereuſes qu'elles le ſont aujourd'hui.

Memnon honteux & déſeſpéré rentra chez lui : il y trouva un billet qui l'invitait à dîner avec quelques-uns de ſes intimes amis. Si je reſte ſeul chez moi, dit-il, j'aurai l'eſprit occupé de ma triſte avanture, je ne mangerai point, je tomberai malade. Il vaut mieux aller faire avec mes amis intimes un repas frugal. J'oublierai dans la douceur de leur ſociété la ſotiſe que j'ai faite ce matin. Il va au rendez-vous ; on le trouve un peu chagrin. On le fait boire pour diſſiper ſa triſteſſe. Un peu de vin pris modérément eſt un remède pour l'ame & pour le corps. C'eſt ainſi que penſe le ſage *Memnon* ; & il s'enyvre. On lui propoſe de jouer après le repas. Un jeu réglé avec des amis eſt un paſſè-tems honnète. Il joue ; on lui gagne tout ce qu'il a dans ſa bourſe, & quatre fois autant ſur ſa parole. Une diſpute s'élève ſur le jeu, on s'échauffe : l'un de ſes amis intimes lui jette à la tête un cornet, & lui créve un œil. On rapporte chez lui le sage *Memnon*, yvre, sans argent, & ayant un œil de moins.

Il cuve un peu son vin ; & dès qu'il a la tête plus libre, il envoye son valet chercher de l'argent chez le receveur-général des finances de Ninive, pour payer ses intimes amis : on lui dit que son débiteur a fait le matin une banqueroute frauduleuse qui met en allarme cent familles. *Memnon* outré va à la cour avec un emplâtre sur l'œil & un placet à la main, pour demander justice au roi contre le banqueroutier. Il rencontra dans un sallon plusieurs dames qui portaient toutes d'un air aisé des cerceaux de vingt-quatre pieds de circonférence. L'une d'elles qui le connaissait un peu, dit en le regardant de côté : Ah l'horreur ! Une autre qui le connaissait davantage lui dit, Bon soir, monsieur *Memnon* ; mais vraiment, monsieur *Memnon*, je suis fort aise de vous voir ; à propos, monsieur *Memnon*, pourquoi avez-vous perdu un œil ? Et elle passa sans attendre sa réponse. *Memnon* se cacha dans un coin, & attendit le moment où il pût se jetter aux pieds du monarque. Ce moment arriva. Il baisa trois fois la terre, & présenta son placet. Sa gracieuse majesté le reçut très favorablement, & donna le mémoire à un de ses satrapes pour lui en rendre compte. Le satrape tire

Memnon à part, & lui dit d'un air de hauteur en ricanant amérement ; Je vous trouve un plaisant borgne, de vous adresser au roi plutôt qu'à moi ; & encor plus plaisant d'oser demander justice contre un honnête banqueroutier, que j'honore de ma protection, & qui est le neveu d'une femme de chambre de ma maîtresse. Abandonnez cette affaire-là, mon ami, si vous voulez conserver l'œil qui vous reste.

Memnon ayant ainsi renoncé le matin aux femmes, aux excès de table, au jeu, à toute querelle, & surtout à la cour, avait été avant la nuit trompé & volé par une belle dame, s'était enyvré, avait joué, avait eu une querelle, s'était fait crever un œil, & avait été à la cour où l'on s'était moqué de lui.

Pétrifié d'étonnement, & navré de douleur, il s'en retourne la mort dans le cœur. Il veut rentrer chez lui ; il y trouve des huissiers qui démeublaient sa maison de la part de ses créanciers. Il reste presque évanoui sous une platane ; il y rencontre la belle dame du matin qui se promenait avec son cher oncle, & qui éclata de rire en voyant *Memnon* avec son emplâtre. La nuit vint ; *Memnon* se coucha sur de la paille auprès des murs de sa maison. La fiévre le saisit ; il s'endormit dans l'accès ; & un esprit céleste lui apparut en songe.

Il était tout resplendissant de lumière. Il

avait six belles ailes, mais ni pieds, ni tête, ni queue, & ne ressemblait à rien. Qui es-tu? lui dit *Memnon*; Ton bon génie, lui répondit l'autre. Ren-moi donc mon œil, ma santé, mon bien, ma sagesse, lui dit *Memnon*. Ensuite il lui conta comment il avait perdu tout cela en un jour. Voilà des avantures qui ne nous arrivent jamais dans le monde que nous habitons, dit l'esprit. Et quel monde habitez-vous? dit l'homme affligé. Ma patrie, répondit-il, est à cinq cent millions de lieues du soleil, dans une petite étoile auprès de *Sirius*, que tu vois d'ici. Le beau pays! dit *Memnon*: quoi! vous n'avez point chez vous de coquines qui trompent un pauvre homme, point d'amis intimes qui lui gagnent son argent & qui lui crèvent un œil, point de banqueroutiers, point de satrapes qui se moquent de vous en vous refusant justice? Non, dit l'habitant de l'étoile, rien de tout cela. Nous ne sommes jamais trompés par les femmes, parce que nous n'en avons point; nous ne faisons point d'excès de table, parce que nous ne mangeons point; nous n'avons point de banqueroutiers, parce qu'il n'y a chez nous ni or ni argent; on ne peut pas nous crever les yeux, parce que nous n'avons point de corps à la façon des vôtres; & les satrapes ne nous font jamais d'injustice, parce que dans notre petite étoile tout le monde est égal.

Mem-

Memnon lui dit alors, Monseigneur sans femme & sans dîner, à quoi passez-vous votre tems? A veiller, dit le génie, sur les autres globes qui nous sont confiés: & je viens pour te consoler. Hélas! reprit *Memnon*, que ne veniez-vous la nuit passée, pour m'empêcher de faire tant de folies? J'étais auprès d'*Assan* ton frère aîné, dit l'être céleste. Il est plus à plaindre que toi. Sa gracieuse majesté le roi des Indes, à la cour duquel il a l'honneur d'être, lui a fait crever les deux yeux pour une petite indiscrétion, & il est actuellement dans un cachot les fers aux pieds & aux mains. C'est bien la peine, dit *Memnon*, d'avoir un bon génie dans une famille, pour que de deux frères l'un soit borgne, l'autre aveugle, l'un couché sur la paille, l'autre en prison. Ton sort changera, reprit l'animal de l'étoile. Il est vrai que tu seras toûjours borgne; mais, à cela près, tu seras assez heureux, pourvu que tu ne fasses jamais le sot projet d'être parfaitement sage. C'est donc une chose à laquelle il est impossible de parvenir? s'écria *Memnon* en soûpirant. Aussi impossible, lui repliqua l'autre, que d'être parfaitement habile, parfaitement fort, parfaitement puissant, parfaitement heureux. Nous-mêmes, nous en sommes bien loin. Il y a un globe où tout cela se trouve; mais dans les cent mille millions de mondes qui sont dispersés dans l'étendue, tout se suit par

Quatriéme partie. E

degrés. On a moins de sagesse & de plaisirs dans le second que dans le premier, moins dans le troisiéme que dans le second. Ainsi du reste jusqu'au dernier, où tout le monde est complettement fou. J'ai bien peur, dit *Memnon*, que notre petit globe terraquée ne soit précisément les petites maisons de l'univers dont vous me faites l'honneur de me parler. Pas tout-à-fait, dit l'esprit; mais il en approche : il faut que tout soit en sa place. Eh mais, dit *Memnon*, certains poëtes, certains philosophes, ont donc grand tort de dire, *Que tout est bien*. Ils ont grande raison, dit le philosophe de là-haut, en considérant l'arrangement de l'univers entier. Ah ! je ne croirai cela, repliqua le pauvre *Memnon*, que quand je ne serai plus borgne.

CONFISCATION.

ON a très bien remarqué dans le Dictionnaire encyclopédique, à l'article *Confiscation*, que le fisc soit public, soit royal, soit seigneurial, soit impérial, soit déloyal était un petit panier de jonc ou d'osier, dans lequel on mettait autrefois le peu d'argent qu'on avait pu recevoir ou extorquer. Nous nous servons aujourd'hui de sacs ; le fisc royal est le sac royal.

CONFISCATION. 67

C'eſt une maxime reçue dans pluſieurs pays de l'Europe, que qui confiſque le corps, confiſque les biens. Cet uſage eſt ſurtout établi dans les pays où la coutume tient lieu de loi ; & une famille entière eſt punie dans tous les cas pour la faute d'un ſeul homme.

Confiſquer le corps n'eſt pas mettre le corps d'un homme dans le panier de ſon ſeigneur ſuzerain ; c'eſt dans le langage barbare du barreau, ſe rendre maître du corps d'un citoyen, ſoit pour lui ôter la vie, ſoit pour le condamner à des peines auſſi longues que ſa vie : on s'empare de ſes biens ſi on le fait périr, ou s'il évite la mort par la fuite.

Ainſi, ce n'eſt pas aſſez de faire mourir un homme pour ſes fautes, il faut encor faire mourir de faim ſes héritiers.

La rigueur de la coutume confiſque dans plus d'un pays les biens d'un homme qui s'eſt arraché volontairement aux miſères de cette vie; & ſes enfans ſont réduits à la mendicité parce que leur père eſt mort.

Dans quelques provinces catholiques romaines on condamne aux galères perpétuelles, par une ſentence arbitraire, un père de famille *a*), ſoit pour avoir donné retraite chez ſoi à un prédicant, ſoit pour avoir écouté ſon ſermon dans quelques cavernes, ou dans

a) Voyez l'édit de 1724, 14 Mai, publié à la ſollicitation du cardinal de *Fleuri*, & revû par lui.

E ij

quelque défert : alors la femme & les enfans sont réduits à mendier leur pain.

Cette jurisprudence qui consiste à ravir la nourriture aux orphelins, & à donner à un homme le bien d'autrui, fut inconnue dans tout le tems de la république Romaine. *Sylla* l'introduisit dans ses proscriptions. Il faut avouer qu'une rapine inventée par *Sylla* n'était pas un exemple à suivre. Aussi cette loi qui semblait n'être dictée que par l'inhumanité & l'avarice, ne fut suivie ni par *César*, ni par le bon empereur *Trajan*, ni par les *Antonins*, dont toutes les nations prononcent encore le nom avec respect & avec amour. Enfin, sous *Justinien* la confiscation n'eut lieu que pour le crime de lèze-majesté.

Il semble que dans les tems de l'anarchie féodale, les princes & les seigneurs des terres étant très peu riches, cherchassent à augmenter leur trésor par les condamnations de leurs sujets, & qu'on voulut leur faire un revenu du crime. Les loix chez eux étant arbitraires, & la jurisprudence romaine ignorée, les coutumes ou bizarres ou cruelles prévalurent. Mais aujourd'hui que la puissance des souverains est fondée sur des richesses immenses & assurées, leur trésor n'a pas besoin de s'enfler des faibles débris d'une famille malheureuse. Ils sont abandonnés pour l'ordinaire au premier qui les demande. Mais est-ce à un citoyen à s'engraisser des restes du sang d'un autre citoyen ?

La confiscation n'est point admise dans les pays où le droit romain est établi, excepté le ressort du parlement de Toulouse. Elle ne l'est point dans quelques pays coutumiers, comme le Bourbonnais, le Berri, le Maine, le Poitou, la Bretagne, où au moins elle respecte les immeubles. Elle était établie autrefois à Calais, & les Anglais l'abolirent lorsqu'ils en furent les maîtres. Il est assez étrange que les habitans de la capitale vivent sous une loi plus rigoureuse que ceux de ces petites villes : tant il est vrai que la jurisprudence a été souvent établie au hazard, sans régularité, sans uniformité, comme on bâtit des chaumières dans un village.

Qui croirait que l'an 1673, dans le plus beau siécle de la France, l'avocat-général *Omer Talon* ait parlé ainsi en plein parlement au sujet d'une demoiselle de *Canillac?* b)

Au chap. XIII du Deuteronome, DIEU dit, ,, Si tu te rencontres dans une ville, & ,, dans un lieu où régne l'idolâtrie, mets tout ,, au fil de l'épée, sans exception d'âge, de ,, sexe ni de condition. Rassemble dans les ,, places publiques toutes les dépouilles de la ,, ville, brûle-la toute entière avec ses dé- ,, pouilles, & qu'il ne reste qu'un monceau

b) *Journal du palais*, tom. I. pag. 444.

E iij

« de cendres de ce lieu d'abomination. En
« un mot, fais-en un sacrifice au Seigneur,
« & qu'il ne demeure rien en tes mains des
« biens de cet anathême.
« Ainsi, dans le crime de lèze-majesté le
« roi était maître des biens, & les enfans en
« étaient privés. Le procès ayant été fait à
« Naboth *quia maledixerat regi*, le roi *Achab*
« se mit en possession de son héritage. *David*
« étant averti que *Miphibozeth* s'était engagé
« dans la rébellion, donna tous ses biens à
« *Siba* qui lui en apporta la nouvelle : *tua*
« *sint omnia quæ fuerunt Miphibozeth*. »

Il s'agit de savoir qui héritera des biens
de Mlle. de *Canillac*, biens autrefois confisqués sur son père, abandonnés par le roi à
un garde du trésor royal, & donnés ensuite
par le garde du trésor royal à la testatrice. Et
c'est sur ce procès d'une fille d'Auvergne
qu'un avocat-général s'en rapporte à *Achab*
roitelet d'une partie de la Palestine, qui
confisqua la vigne de *Naboth* après avoir
assassiné le propriétaire par le poignard de la
justice juive ; action abominable qui est passée en proverbe, pour inspirer aux hommes
l'horreur de l'usurpation. Assurément la vigne
de *Naboth* n'avait aucun rapport avec l'héritage de Mlle. de *Canillac*. Le meurtre & la
confiscation des biens de *Miphibozeth*, petit-
fils du roi *Saül*, & fils de *Jonathas* ami & protecteur de *David*, n'ont pas une plus gran-

de affinité avec le testament de cette demoiselle.

C'est avec cette pédanterie, avec cette démence de citations étrangères au sujet, avec cette ignorance des premiers principes de la nature humaine, avec ces préjugés mal conçus & mal appliqués, que la jurisprudence a été traitée par des hommes qui ont eu de la réputation dans leur sphère. On laisse aux lecteurs à se dire ce qu'il est superflu qu'on leur dise.

CONSCIENCE.

SECTION PREMIÈRE.

De la conscience du bien & du mal.

Loke a démontré, (s'il est permis de se servir de ce terme en morale & en métaphysique) que nous n'avons ni idées innées, ni principes innés; & il a été obligé de le démontrer trop au long, parce qu'alors cette erreur était universelle.

De là il suit évidemment que nous avons le plus grand besoin qu'on nous mette de bonnes idées & de bons principes dans la tête, dès que nous pouvons faire usage de la faculté de l'entendement.

Loke apporte l'exemple des sauvages qui tuent & qui mangent leur prochain sans aucun remords de conscience ; & des soldats chrétiens bien élevés qui dans une ville prise d'assaut pillent, égorgent, violent non-seulement sans remords, mais avec un plaisir charmant, avec honneur & gloire, avec les applaudissemens de tous leurs camarades.

Il est très sûr que dans les massacres de la St. Barthelemi, & dans les *autos da fé*, dans les saints actes de foi de l'inquisition, nulle conscience de meurtrier ne se reprocha jamais d'avoir massacré hommes, femmes, enfans, d'avoir fait crier, évanouïr, mourir dans les tortures des malheureux qui n'avaient d'autres crimes que de faire la pâque différemment des inquisiteurs.

Il résulte de tout cela que nous n'avons point d'autre conscience que celle qui nous est inspirée par le tems, par l'exemple, par notre tempéramment, par nos réflexions.

L'homme n'est né avec aucun principe, mais avec la faculté de les recevoir tous. Son tempéramment le rendra plus enclin à la cruauté ou à la douceur ; son entendement lui fera comprendre un jour que le quarré de douze est cent quarante-quatre, qu'il ne faut pas faire aux autres ce qu'il ne voudrait pas qu'on lui fît ; mais il ne comprendra pas de lui-même ces vérités dans son enfance : il n'entendra pas la première, & il ne fentira pas la feconde.

Un petit fauvage qui aura faim, & à qui fon père aura donné un morceau d'un autre fauvage à manger, en demandera autant le lendemain, fans imaginer qu'il ne faut pas traiter fon prochain autrement qu'on ne voudrait être traité foi-même. Il fait machinalement, invinciblement tout le contraire de ce que cette éternelle vérité enfeigne.

La nature a pourvu à cette horreur ; elle a donné à l'homme la difpofition à la pitié & le pouvoir de comprendre la vérité. Ces deux préfens de DIEU font le fondement de la fociété civile. C'eft ce qui fait qu'il y a toûjours eu peu d'antropophages ; c'eft ce qui rend la vie un peu tolérable chez les nations civilifées. Les pères & les mères donnent à leurs enfans une éducation qui les rend bientôt fociables ; & cette éducation leur donne une confcience.

Une religion pure, une morale pure, infpirées de bonne heure, façonnent tellement la nature humaine, que depuis environ fept ans jufqu'à feize ou dix-fept, on ne fait pas une mauvaife action fans que la confcience en faffe un reproche. Enfuite viennent les violentes paffions qui combattent la confcience & qui l'étouffent quelquefois. Pendant le conflit les hommes tourmentés par cet orage, confultent en quelques occafions d'autres hommes, comme dans leurs maladies ils consultent ceux qui ont l'air de se bien porter.

C'est ce qui a produit des casuistes, c'est-à-dire, des gens qui décident des cas de conscience. Un des plus sages casuistes a été *Cicéron* dans son livre des *offices*, c'est-à dire, des devoirs de l'homme. Il examine les points les plus délicats ; mais longtems avant lui *Zoroastre* avait paru régler la conscience par le plus beau des préceptes : *Dans le doute si une action est bonne ou mauvaise, abstien-toi.* Porte XXX.

SECTION SECONDE.

Conscience. Si un juge doit juger selon la conscience ou selon les preuves.

Thomas d'Aquin, vous-êtes un grand saint, un grand théologien ; & il n'y a point de dominicain qui ait pour vous plus de vénération que moi. Mais vous avez décidé dans votre somme, qu'un juge doit donner sa voix selon les allégations & les prétendues preuves contre un accusé, dont l'innocence lui est parfaitement connue. Vous prétendez que les dépositions des témoins qui ne peuvent être que fausses, les preuves résultantes du procès qui sont impertinentes, doivent l'emporter sur le témoignage de ses yeux mêmes. Il a vu commettre le crime par un autre ; &, selon vous, il doit en conscience condamner l'accusé quand sa conscience lui dit que cet accusé est innocent.

Il faudrait donc, selon vous, que si le juge lui-même avait commis le crime dont il s'agit, sa conscience l'obligeât de condamner l'homme faussement accusé de ce même crime.

En conscience, grand saint, je crois que vous vous êtes trompé de la manière la plus absurde & la plus horrible : c'est dommage qu'en possédant si bien le droit canon, vous ayez si mal connu le droit naturel. Le premier devoir d'un magistrat est d'être juste avant d'être formaliste : si en vertu des preuves qui ne sont jamais que des probabilités, je condamnais un homme dont l'innocence me serait démontrée, je me croirais un sot & un assassin.

Heureusement tous les tribunaux de l'univers pensent autrement que vous. Je ne sais pas si *Farinacius* & *Grillandus* sont de votre avis. Quoi qu'il en soit, si vous rencontrez jamais *Cicéron*, *Ulpien Tribonien*, *Dumoulin*, le chancelier de *l'Hôpital*, le chancelier d'*Aguesseau*, demandez-leur bien pardon de l'erreur où vous êtes tombé.

SECTION TROISIÈME.

De la conscience trompeuse.

Ce qu'on a peut-être jamais dit de mieux sur cette question importante, se trouve dans le livre comique de *Triſtam Shandy*, écrit par un curé nommé *Sterne*, le ſecond *Rabelais* d'Angleterre ; il reſſemble à ces petits ſatires de l'antiquité qui renfermaient des eſſences précieuſes.

Deux vieux capitaines à demi-paye, aſſiſtés du docteur *Slop*, font les queſtions les plus ridicules. Dans ces queſtions, les théologiens de France ne ſont pas épargnés. On inſiſte particuliérement ſur un mémoire préſenté à la Sorbonne par un chirurgien qui demande la permiſſion de batiſer les enfans dans le ventre de leurs mères, au moyen d'une canule qu'il introduira proprement dans l'uterus, ſans bleſſer la mère ni l'enfant.

Enfin, ils ſe font lire par un caporal un ancien ſermon ſur la conſcience, compoſé par ce même curé *Sterne*.

Parmi pluſieurs peintures, ſupérieures à celles de *Rimbran* & aux crayons de *Calot*, il peint un honnête-homme du monde paſſant ſes jours dans les plaiſirs de la table, du jeu & de la débauche, ne feſant rien que la bonne compagnie puiſſe lui reprocher, & par conſéquent ne ſe reprochant rien. Sa conſcience & ſon honneur l'accompagnent aux ſpectacles, au jeu, & ſurtout lorſqu'il paye libéralement la fille qu'il entretient. Il punit ſévérement quand il eſt en charge les petits larcins du commun peuple ; il vit gaîment, & meurt sans le moindre remords.

Le docteur *Slop* interromt le lecteur pour dire que cela est impossible dans l'église anglicane, & ne peut arriver que chez des papistes.

Enfin, le curé *Sterne* cite l'exemple de *David* qui a, dit-il, tantôt une conscience délicate & éclairée, tantôt une conscience très dure & très ténébreuse.

Lorsqu'il peut tuer son roi dans une caverne, il se contente de lui couper un pan de sa robe : voilà une conscience délicate. Il passe une année entière sans avoir le moindre remords de son adultère avec *Betzabée* & du meurtre d'*Urie* : voilà la même conscience endurcie, & privée de lumière.

Tels sont, dit-il, la plûpart des hommes. Nous avouons à ce curé que les grands du monde sont très souvent dans ce cas ; le torrent des plaisirs & des affaires les entraîne ; ils n'ont pas le tems d'avoir de la conscience ; cela est bon pour le peuple ; encor n'en a-t-il guères quand il s'agit de gagner de l'argent. Il est donc très bon de réveiller souvent la conscience des couturières & des rois par une morale qui puisse faire impression sur eux ; mais pour faire cette impression, il faut mieux parler qu'on ne parle aujourd'hui.

SECTION QUATRIÉME.

Conscience : Liberté de conscience.

traduit de l'allemand.

(*Nous n'adoptons pas tout ce paragraphe ; mais comme il y a quelques vérités, nous n'avons pas cru devoir l'omettre, & nous ne nous chargeons pas de justifier ce qui peut s'y trouver de peu mesuré & de trop dur.*)

L'aumônier du prince de....., lequel prince est catholique romain, menaçait un anabatiste de le chasser des petits états du prince ; il lui disait qu'il n'y a que trois sectes autorisées dans l'Empire ; que pour lui anabatiste qui était d'une quatriéme, il n'était pas digne de vivre dans les terres de monseigneur : & enfin, la conversation s'échauffant, l'aumônier menaça l'anabatiste de le faire pendre. Tant pis pour son altesse, répondit l'anabatiste ; je suis un gros manufacturier ; j'employe deux cent ouvriers, je fais entrer deux cent mille écus par an dans ses états ; ma famille ira s'établir ailleurs ; monseigneur y perdra.

Et si monseigneur fait pendre tes deux cent ouvriers & ta famille ? reprit l'aumônier ; & s'il donne ta manufacture à de bons catholiques ?

Je l'en défie, dit le vieillard ; on ne donne pas une manufacture comme une métairie, parce qu'on ne donne pas l'induſtrie : cela ferait beaucoup plus fou que s'il feſait tuer tous ſes chevaux, parce que l'un d'eux t'aura jetté par terre, & que tu es un mauvais écuyer.

L'intérêt de monſeigneur n'eſt pas que je mange du pain ſans levain ou levé. Il eſt que je procure à ſes ſujets de quoi manger, & que j'augmente ſes revenus par mon travail. Je ſuis honnête-homme ; & quand j'aurais le malheur de n'être pas né tel, ma profeſſion me forcerait à le dévenir ; car dans les entrepriſes de négoce, ce n'eſt pas comme dans celles de cour & dans les tiennes : point de ſuccès ſans probité. Que t'importe que j'aye été batiſé dans l'âge qu'on appelle de raiſon, tandis que tu l'as été ſans le ſavoir ? que t'importe que j'adore Dieu à la manière de mes pères ? Si tu ſuivais tes belles maximes, & ſi tu avais la force en main, tu irais donc d'un bout de l'univers à l'autre, feſant pendre à ton plaiſir le Grec qui ne croit pas que l'Eſprit procède du Père & du Fils ; tous les Anglais, tous les Hollandais, Danois, Suédois, Islandais, Pruſſiens, Hanovriens, Saxons, Holſtenois, Heſſois, Virtembergeois, Bernois, Hambourgeois, Coſaques, Valaques, Grecs, Ruſſes, qui ne croyent pas le pape infaillible ; tous les muſulmans qui croyent un ſeul Dieu ; & les Indiens dont la religion eſt plus ancienne que la juive ; & les lettrés Chinois qui depuis quatre mille ans servent un DIEU unique sans superstition, & sans fanatisme ! Voilà donc ce que tu ferais si tu étais le maître ! Assurément, dit le moine ; car je suis dévoré du zèle de la maison du Seigneur. *Zelus domus suæ comedit me.*

Ça, di-moi un peu, cher aumônier, repartit l'anabatiste, es-tu dominicain ou jésuite, ou diable ? Je suis jésuite, dit l'autre. Eh mon ami, si tu n'es pas diable, pourquoi dis-tu des choses si diaboliques ?

C'est que le révérend père recteur m'a ordonné de les dire.

Et qui a ordonné cette abomination au révérend père recteur ?

C'est le provincial.

De qui le provincial a-t-il reçu cet ordre ?

De notre général ; & le tout pour plaire à un plus grand seigneur que lui.

Dieux de la terre qui avec trois doigts avez trouvé le secret de vous rendre maîtres d'une grande partie du genre-humain ; si dans le fond du cœur vous avouez que vos richesses & votre puissance ne sont point essentielles à votre salut & au nôtre, jouïssez-en avec modération. Nous ne voulons pas vous démitrer, vous déthiarer : mais ne nous écrasez pas. Jouïssez & laissez-nous paisibles ; démêlez vos intérêts avec les rois ; & laissez-nous nos manufactures.

CONSEIL-

CONSEILLER ou JUGE.

BARTOLOMÉ.

Quoi ! il n'y a que deux ans que vous étiez au collège, & vous voilà déja conseiller de la cour de Naples ?

GERONIMO.

Oui, c'est un arrangement de famille ; il m'en a peu coûté.

BARTOLOMÉ.

Vous êtes donc devenu bien savant depuis que je ne vous ai vu ?

GERONIMO.

Je me suis quelquefois fait inscrire dans l'école de droit, où l'on m'apprenait que le droit naturel est commun aux hommes & aux bêtes, & que le droit des gens n'est que pour les gens. On me parlait de l'édit du préteur, & il n'y a plus de préteur ; des fonctions des édiles, & il n'y a plus d'édiles ; du pouvoir des maîtres sur les esclaves, & il n'y a plus d'esclaves. Je ne sais presque rien des loix de Naples, & me voilà juge.

Quatrième partie. F.

BARTOLOMÉ.

Ne tremblez-vous pas d'être chargé de décider du sort des familles, & ne rougissez-vous pas d'être si ignorant ?

GERONIMO.

Si j'étais savant, je rougirais peut-être davantage. J'entens dire aux savans que presque toutes les loix se contredisent, que ce qui est juste à Gayette est injuste à Otrante, que dans la même jurisdiction on perd à la seconde chambre le même procès qu'on gagne à la troisiéme. J'ai toûjours dans l'esprit ce beau discours d'un avocat Vénitien ; *Illustrissimi signori, l'anno passato avete judicao cosi, e questo anno nella medesima lite avete judicao tutto il contrario ; e sempre ben !*

Le peu que j'ai lu de nos loix m'a paru souvent très embrouillé. Je crois que si je les étudiais pendant quarante ans, je serais embarrassé pendant quarante ans : cependant je les étudie ; mais je pense qu'avec du bon sens & de l'équité, on peut être un très bon magistrat, sans être profondément savant. Je ne connais point de meilleur juge que *Sancho Pança* : cependant il ne savait pas un mot du code de l'isle Balataria. Je ne chercherai point à accorder ensemble *Cujas* & *Camille Descurtis*, ils ne sont point mes législateurs. Je ne connais de loix que celles qui ont la sanction du souverain. Quand elles seront claires, je les suivrai à la lettre ; quand elles seront obscures, je suivrai les lumières de ma raison, qui sont celles de ma conscience.

BARTOLOMÉ.

Vous me donnez envie d'être ignorant, tant vous raisonnez bien. Mais comment vous tirerez-vous des affaires d'état, de finance, & de commerce ?

GERONIMO.

Dieu merci, nous ne nous en mêlons guères à Naples. Une fois le marquis de *Carpi* notre vice-roi voulut nous consulter sur les monnoies ; nous parlames de *læs grave* des Romains, & les banquiers se moquèrent de nous. On nous assembla dans un tems de disette pour régler le prix du blé ; nous fumes assemblés six semaines, & on mourait de faim. On consulta enfin deux forts laboureurs, & deux bons marchands de blé, & il y eut dès le lendemain plus de pain au marché qu'on n'en voulait.

Chacun doit se mêler de son métier ; le mien est de juger les contestations, & non pas d'en faire naître ; mon fardeau est assez grand.

CONSEQUENCE.

Quelle est donc notre nature, & qu'est-ce que notre chétif esprit ? Quoi ! l'on peut tirer les conséquences les plus justes, les plus lumineuses, & n'avoir pas le sens commun ? Cela n'est que trop vrai. Le fou d'Athènes qui croyait que tous les vaisseaux qui abordaient au Pirée lui appartenaient, pouvait calculer merveilleusement combien valait le chargement de ces vaisseaux, & en combien de jours ils pouvaient arriver de Smyrne au Pirée.

Nous avons vu des imbécilles qui ont fait des calculs & des raisonnemens bien plus étonnans. Ils n'étaient donc pas imbécilles ? me dites-vous. Je vous demande pardon, ils l'étaient. Ils posaient tout leur édifice sur un principe absurde ; ils enfilaient régulièrement des chimères. Un homme peut marcher très bien & s'égarer, & alors mieux il marche & plus il s'égare.

Le *Fo* des Indiens eut pour père un éléphant qui daigna faire un enfant à une princesse Indienne, laquelle accoucha du Dieu *Fo* par le côté gauche. Cette princesse était la propre sœur d'un empereur des Indes : donc

Fo était le neveu de l'empereur ; & les petits-fils de l'éléphant & du monarque étaient cousins issus de germain ; donc selon les loix de l'état la race de l'empereur étant éteinte, ce sont les descendans de l'éléphant qui doivent succéder. Le principe reçu, on ne peut mieux conclure.

Il est dit que l'éléphant divin était haut de neuf pieds de roi. Tu présumes avec raison que la porte de son écurie devait avoir plus de neuf pieds, afin qu'il pût y entrer à son aise. Il mangeait cinquante livres de ris par jour, vingt-cinq livres de sucre, & buvait vingt-cinq livres d'eau. Tu trouves par ton arithmétique qu'il avalait trente-six mille cinq cent livres pesant par année ; on ne peut compter mieux. Mais ton éléphant a-t-il existé ? était-il beau-frère de l'empereur ? sa femme a-t-elle fait un enfant par le côté gauche ? C'est-là ce qu'il falait examiner ; vingt auteurs qui vivaient à la Cochinchine l'ont écrit l'un après l'autre ; tu devais confronter ces vingt auteurs, peser leurs témoignages, consulter les anciennes archives, voir s'il est question de cet éléphant dans les registres ; examiner si ce n'est point une fable que des imposteurs ont eu intérêt d'accréditer. Tu es parti d'un principe extravagant pour en tirer des conclusions justes.

C'est moins la logique qui manque aux hommes que la source de la logique. Il ne s'agit pas de dire, six vaisseaux qui m'appartiennent sont chacun de deux cent tonneaux, le tonneau est de deux mille livres pesant; donc j'ai douze cent mille livres de marchandises au port du Pirée. Le grand point est de savoir si ces vaisseaux sont à toi. Voilà le principe dont ta fortune dépend; tu compteras après. Voyez *Principe*.

 Un ignorant, fanatique & conséquent, est souvent un homme à étouffer. Il aura lu que *Phinée* transporté d'un saint zèle, ayant trouvé un Juif couché avec une Madianite, les tua tout deux, & fut imité par les lévites qui massacrèrent tous les ménages moitié madianites, moitié juifs. Il sait que son voisin catholique couche avec sa voisine huguenote; il les tuera tout deux sans difficulté: on ne peut agir plus conséquemment. Quel est le remède à cette maladie horrible de l'ame ? C'est d'accoutumer de bonne heure les enfans à ne rien admettre qui choque la raison, à ne leur conter jamais d'histoires de revenans, de fantômes, de sorciers, de possedés, de prodiges ridicules. Une fille d'une imagination tendre & sensible, entend parler de possessions ; elle tombe dans une maladie de nerfs, elle a des convulsions, elle se croit possedée. J'en ai vu mourir une de la révolution que ces abominables histoires avaient faites dans ses organes. Voyez *Esprit faux*, & *Fanatique*.

CONSPIRATIONS CONTRE LES PEUPLES, ou PROSCRIPTIONS.

IL y a des choses qu'il faut sans cesse mettre sous les yeux des hommes. Ayant retrouvé ce morceau qui intéresse l'humanité entière, nous avons cru que c'était ici sa place, d'autant plus qu'il y a quelques additions.

CONSPIRATIONS OU PROSCRIPTIONS JUIVES.

L'histoire est pleine de conspirations contre les tyrans ; mais nous ne parlerons ici que des conspirations des tyrans contre les peuples. Si l'on remonte à la plus haute antiquité reçue parmi nous, si l'on ose chercher les premiers exemples des proscriptions dans l'histoire des Juifs ; si nous séparons ce qui peut appartenir aux passions humaines, de ce que nous devons révérer dans les décrets éternels, si nous ne considérons que l'effet terrible d'une cause divine, nous trouverons d'abord une proscription de vingt-trois mille Juifs après l'idolâtrie d'un veau d'or; une de vingt-quatre mille pour punir l'Israélite qu'on avait surpris dans les bras d'une Madianite ; une de quarante-deux mille hommes de la tribu d'Ephraïm, égorgés à un gué du Jourdain. C'était une vraie proscription ; car ceux de Galaad qui exerçaient la vengeance de *Jephté* contre les Ephraïmites, voulaient connaître & démèler leurs victimes en leur fesant prononcer l'un après l'autre le mot *schibolet* au paſſage de la rivière ; & ceux qui diſaient *ſibolet*, ſelon la prononciation éphraïmite, étaient reconnus & tués ſur le champ. Mais il faut conſidérer que cette tribu d'Ephraïm ayant oſé s'oppoſer à *Jephté*, choiſi par DIEU même pour être le chef de ſon peuple, méritait ſans doute un tel châtiment.

C'eſt pour cette raiſon que nous ne regardons point comme une injuſtice l'extermination entière des peuples du Canaan ; ils s'étaient, ſans doute, attiré cette punition par leurs crimes ; ce fut le DIEU vengeur des crimes qui les proſcrivit ; les Juifs n'étaient que les bourreaux.

CELLE DE MITHRIDATE.

De telles proſcriptions commandées par la Divinité même, ne doivent pas ſans doute être imitées par les hommes ; auſſi le genre humain ne vit point de pareils maſſacres juſqu'à *Mithridate*. Rome ne lui avait pas encor déclaré la guerre, lorſqu'il ordonna qu'on aſſaſſinât tous les Romains qui ſe trouvaient dans l'Aſie mineure. *Plutarque* fait monter le nombre des victimes à cent cinquante mille, *Appien* le réduit à quatre-vingt mille.

Plutarque n'eſt guères croyable, & *Appien* probablement exagère. Il n'eſt pas vraiſemblable que tant de citoyens Romains demeuraſſent dans l'Aſie mineure, où ils avaient alors très peu d'établiſſemens. Mais quand ce nombre ſerait réduit à la moitié, *Mithridate* n'en ſerait pas moins abominable. Tous les hiſtoriens conviennent que le maſſacre fut général, & que ni les femmes, ni les enfans ne furent épargnés.

CELLE DE SYLLA, DE MARIUS ET DES TRIUMVIRS.

Mais environ dans ce tems-là même, *Sylla* & *Marius* exercèrent ſur leurs compatriotes la même fureur qu'ils éprouvaient en Aſie. *Marius* commença les proſcriptions, & *Sylla* les ſurpaſſa. La raiſon humaine eſt confondue quand elle veut juger des Romains. On ne conçoit pas comment un peuple chez qui tout était à l'enchère, & dont la moitié égorgeait l'autre, put être dans ce tems-là même le vainqueur de tous les rois. Il y eut une horrible anarchie depuis les proſcriptions de *Sylla* juſqu'à la bataille d'Actium, & ce fut pourtant alors que Rome conquit les Gaules, l'Eſpagne, l'Egypte, la Syrie, toute l'Aſie mineure & la Grèce.

Comment expliquerons-nous ce nombre prodigieux de déclamations qui nous restent sur la décadence de Rome, dans ces tems sanguinaires & illustres ? Tout est perdu, disent vingt auteurs Latins, *Rome tombe par ses propres forces, le luxe a vengé l'univers.* Tout cela ne veut dire autre chose, sinon que la liberté publique n'existait plus : mais la puissance subsistait ; elle était entre les mains de cinq ou six généraux d'armée, & le citoyen Romain qui avait jusques-là vaincu pour lui-même, ne combattait plus que pour quelques usurpateurs.

La dernière proscription fut celle d'*Antoine*, d'*Octave* & de *Lépide*, elle ne fut pas plus sanguinaire que celle de *Sylla*.

Quelque horrible que fût le règne des *Caligula* & des *Nérons*, on ne voit point de proscriptions sous leur empire ; il n'y en eut point dans les guerres des *Galba*, des *Othons*, des *Vitellius*.

CELLE DES JUIFS SOUS TRAJAN.

Les Juifs seuls renouvellèrent ce crime sous *Trajan*. Ce prince humain les traitait avec bonté. Il y en avait un très grand nombre dans l'Egypte & dans la province de Cyrène. La moitié de l'isle de Chypre était peuplée de Juifs. Un nommé *André* qui se donna pour un messie, pour un libérateur des Juifs, ranima leur exécrable entousiasme qui paraissait assoupi. Il leur persuada qu'ils seraient agréables au Seigneur, & qu'ils rentreraient enfin victorieux dans Jérusalem, s'ils exterminaient tous les infidèles dans les lieux où ils avaient le plus de synagogues. Les Juifs séduits par cet homme massacrèrent, dit-on, plus de deux cent vingt mille personnes dans la Cyrenaïque & dans Chypre. *Dion & Eusèbe* disent que non-contens de les tuer, ils mangeaient leur chair, se fesaient une ceinture de leurs intestins, & se frottaient le visage de leur sang. Si cela est ainsi, ce fut, de toutes les conspirations contre le genre-humain dans notre continent, la plus inhumaine & la plus épouvantable, & elle dut l'être, puisque la superstition en était le principe. Ils furent punis, mais moins qu'ils ne le méritaient, puisqu'ils subsistent encore.

CELLE DE THÉODOSE, &c.

Je ne vois aucune conspiration pareille dans l'histoire du monde, jusqu'au tems de *Théodose*, qui proscrivit les habitans de Thessalonique, non pas dans un mouvement de colère, comme des menteurs mercénaires l'écrivent si souvent, mais après six mois des plus mûres réflexions. Il mit dans cette fureur méditée un artifice & une lâcheté qui la rendaient encor plus horrible. Les jeux publics furent annoncés par son ordre, les habitans invités ; les courses commencèrent au milieu de ces réjouïssances, ses soldats égorgèrent sept à huit mille habitans : quelques auteurs disent quinze mille. Cette proscription fut incomparablement plus sanguinaire & plus inhumaine que celle des triumvirs ; ils n'avaient compris que leurs ennemis dans leurs listes, mais *Théodose* ordonna que tout pérît sans distinction. Les triumvirs se contentèrent de taxer les veuves & les filles des proscrits, *Théodose* fit massacrer les femmes & les enfans, & cela dans la plus profonde paix, & lorsqu'il était au comble de sa puissance. Il est vrai qu'il expia ce crime ; il fut quelque tems sans aller à la messe.

CELLE DE L'IMPÉRATRICE THÉODORA.

Une conspiration beaucoup plus sanglante encore que toutes les précédentes, fut celle d'une impératrice *Théodora*, au milieu du neuvième siécle. Cette femme superstitieuse & cruelle, veuve du cruel *Théophile*, & tutrice de l'infâme *Michel*, gouverna quelques années Constantinople. Elle donna ordre qu'on tuât tous les manichéens dans ses états. *Fleury*, dans son *Histoire ecclésiastique*, avoue qu'il en périt environ cent mille. Il s'en sauva quarante mille qui se réfugièrent dans les états du calife, & qui devenus les plus implacables comme les plus justes ennemis de l'empire Grec, contribuèrent à sa ruine. Rien ne fut plus semblable à notre saint Barthelemi, dans laquelle on voulut détruire les protestans, & qui les rendit furieux.

CELLE DES CROISÉS CONTRE LES JUIFS.

Cette rage des conspirations contre un peuple entier sembla s'assoupir jusqu'au tems des croisades. Une horde de croisés dans la première expédition de *Pierre* l'hermite, ayant pris son chemin par l'Allemagne, fit vœu d'égorger tous les Juifs qu'ils rencontreraient sur leur route. Ils allèrent à Spire, à Vorms, à Cologne, à Mayence, à Francfort; ils fendirent le ventre aux hommes, aux femmes, aux enfans de la nation juive qui tombèrent entre leurs mains, & cherchèrent dans leurs entrailles l'or qu'on supposait que ces malheureux avaient avalé.

Cette action des croisés ressemblait parfaitement à celle des Juifs de Chypre & de Cyrène, & fut peut-être encore plus affreuse, parce que l'avarice se joignait au fanatisme. Les Juifs alors furent traités comme ils se vantent d'avoir traité autrefois des nations entières : mais selon la remarque de Suarez, *ils avaient égorgé leurs voisins par une piété bien entendue, & les croisés les massacrèrent par une piété mal entendue*. Il y a au moins de la piété dans ces meurtres, & cela est bien consolant.

CELLE DES CROISADES CONTRE LES ALBIGEOIS.

La conspiration contre les Albigeois fut de la même espèce, & eut une atrocité de plus; c'est qu'elle fut contre des compatriotes, & qu'elle dura plus longtems. *Suarez* aurait dû regarder cette proscription comme la plus édifiante de toutes, puisque de saints inquisiteurs condamnèrent aux flammes tous les habitans de Béfiers, de Carcaffonne, de Lavaur, & de cent bourgs confidérables ; presque tous les citoyens furent brûlés en effet, ou pendus, ou égorgés.

LES VÊPRES SICILIENNES.

S'il est quelque nuance entre les grands crimes, peut-être la journée des vêpres siciliennes est la moins exécrable de toutes, quoiqu'elle le soit excessivement. L'opinion la plus probable, est que ce massacre ne fut point prémédité. Il est vrai que *Jean de Procida*, émiffaire du roi d'Arragon, préparait dès-lors une révolution à Naples & en Sicile ; mais il paraît que ce fut un mouvement subit dans le peuple animé contre les Provençaux, qui le déchaîna tout-d'un-coup, & qui fit couler tant de sang. Le roi *Charles d'Anjou* frère de *St. Louis* s'était rendu odieux par le meurtre de *Conradin* & du duc d'Autriche, deux jeunes héros & deux grands princes dignes de son estime, qu'il fit condamner à mort comme des voleurs. Les Provençaux qui vexaient la Sicile étaient détestés. L'un d'eux fit violence à une femme le lendemain de pâques; on s'attroupa, on s'émut, on sonna le toofin, on cria *meurent les tyrans*; tout ce qu'on rencontra de Provençaux fut massacré; les innocens périrent avec les coupables.

Les Templiers.

Je mets sans difficulté au rang des conjurations contre une société entière le supplice des templiers. Cette barbarie fut d'autant plus atroce qu'elle fut commise avec l'appareil de la justice. Ce n'était point une de ces fureurs que la vengeance soudaine ou la nécessité de se défendre semble justifier : c'était un projet réfléchi d'exterminer tout un ordre trop fier & trop riche. Je pense bien que dans cet ordre il y avait de jeunes débauchés qui méritaient quelque correction ; mais je ne croirai jamais qu'un grand-maître, & tant de chevaliers parmi lesquels on comptait des princes, tous vénérables par leur âge & par leurs services, fussent coupables des bassesses abfurdes & inutiles dont on les accufait. Je ne croirai jamais qu'un ordre entier de religieux ait renoncé en Europe à la religion chrétienne, pour laquelle il combattait en Afie, en Afrique; & pour laquelle même encor plufieurs d'entr'eux gémiffaient dans les fers des Turcs & des Arabes, aimant mieux mourir dans les cachots que de renier leur religion.

Enfin, je crois fans difficulté à plus de quatre-vingt chevaliers qui, en mourant, prennent Dieu à témoin de leur innocence. N'héfitons point à mettre leur profcription au rang des funeftes effets d'un tems d'ignorance & de barbarie.

Massacre dans le nouveau monde.

Dans ce récenfement de tant d'horreurs, mettons furtout les douze millions d'hommes détruits dans le vafte continent du nouveau monde. Cette profcription eft à l'égard de toutes les autres ce que ferait l'incendie de la moitié de la terre à celui de quelques villages.

Jamais ce malheureux globe n'éprouva une dévaftation plus horrible & plus générale, & jamais crime ne fut mieux prouvé. *Las Cafas* évêque de Chiapa dans la nouvelle Efpagne, ayant parcouru pendant plus de trente années les ifles & la terre ferme découvertes, avant
qu'il

qu'il fût évêque; & depuis qu'il eut cette dignité, témoin oculaire de ces trente années de destruction, vint enfin en Espagne dans sa vieillesse, se jetter aux pieds de *Charles-Quint* & du prince *Philippe* son fils, & fit entendre ses plaintes qu'on n'avait pas écoutées jusqu'alors. Il présenta sa requête au nom d'un hémisphère entier : elle fut imprimée à Valladolid. La cause de plus de cinquante nations proscrites dont il ne subsistait que de faibles restes, fut solemnellement plaidée devant l'empereur. *Las Casas* dit que ces peuples détruits étaient d'une espèce douce, faible & innocente, incapable de nuire & de résister, & que la plûpart ne connaissaient pas plus les vetemens & les armes que nos animaux domestiques. J'ai parcouru, dit-il, toutes les petites isles Lucaies, & je n'y ai trouvé que onze habitans, reste de plus de cinq cent mille.

Il compte ensuite plus de deux millions d'hommes détruits dans Cuba & dans Hispaniola, & enfin plus de dix millions dans le continent. Il ne dit pas, j'ai ouï dire qu'on a exercé ces énormités incroyables, il dit : *je les ai vues : j'ai vu cinq caciques brûlés pour s'être enfuis avec leurs sujets ; j'ai vu ces créatures innocentes massacrées par milliers ; enfin, de mon tems, on a détruit plus de douze millions d'hommes dans l'Amérique.*

Quatriéme partie. G

On ne lui contesta pas cette étrange dépopulation, quelque incroyable qu'elle paraisse. Le docteur *Sepulvéda* qui plaidait contre lui, s'attacha seulement à prouver que tous ces Indiens méritaient la mort, parce qu'ils étaient coupables du péché contre nature, & qu'ils étaient antropophages.

Je prends DIEU à témoin, répond le digne évêque *Las Casas*, que vous calomniez ces innocens après les avoir égorgés. Non, ce n'était pas parmi eux que régnait la pédérastie, & que l'horreur de manger de la chair humaine s'était introduite ; il se peut que dans quelques contrées de l'Amérique que je ne connais pas, comme au Brésil ou dans quelques isles, on ait pratiqué ces abominations de l'Europe ; mais ni à Cuba, ni à la Jamaïque, ni dans l'Hispaniola, ni dans aucune isle que j'ai parcourues, ni au Pérou, ni au Mexique où est mon évêché, je n'ai entendu jamais parler de ces crimes ; & j'en ai fait les enquêtes les plus exactes. C'est vous qui êtes plus cruels que les antropophages ; car je vous ai vu dresser des chiens énormes pour aller à la chasse des hommes, comme on va à celle des bêtes fauves. Je vous ai vus donner vos semblables à dévorer à vos chiens. J'ai entendu des Espagnols dire à leurs camarades, prete-moi une longe d'Indien pour le déjeuner de mes dogues, je t'en rendrai demain un quartier. C'est enfin chez vous seuls que j'ai vu de la chair humaine étalée dans vos boucheries, soit pour vos dogues, soit pour vous-mêmes. Tout cela, continue-t-il, est prouvé au procès, & je jure par le grand Dieu qui m'écoute, que rien n'est plus véritable.

Enfin, *Las Casas* obtint de *Charles-Quint* des loix qui arrêtèrent le carnage réputé jusqu'alors légitime, attendu que c'était des chrétiens qui massacraient des infidèles.

Conspiration contre Mérindol.

La proscription juridique des habitans de Mérindol & de Cabrière, sous *François I*, en 1546, n'est à la vérité qu'une étincelle en comparaison de cet incendie universel de la moitié de l'Amérique. Il périt dans ce petit pays environ cinq à six mille personnes des deux sexes & de tout âge. Mais cinq mille citoyens surpassent en proportion dans un canton si petit, le nombre de douze millions dans la vaste étendue des isles de l'Amérique, dans le Mexique, & dans le Pérou. Ajoutez surtout que les désastres de notre patrie nous touchent plus que ceux d'un autre hémisphère.

Ce fut la seule proscription revêtue des formes de la justice ordinaire; car les templiers furent condamnés par des commissaires que le pape avait nommés, & c'est en cela que le massacre de Mérindol porte un caractère plus affreux que les autres. Le crime est plus grand quand il est commis par ceux qui sont établis pour réprimer les crimes & pour protéger l'innocence.

Un avocat-général du parlement d'Aix nommé *Guerin*, fut le premier auteur de cette boucherie. *C'était*, dit l'historien César Nostradamus, *un homme noir ainsi de corps que d'ame, autant froid orateur que persécuteur ardent & calomniateur effronté*. Il commença par dénoncer en 1540 dix-neuf personnes au hazard comme hérétiques. Il y avait alors un violent parti dans le parlement d'Aix, qu'on appellait les *brûleurs*. Le président d'*Oppède* était à la tête de ce parti. Les dix-neuf accusés furent condamnés à la mort sans être entendus, & dans ce nombre il se trouva quatre femmes & cinq enfans qui s'enfuirent dans des cavernes.

Il y avait alors, à la honte de la nation, un inquisiteur de la foi en Provence; il se nommait frère *Jean de Rome*. Ce malheureux accompagné de satellites allait souvent dans Mérindol & dans les villages d'alentour; il entrait inopinément & de nuit dans les maisons où il était averti qu'il y avait un peu d'argent; il déclarait le père, la mère & les enfans hérétiques, leur donnait la question, prenait l'argent, & violait les filles. Vous trouverez une partie des crimes de ce scélérat dans le fameux plaidoyer d'*Aubri*, & vous remarquerez qu'il ne fut puni que par la prison.

Ce fut cet inquisiteur qui, n'ayant pu entrer chez les dix-neuf accusés, les avait fait dénoncer au parlement par l'avocat-général *Guerin*, quoiqu'il prétendît être le seul juge du crime d'hérésie. *Guerin* & lui soutinrent que dix-huit villages étaient infectés de cette peste. Les dix-neuf citoyens échappés devaient, selon eux, faire révolter tout le canton. Le président d'*Oppède*, trompé par une information frauduleuse de *Guerin*, demanda au roi des troupes pour appuyer la recherche & la punition des dix-neuf prétendus coupables. *François I*, trompé à son tour, accorda enfin les troupes. Le vice-légat d'Avignon y joignit quelques soldats. Enfin en 1544 d'*Oppède* & *Guerin* à leur tête mirent le feu à tous les villages ; tout fut tué, & *Aubri* rapporte dans son plaidoyer, que plusieurs soldats assouvirent leur brutalité sur les femmes & sur les filles expirantes qui palpitaient encore. C'est ainsi qu'on servait la religion.

Quiconque a lu l'histoire, sait assez qu'on fit justice ; que le parlement de Paris fit pendre l'avocat-général, & que le président d'*Oppède* échappa au supplice qu'il avait mérité. Cette grande cause fut plaidée pendant cinquante audiences. On a encor les plai-doyers, ils font curieux. D'*Oppède* & *Guerin* alléguaient pour leur juftification tous les paffages de l'Ecriture, où il eft dit:

Frappez les habitans par le glaive, détruifez tout jufqu'aux animaux. *a*)

Tuez le vieillard, l'homme, la femme, & l'enfant à la mammelle. *b*)

Tuez l'homme, la femme, l'enfant fevré, l'enfant qui tette, le bœuf, la brebis, le chameau & l'âne. *c*)

Ils alléguaient encor les ordres & les exemples donnés par l'églife contre les hérétiques. Ces exemples & ces ordres n'empêcherent pas que *Guerin* ne fût pendu. C'eft la feule profcription de cette efpèce qui ait été punie par les loix, après avoir été faite à l'abri de ces loix mêmes.

Conspiration de la St. Barthelemi.

Il n'y eut que vingt-huit ans d'intervalle entre les maffacres de Mérindol & la journée de la St. Barthelemi. Cette journée fait encor dreffer les cheveux à la tête de tous les Fran-

a) Deut. chap. 13.
b) Jofué, chap. 16.
c) Premier liv. des Rois, chap. 15.

çais, excepté ceux d'un abbé qui a ofé imprimer en 1758 une efpèce d'apologie de cet événement exécrable. C'eſt ainſi que quelques eſprits bizares ont eu le caprice de faire l'apologie du diable. *Ce ne fut*, dit-il, *qu'une affaire de profcription.* Voilà une étrange excufe! Il femble qu'une affaire de profcription foit une chofe d'uſage comme on dit, une affaire de barreau, une affaire d'intérêt, une affaire de calcul, une affaire d'églife.

Il faut que l'efprit humain foit bien fufceptible de tous les travers, pour qu'il fe trouve au bout de près de deux cent ans un homme qui de fang froid entreprend de juſtifier ce que l'Europe entière abhorre. L'archevêque *Perefixe* prétend qu'il périt cent mille Français dans cette confpiration religieufe. Le duc de *Sully* n'en compte que foixante & dix mille. Mr. l'abbé abufe du martyrologe des calviniſtes, lequel n'a pu tout compter, pour affirmer qu'il n'y eut que quinze mille victimes. Eh! monfieur l'abbé! ne ferait-ce rien que quinze mille perfonnes égorgées, en pleine paix, par leurs concitoyens!

Le nombre des morts ajoute, fans doute, beaucoup à la calamité d'une nation, mais rien à l'atrocité du crime. Vous prétendez, homme charitable, que la religion n'eut aucune part à ce petit mouvement populaire. Oubliez-vous le tableau que le pape *Grégoire XIII* fit placer dans le Vatican, & au bas duquel était écrit, *Pontifex Colignii necem probat*. Oubliez-vous fa proceffion folemnelle de l'églife St. Pierre à l'églife St. Louis, le *Te Deum* qu'il fit chanter, les médailles qu'il fit frapper pour perpétuer la mémoire de l'heureux carnage de la St. Barthelemi. Vous n'avez peut-être pas vu ces médailles ; j'en ai vu entre les mains de Mr. l'abbé de *Rothelin*. Le pape *Grégoire* y eft repréfenté d'un côté, & de l'autre c'eft un ange qui tient une croix dans la main gauche & une épée dans la droite. En voilà-t-il affez, je ne dis pas pour vous convaincre, mais pour vous confondre ?

CONSPIRATION D'IRLANDE.

La conjuration des Irlandais catholiques, contre les proteftans, fous *Charles I*, en 1641, eft une fidelle imitation de la St. Barthelemi. Des hiftoriens Anglais contemporains, tels que le chancelier *Clarendon* & un chevalier *Jean Temple*, affurent qu'il y eut cent cinquante mille hommes de maffacrés. Le parlement d'Angleterre dans fa déclaration du 25 Juillet 1643, en compte quatre-vingt mille : mais Mr. *Brooke* qui paraît très inftruit, crie à l'injuftice dans un petit livre que j'ai entre les mains. Il dit qu'on fe plaint à tort ; & il femble prouver affez bien qu'il n'y eut que quarante mille citoyens d'immolés à la religion, en y comprenant les femmes & les enfans.

CONSPIRATION DANS LES VALLÉES DU PIÉMONT.

J'omets ici un grand nombre de proscriptions particulières. Les petits désastres ne se comptent point dans les calamités générales ; mais je ne dois point passer sous silence la proscription des habitans des vallées du Piémont en 1655.

C'est une chose assez remarquable dans l'histoire, que ces hommes presque inconnus au reste du monde, ayent persévéré constamment de tems immémorial dans des usages qui avaient changé partout ailleurs. Il en est de ces usages comme de la langue : une infinité de termes antiques se conservent dans des cantons éloignés, tandis que les capitales & les grandes villes varient dans leur langage de siécle en siécle.

Voilà pourquoi l'ancien roman que l'on parlait du tems de *Charlemagne*, subsiste encor dans le jargon du pays de Vaux, qui a conservé le nom de *pays Roman*. On retrouve des vestiges de ce langage dans toutes les vallées des Alpes & des Pyrenées. Les peuples voisins de Turin qui habitaient les cavernes vaudoises, gardèrent l'habillement, la langue, & presque tous les rites du tems de *Charlemagne*.

On sait assez que dans le huitiéme & dans le neuviéme siécle, la partie septentrionale de l'Occident ne connaissait point le culte des images ; & une bonne raison, c'est qu'il n'y avait ni peintre ni sculpteur : rien même n'était décidé encor sur certaines questions délicates, que l'ignorance ne permettait pas d'approfondir. Quand ces points de controverse furent arrêtés & réglés ailleurs, les habitans des vallées l'ignorèrent, & étant ignorés eux-mêmes des autres hommes, ils restèrent dans leur ancienne croyance ; mais enfin, ils furent mis au rang des hérétiques & poursuivis comme tels.

Dès l'année 1487, le pape *Innocent VIII* envoya dans le Piémont un légat nommé *Albertus de Capitoneis*, archidiacre de Crémone, prêcher une croisade contr'eux. La teneur de la bulle du pape est singulière. Il recommande aux inquisiteurs, à tous les ecclésiastiques, & à tous les moines, „de „prendre unanimement les armes contre les „Vaudois, de les écraser comme des aspics, „& de les exterminer saintement." *In hæreticos armis insurgant, eosque velut aspides venenosos conculcent, & ad tam sanctam exterminationem adhibeant omnes conatus.*

La même bulle octroie à chaque fidèle le droit de „ s'emparer de tous les meubles & „ immeubles des hérétiques, fans forme de „ procès." *Bona quæcumque mobilia, & immobilia quibufcumque licité occupandis, &c.*

Et par la même autorité elle déclara que tous les magiftrats qui ne prèteront pas main-forte feront privés de leurs dignités : *Seculares honoribus, titulis, feudis, privilegiis privandi.*

Les Vaudois ayant été vivement perfécutés, en vertu de cette bulle, fe crurent des martyrs. Ainfi leur nombre augmenta prodigieufement. Enfin la bulle d'*Innocent VIII* fut mife en exécution à la lettre, en 1655. Le marquis de *Pianeffe* entra le 15 d'Avril dans ces vallées avec deux régimens, ayant des capucins à leur tête. On marcha de caverne en caverne, & tout ce qu'on rencontra fut maffacré. On pendait les femmes nues à des arbres, on les arrofait du fang de leurs enfans, & on empliffait leur matrice de poudre à laquelle on mettait le feu.

Il faut faire entrer, fans doute, dans ce trifte catalogue les maffacres des Cévennes & du Vivarais qui durèrent pendant dix ans, au commencement de ce fiécle. Ce fut en effet un mélange continuel de profcriptions & de guerres civiles. Les combats, les affaffinats,

& les mains des bourreaux ont fait périr près de cent mille de nos compatriotes, dont dix mille ont expiré sur la roue, ou par la corde, ou dans les flammes, si on en croit tous les historiens contemporains des deux partis.

Est-ce l'histoire des serpens & des tigres que je viens de faire ? non, c'est celle des hommes. Les tigres & les serpens ne traitent point ainsi leur espèce. C'est pourtant dans le siécle de *Ciceron*, de *Pollion*, d'*Atticus*, de *Varius*, de *Tibulle*, de *Virgile*, d'*Horace*, qu'*Auguste* fit ses proscriptions. Les philosophes de *Thou* & *Montagne*, le chancelier de *l'Hôpital* vivaient du tems de la St. Barthelemi : & les massacres des Cévennes sont du siécle le plus florissant de la monarchie Française. Jamais les esprits ne furent plus cultivés, les talens en plus grand nombre, la politesse plus générale. Quel contraste, quel chaos, quelles horribles inconséquences composent ce malheureux monde ! On parle des pestes, des tremblemens de terre, des embrasemens, des déluges, qui ont désolé le globe ; heureux, dit-on, ceux qui n'ont pas vécu dans le tems de ces bouleversemens ! Disons plutôt heureux ceux qui n'ont pas vu les crimes que je retrace. Comment s'est-il trouvé des barbares pour les ordonner, & tant d'autres barbares pour les exécuter ? Comment y a-t-il encor des inquifiteurs & des familiers de l'inquifition ?

Un homme modéré, humain, né avec un caractère doux, ne conçoit pas plus qu'il y ait eu parmi les hommes des bêtes féroces ainfi altérées de carnage, qu'il ne conçoit des métamorphofes de tourterelles en vautours ; mais il comprend encor moins que ces monftres ayent trouvé à point nommé une multitude d'exécuteurs. Si des officiers & des foldats courent au combat fur un ordre de leurs maîtres, cela eft dans l'ordre de la nature ; mais que fans aucun examen ils aillent affaffiner de fang froid un peuple fans défenfe, c'eft ce qu'on n'oferait pas imaginer des furies mêmes de l'enfer. Ce tableau foulève tellement le cœur de ceux qui fe pénètrent de ce qu'ils lifent, que pour peu qu'on foit enclin à la trifteffe, on eft fâché d'être né ; on eft indigné d'être homme.

La feule chofe qui puiffe confoler, c'eft que de telles abominations n'ont été commifes que de loin-à-loin ; n'en voilà qu'environ vingt exemples principaux dans l'efpace de près de quatre mille années. Je fais que les guerres continuelles qui ont défolé la terre font des fléaux encore plus deftructeurs par leur nombre & par leur durée ; mais enfin, comme je l'ai déja dit, le péril étant égal des deux côtés dans la guerre, ce tableau révolte bien moins que celui des proscriptions, qui ont toutes été faites avec lâcheté, puisqu'elles ont été faites sans danger, & que les *Sylla* & les *Augustes* n'ont été au fond que des assassins qui ont attendu des passans au coin d'un bois, & qui ont profité des dépouilles.

La guerre paraît l'état naturel de l'homme. Toutes les sociétés connues ont été en guerre, horsmis les brames & les primitifs que nous appellons *quakres*. Mais il faut avouer que très peu de sociétés se sont rendues coupables de ces assassinats publics appellés *proscriptions*. Il n'y en a aucun exemple dans la haute antiquité, excepté chez les Juifs. Le seul roi de l'Orient qui se soit livré à ce crime est *Mithridate* ; & depuis *Auguste* il n'y a eu de proscriptions dans notre hémisphère que chez les chrétiens qui occupent une très petite partie du globe. Si cette rage avait saisi souvent le genre-humain, il n'y aurait plus d'hommes sur la terre, elle ne serait habitée que par les animaux qui sont sans contredit beaucoup moins méchans que nous. C'est à la philosophie, qui fait aujourd'hui tant de progrès, d'adoucir les mœurs des hommes; c'est à notre siécle de réparer les crimes des siécles passés. Il est certain que quand l'esprit de tolérance sera établi, on ne poura plus dire :

*Ætas parentum pejor avis tulit
Nos nequiores, mox daturos
Progeniem vitiosiorem.*

On dira plutôt, mais en meilleurs vers que ceux-ci :

Nos ayeux ont été des monstres exécrables ;
Nos pères ont été méchans ;
On voit aujourd'hui leurs enfans,
Étant plus éclairés devenir plus traitables.

Mais pour oser dire que nous sommes meilleurs que nos ancêtres, il faudrait que nous trouvant dans les mêmes circonstances qu'eux, nous nous abstinssions avec horreur des cruautés dont ils ont été coupables ; & il n'est pas démontré que nous fussions plus humains en pareil cas. La philosophie ne pénètre pas toûjours chez les grands qui ordonnent, & encore moins chez les hordes des petits qui exécutent. Elle n'est le partage que des hommes placés dans la médiocrité, également éloignés de l'ambition qui opprime, & de la basse férocité qui est à ses gages.

Il est vrai qu'il n'est plus de nos jours, de persécutions générales. Mais on voit quelquefois de cruelles atrocités. La société, la politesse, la raison inspirent des mœurs douces ; cependant quelques hommes ont cru que la barbarie était un de leurs devoirs. On les a vus abuſer de leurs miſérables emplois ſi ſouvent humiliés, juſqu'à ſe jouer de la vie de leurs ſemblables en colorant leur inhumanité du nom de juſtice ; ils ont été ſanguinaires ſans néceſſité : ce qui n'eſt pas même le caractère des animaux carnaſſiers. Toute dureté qui n'eſt pas néceſſaire eſt un outrage au genre-humain. Les cannibales ſe vengent, mais ils ne font pas expirer dans d'horribles ſupplices un compatriote qui n'a été qu'imprudent.

Puiſſent ces réflexions ſatisfaire les ames ſenſibles & adoucir les autres !

CONTRADICTION.

ON a déja montré ailleurs *a*) les contradictions de nos uſages, de nos mœurs, de nos loix : on n'en a pas dit aſſez.

Tout a été fait, ſurtout dans notre Europe, comme l'habit d'*Arlequin* : ſon maître n'avait point de drap ; quand il falut l'habiller, il prit des vieux lambeaux de toutes
cou-

a) On peut voir dans les *Mélanges d'hiſtoire, de littérature & de philoſophie* l'article *Contradiction*, qui traite différemment la même matière.

couleurs : *Arlequin* fut ridicule ; mais il fut vêtu.

Où est le peuple dont les loix & les usages ne se contredisent pas ? Y a-t-il une contradiction plus frappante & en même tems plus respectable que le saint empire Romain ? en quoi est-il saint ? en quoi est-il empire ? en quoi est-il Romain ?

Les Allemands font une brave nation que ni les *Germanicus*, ni les *Trajans* ne purent jamais subjuguer entiérement. Tous les peuples Germains qui habitaient au-delà de l'Elbe, furent toûjours invincibles, quoique mal armés ; c'est en partie de ces tristes climats que sortirent les vengeurs du monde. Loin que l'Allemagne soit l'empire Romain, elle a servi à le détruire.

Cet empire était réfugié à Constantinople, quand un Allemand, un Austrasien alla d'Aix-la-chapelle à Rome, dépouiller pour jamais les *Césars* Grecs de ce qu'il leur restait en Italie. Il prit le nom de César, d'*imperator ;* mais ni lui ni ses successeurs n'osèrent jamais résider à Rome. Cette capitale ne peut ni se vanter, ni se plaindre que depuis *Augustule* dernier excrément de l'empire Romain, aucun César ait vécu & soit enterré dans ses murs.

Il est difficile que l'empire soit *saint* puis qu'il professe trois religions, dont deux sont déclarées impies, abominables, damnables &

Quatriéme partie. H

damnées, par la cour de Rome que toute la cour impériale regarde comme souveraine sur ces cas.

Il n'est pas certainement Romain, puis que l'empereur n'a pas dans Rome une maison.

En Angleterre, on sert les rois à genoux. La maxime constante est que le roi ne peut jamais faire mal. *The king can do no wrong.* Ses ministres seuls peuvent avoir tort; il est infaillible dans ses actions comme le pape dans ses jugemens. Telle est la loi fondamentale, la loi salique d'Angleterre. Cependant le parlement juge son roi *Edouard II* vaincu & fait prisonnier par sa femme; on déclare qu'il a tous les torts du monde, & qu'il est déchu de tous droits à la couronne. *Guillaume Trussel* vient dans sa prison lui faire le compliment suivant:

„ Moi, Guillaume Trussel, procureur du
„ parlement & de toute la nation Anglaise,
„ je révoque l'hommage à toi fait autrefois;
„ je te défie & je te prive du pouvoir royal,
„ & nous ne tiendrons plus à toi doref-
„ navant. *b*) "

Le parlement juge & condamne le roi *Richard II* fils du grand *Edouard III*. Trente & un chefs d'accusation sont produits contre lui, parmi lesquels on en trouve deux sin-

---

b) *Rapin Thoiras* n'a pas traduit littéralement cet acte.

guliers ; Qu'il avait emprunté de l'argent fans payer, & qu'il avait dit en préfence de témoins qu'il était le maître de la vie & des biens de fes fujets.

Le parlement dépofe *Henri VI* qui avait un très grand tort, mais d'une autre efpèce, celui d'être imbécille.

Le parlement déclare *Edouard IV* traître, confifque tous fes biens ; & enfuite le rétablit quand il eft heureux.

Pour *Richard III*, celui-là eut véritablement tort plus que tous les autres : c'était un *Néron*, mais un *Néron* courageux ; & le parlement ne déclara fes torts que quand il eut été tué.

La chambre repréfentant le peuple d'Angleterre, imputa plus de torts à *Charles I* qu'il n'en avait ; & le fit périr fur un échaffaut. Le parlement jugea que *Jacques II* avait de très grands torts, & furtout celui de s'être enfui. Il déclara la couronne vacante, c'eſt-à-dire, il le dépofa.

Aujourd'hui *Junius* écrit au roi d'Angleterre que ce monarque a tort d'être bon & fage. Si ce ne font pas là des contradictions, je ne fais où l'on peut en trouver.

DES CONTRADICTIONS DANS QUELQUES RITES.

Après ces grandes contradictions politiques qui fe divifent en cent mille petites contradictions, il n'y en a point de plus forte que celle de quelques-uns de nos rites. Nous détestons le judaïsme; il n'y a pas quinze ans qu'on brûlait encor les Juifs. Nous les regardons comme les assassins de notre DIEU, & nous nous assemblons tous les dimanches pour psalmodier des cantiques juifs : si nous ne les récitons pas en hébreu, c'est que nous sommes des ignorans. Mais les quinze premiers évêques, prêtres, diacres & troupeau de Jérusalem, berceau de la religion chrétienne, récitèrent toûjours les pseaumes juifs dans l'idiome juif de la langue syriaque; & jusqu'au tems du calife *Omar*, presque tous les chrétiens depuis Tyr jusqu'a Alep priaient dans cet idiome juif. Aujourd'hui qui réciterait les pseaumes tels qu'ils ont été composés, qui les chanterait dans la langue juive, serait soupçonné d'être circoncis, & d'être juif: il serait brûlé comme tel: il l'aurait été du moins il y a vingt ans, quoique JESUS-CHRIST ait été circoncis, quoique les apôtres & les disciples ayent été circoncis. Je mets à part tout le fonds de notre sainte religion, tout ce qui est un objet de foi, tout ce qu'il ne faut considérer qu'avec une soumission craintive, je n'envisage que l'écorce, je ne touche qu'à l'usage; je demande s'il y en eut jamais un plus contradictoire?

DES CONTRADICTIONS DANS LES AFFAIRES ET DANS LES HOMMES.

Si quelque société littéraire veut entreprendre le dictionnaire des contradictions, je souscris pour vingt volumes *in-folio*.

Le monde ne subsiste que de contradictions ; que faudrait-il pour les abolir ? Assembler les états du genre-humain. Mais de la manière dont les hommes sont faits, ce serait une nouvelle contradiction s'ils étaient d'accord. Assemblez tous les lapins de l'univers, il n'y aura pas deux avis différens parmi eux.

Je ne connais que deux sortes d'êtres immuables sur la terre, les géomètres & les animaux ; ils sont conduits par deux règles invariables, la démonstration & l'instinct : & encor les géomètres ont-ils eu quelques disputes, mais les animaux n'ont jamais varié.

DES CONTRADICTIONS DANS LES HOMMES ET DANS LES AFFAIRES.

Les contrastes, les jours & les ombres sous lesquels on représente dans l'histoire les hommes publics, ne sont pas des contradictions, ce sont des portraits fidèles de la nature humaine.

Tous les jours on condamne & on admire *Alexandre* le meurtrier de *Clitus*, mais le vengeur de la Grèce, le vainqueur des Perses & le fondateur d'Alexandrie.

César le débauché qui vole le trésor public de Rome pour asservir sa patrie, mais dont la clémence égale la valeur, & dont l'esprit égale le courage.

Mahomet imposteur, brigand, mais le seul des législateurs qui ait eu du courage & qui ait fondé un grand empire.

L'entousiaste *Cromwell*, fourbe dans le fanatisme même, assassin de son roi en forme juridique, mais aussi profond politique que valeureux guerrier.

Mille contrastes se présentent souvent en foule, & ces contrastes sont dans la nature ; ils ne sont pas plus étonnans qu'un beau jour suivi de la tempête.

DES CONTRADICTIONS APPARENTES DANS LES LIVRES.

Il faut soigneusement distinguer dans les écrits, & surtout dans les livres sacrés, les contradictions apparentes & les réelles. Il est dit dans le Pentateuque que *Moïse* était le plus doux des hommes, & qu'il fit égorger vingt-trois mille Hébreux qui avaient adoré le veau d'or, & vingt-quatre mille qui avaient ou épousé comme lui, ou fréquenté des femmes Madianites. Mais de sages commentateurs ont prouvé folidement que *Moïfe* était d'un naturel très doux, & qu'il n'avait fait qu'exécuter les vengeances de DIEU en fefant maffacrer ces quarante-fept mille Ifraëlites coupables.

Des critiques hardis ont cru appercevoir une contradiction dans le récit où il eft dit que *Moïfe* changea toutes les eaux de l'Egypte en fang, & que les magiciens de *Pharaon* firent enfuite le même prodige, fans que l'Exode mette aucun intervalle entre le miracle de *Moïfe* & l'opération magique des enchanteurs.

Il paraît d'abord impoffible que ces magiciens changent en fang ce qui eft déja devenu fang ; mais cette difficulté eft levée, en fuppofant que *Moïfe* avait laiffé les eaux reprendre leur prémière nature, pour donner au pharaon le tems de rentrer en lui-même. Cette fuppofition eft d'autant plus plaufible, que fi le texte ne la favorife pas expreffément, il ne lui eft pas contraire.

Les mêmes incrédules demandent, comment tous les chevaux ayant été tués par la grêle dans la fixiéme playe, *Pharaon* put pourfuivre la nation juive avec de la cavalerie ? Mais cette contradiction n'eft pas même apparente, puifque la grêle qui tua tous les chevaux qui étaient aux champs, ne put tomber fur ceux qui étaient dans les écuries.

CONTRADICTION.

Une des plus fortes contradictions qu'on ait cru trouver dans l'histoire des Rois, est la disette totale d'armes offensives & défensives chez les Juifs à l'avénement de *Saül*, comparée avec l'armée de trois cent trente mille combattans que *Saül* conduit contre les Ammonites qui assiégeaient Jabès en Galaad.

<small>I. Rois ch. III. ℣. 22.</small>

<small>ch. XIII. ℣. 19. 20. & 21.</small>

Il est rapporté en effet qu'alors, & même après cette bataille, il n'y avait pas une lance, pas une seule épée chez tout le peuple Hébreu ; que les Philistins empêchaient les Hébreux de forger des épées & des lances ; que les Hébreux étaient obligés d'aller chez les Philistins pour faire éguiser le soc de leurs charrues, leurs hoyaux, leurs coignées, & leurs serpettes.

Cet aveu semble prouver que les Hébreux étaient en très petit nombre, & que les Philistins étaient une nation puissante, victorieuse, qui tenait les Israélites sous le joug, & qui les traitait en esclaves ; qu'enfin il n'était pas possible que *Saül* eût assemblé trois cent trente mille combattans, &c.

<small>Note de Dom Calmet sur le verset 19.</small>

Le révérend père *Dom Calmet* dit, qu'il est croyable qu'*il y a un peu d'exagération dans ce qui est dit ici de Saül & de Jonathas*. Mais ce savant homme oublie que les autres commentateurs attribuent les premières victoires de *Saül* & de *Jonathas* à un de ces miracles évidens que DIEU daigna faire si souvent en faveur de son peuple. *Jonathas* avec son seul écuyer tua d'abord vingt ennemis, & les Philistins étonnés tournèrent leurs armes les uns contre les autres. L'auteur du livre des Rois dit positivement, que ce fut comme un miracle de DIEU, *accidit quasi miraculum à* DEO. Il n'y a donc point là de contradiction. Ch. XIV, ⍻. 15.

Les ennemis de la religion chrétienne, les *Celses*, les *Porphires*, les *Juliens*, ont épuisé la sagacité de leur esprit sur cette matière. Des auteurs juifs se sont prévalus de tous les avantages que leur donnait la supériorité de leurs connaissances dans la langue hébraïque pour mettre au jour ces contradictions apparentes ; ils ont été suivis même par des chrétiens tels que mylord *Herbert*, *Volaston*, *Voolston*, *Tindal*, *Toland*, *Colins*, *Shaftersburi*, *Volston*, *Gordon*, *Bolingbroke*, & plusieurs auteurs de divers pays. *Freret* secrétaire perpétuel de l'académie des belles-lettres de France, le savant *Le Clerc* même, *Simon* de l'oratoire, ont cru appercevoir quelques contradictions qu'on pouvait attribuer aux copistes. Une foule d'autres critiques a voulu relever & réformer des contradictions qui leur ont paru inexplicables.

122   CONTRADICTION.

<small>Analyse de la religion chrétienne, pag. 22, attribuée à *St. E-vremont.*</small>

On lit dans un livre dangereux fait avec beaucoup d'art : „ *St. Matthieu* & *St. Luc*
„ donnent chacun une généalogie de JESUS.
„ CHRIST différentes ; & pour qu'on ne croye
„ pas que ce sont de ces différences légères,
„ qu'on peut attribuer à méprise ou inadver-
„ tence , il est aisé de s'en convaincre par
„ ses yeux en lisant Matthieu au chap. I. &
„ Luc au chap. III. : on verra qu'il y a quin-
„ ze générations de plus dans l'une que dans
„ l'autre ; que depuis *David* elles se séparent
„ absolument, qu'elles se réunissent à *Sala-*
„ *thiel* ; mais qu'après son fils elles se séparent
„ de nouveau , & ne se réunissent plus qu'à
„ *Joseph*.

„ Dans la même généalogie *St. Matthieu*
„ tombe encor dans une contradiction mani-
„ feste ; car il dit qu'*Osias* était père de *Jona-*
„ *than :* & dans les Paralipomènes livre pre-
„ mier chap. III. ℣. 11 & 12., on trouve trois
„ générations entre eux, savoir *Joas* , *Ama-*
„ *zias* , *Azarias* , desquels *Luc* ne parle pas
„ plus que *Matthieu*. De plus , cette généa-
„ logie ne fait rien à celle de JESUS, puisque,
„ selon notre loi, *Joseph* n'avait eu aucun
„ commerce avec *Marie*. "

Pour répondre à cette objection faite depuis le tems d'*Origène* , & renouvellée de siécle en siécle, il faut lire *Julius Africanus*. Voici les deux généalogies conciliées dans la table suivante, telle qu'elle se trouve dans la bibliothèque des auteurs ecclésiastiques.

	David.	
Salomon & ses descendans rapportés par *St. Matthieu.*		*Natham* & ses descendans rapportés par *St. Luc.*
	Estha.	
Mathan premier mari.		*Melchi*, ou plutôt *Mathat* second mari.
Jacob fils de *Mathan* premier mari.	Leur femme commune, dont on ne sait point le nom ; mariée premiérement à *Héli*, dont elle n'a point eu d'enfant, & ensuite à *Jacob* son frère.	*Héli.*
Fils naturel de *Joseph*, *Jacob.*		Fils d'*Héli* selon la loi.

Autre manière de concilier les deux généalogies par *St. Epiphane.*

Jacob Panther descendu de *Salomon*, est père de *Joseph* & de *Cléophas.*

Joseph a de sa première femme six enfans, *Jacques*, *Josué*, *Siméon*, *Juda*, *Marie* & *Salome.*

Il épouse ensuite la vierge *Marie* mère de JESUS, fille de *Joachim* & d'*Anne.*

Il y a plusieurs autres manières d'expliquer ces deux généalogies. Voyez l'ouvrage de Dom Calmet, intitulé, *Dissertation où l'on essaye de concilier St. Matthieu avec St. Luc sur la généalogie de* JESUS-CHRIST.

Les mêmes savans incrédules qui ne sont occupés qu'à comparer des dates, qu'à examiner les livres & les médailles, & qui perdent par leur science la simplicité de la foi, reprochent à *St. Luc* de contredire les autres évangiles, & de s'être trompé dans ce qu'il avance sur la naissance du Sauveur. Voici comme s'en explique témérairement l'auteur de l'*Analyse de la religion chrétienne*.

„ *St. Luc* dit que *Cirénius* avait le gouver-
„ nement de Syrie lorsqu'*Auguste* fit faire le
„ dénombrement de tout l'empire. On va voir
„ combien il se rencontre de faussetés éviden-
„ tes dans ce peu de mots. *Tacite* & *Suetone* les
„ plus exacts de tous les historiens, ne disent
„ pas un mot du prétendu dénombrement de
„ tout l'empire, qui assurément eût été un
„ événement bien singulier, puisqu'il n'y en
„ eut jamais sous aucun empereur ; du moins
„ aucun auteur ne rapporte qu'il y en ait
„ eu. 2°. *Cirénius* ne vint dans la Syrie que
„ dix ans après le tems marqué par *Luc;*
„ elle était alors gouvernée par *Quintilius*
„ *Varus*, comme *Tertullien* le rapporte,
„ & comme il est confirmé par les mé-
„ dailles. "

On avouera qu'en effet il n'y eut jamais de dénombrement de tout l'empire Romain, & qu'il n'y eut qu'un cens des citoyens Romains, felon l'ufage. Il fe peut que des copiftes ayent écrit *dénombrement* pour *cens*. A l'égard de *Cirénius* que les copiftes ont tranfcrit *Cirinus*, il eft certain qu'il n'était pas gouverneur de la Syrie dans le tems de la naiffance de notre Sauveur, & que c'était alors *Quintilius Varus* ; mais il eft très naturel que *Quintilius Varus* ait envoyé en Judée ce même *Cirénius* qui lui fuccèda dix ans après dans le gouvernement de la Syrie. On ne doit pas diffimuler que cette explication laiffe encor quelques difficultés.

Premiérement, le cens fait fous *Augufte* ne fe rapporte point au tems de la naiffance de Jesus-Christ.

Secondement, les Juifs n'étaient point compris dans ce cens. *Jofeph* & fon époufe n'étaient point citoyens Romains. *Marie* ne devait donc point, dit-on, partir de Nazareth qui eft à l'extrémité de la Judée, à quelques milles du mont Tabor, au milieu du défert, pour aller accoucher à Bethléem qui eft à quatre-vingt milles de Nazareth.

Mais il fe peut très aifément que *Cirinus* ou *Cirénius* étant venu à Jérufalem de la part de *Quintilius Varus* pour impofer un tribut par tête, *Jofeph* & *Marie* euffent reçu l'ordre du magistrat de Bethléem de venir se présenter pour payer le tribut dans le bourg de Bethléem lieu de leur naissance ; il n'y a rien là qui soit contradictoire.

Les critiques peuvent tâcher d'infirmer cette solution, en représentant que c'était *Hérode* seul qui imposait les tributs ; que les Romains ne levaient rien alors sur la Judée ; qu'*Auguste* laissait *Hérode* maître absolu chez lui, moiennant le tribut que cet Iduméen payait à l'empire. Mais on peut dans un besoin s'arranger avec un prince tributaire, & lui envoyer un intendant, pour établir de concert avec lui la nouvelle taxe.

Nous ne dirons point ici comme tant d'autres, que les copistes ont commis beaucoup de fautes, & qu'il y en a plus de dix mille dans la version que nous avons. Nous aimons mieux dire avec les docteurs & les plus éclairés, que les Evangiles nous ont été donnés pour nous enseigner à vivre saintement, & non pas à critiquer savamment.

Ces prétendues contradictions firent un effet bien terrible sur le déplorable *Jean Mêlier* curé d'Etrepigni & de But en Champagne ; cet homme, vertueux à la vérité, & très charitable, mais sombre & mélancolique, n'ayant guères d'autres livres que la Bible & quelques pères, les lut avec une attention qui lui devint fatale ; il ne fut pas assez docile, lui qui devait enseigner la docilité à son troupeau. Il vit les contradictions apparentes, & ferma les yeux sur la conciliation : enfin sa tristesse s'augmentant dans la solitude, il eut le malheur de prendre en horreur la sainte religion qu'il devait prêcher & aimer ; & n'écoutant plus que sa raison séduite, il abjura le christianisme par un testament olographe, dont il laissa trois copies à sa mort arrivée en 1732. L'extrait de ce testament a été imprimé plusieurs fois, & c'est un scandale bien cruel. Un curé qui demande pardon à DIEU & à ses paroissiens, en mourant, de leur avoir enseigné des dogmes chrétiens ! un curé charitable qui a le christianisme en exécration, parce que plusieurs chrétiens sont méchans, que le faste de Rome le révolte, & que les difficultés des saints livres l'irritent ! un curé qui parle du christianisme comme *Porphire* & *Epictète* ! & cela lorsqu'il est prêt de paraître devant DIEU ! quel coup funeste pour lui & pour ceux que son exemple peut égarer !

C'est ainsi que le malheureux prédicant *Antoine*, trompé par les contradictions apparentes qu'il crut voir entre la nouvelle loi & l'ancienne, entre l'olivier franc & l'olivier sauvage, eut le malheur de quitter la religion chrétienne pour la religion juive ; & plus hardi que *Jean Mélier*, il aima mieux mourir que se rétracter.

On voit par le teſtament de *Jean Mêlier*, que c'étaient ſurtout les contrariétés apparentes des évangiles, qui avaient bouleverſé l'eſprit de ce malheureux paſteur qu'on ne peut regarder qu'avec compaſſion. *Mêlier* eſt profondément frappé des deux généalogies qui ſemblent ſe combattre ; il n'en avait pas vu la conciliation ; il ſe ſoulève ; il ſe dépite, en voyant que *St. Matthieu* fait aller le père, la mère & l'enfant en Egypte, après avoir reçu l'hommage des trois mages ou rois d'Orient, & pendant que le vieil *Hérode* craignant d'être détrôné par un enfant qui vient de naître à Bethléem, fait égorger tous les enfans du pays, pour prévenir cette révolution. Il eſt étonné que ni *St. Luc*, ni *St. Jean*, ni *St. Marc* ne parlent de ce maſſacre. Il eſt confondu quand il voit que *St. Luc* fait reſter *St. Joſeph*, la bienheureuſe vierge *Marie*, & JESUS notre Sauveur à Bethléem, après quoi ils ſe retirèrent à Nazareth. Il devait voir que la ſainte famille pouvait aller d'abord en Egypte & quelque tems après à Nazareth ſa patrie.

Si *St. Matthieu* ſeul parle des trois mages & de l'étoile qui les conduiſit du fond de l'Orient à Bethléem, & du maſſacre des enfans ; ſi les autres évangeliſtes n'en parlent pas, ils ne contrediſent point *St. Matthieu*; le ſilence n'eſt point une contradiction.

Si les trois premiers évangeliſtes, *St. Matthieu*, *St. Marc* & *St. Luc*, ne font vivre
JESUS-

JESUS-CHRIST que trois mois depuis son batême en Galilée jusqu'à son supplice à Jérusalem ; & si *St. Jean* le fait vivre trois ans & trois mois, il est aisé de rapprocher *St. Jean* des trois autres évangelistes, puisqu'il ne dit point expressément que JESUS-CHRIST prêcha en Galilée pendant trois ans & trois mois, & qu'on l'infère seulement de ses récits. Falait-il renoncer à sa religion sur de simples inductions, sur de simples raisons de controverse, sur des difficultés de chronologie ?

Il est impossible, dit *Mélier*, d'accorder *St. Matthieu* & *St. Luc*, quand le premier dit que JESUS en sortant du désert alla à Câpharnaum, & le second qu'il alla à Nazareth.

St. Jean dit que ce fut *André* qui s'attacha le premier à JESUS-CHRIST, les trois autres évangelistes disent que ce fut *Simon Pierre*.

Il prétend encor qu'ils se contredisent sur le jour où JESUS célébra sa pâque, sur l'heure de son supplice, sur le lieu, sur le tems de son apparition, de sa résurrection. Il est persuadé que des livres qui se contredisent, ne peuvent être inspirés par le St. Esprit ; mais il n'est pas de foi que le St. Esprit ait inspiré toutes les sillabes ; il ne conduisit pas la main de tous les copistes, il laissa agir les causes secondes : c'était bien assez qu'il daignât nous révéler les principaux mystères, & qu'il instituât dans la suite des tems une église pour

Quatrième partie.   I

les expliquer. Toutes ces contradictions reprochées si souvent aux Evangiles avec une si grande amertume, sont mises au grand jour par les sages commentateurs; loin de se nuire, elles s'expliquent l'une par l'autre, elles se prêtent un mutuel secours dans les concordances, & dans l'harmonie des quatre Evangiles.

CONTRASTE.

Contraste; opposition de figures, de situations, de fortune, de mœurs, &c. Une bergère ingénue fait un beau contraste dans un tableau avec une princesse orgueilleuse. Le rôle de l'imposteur & celui d'Ariste font un contraste admirable dans le *Tartuffe*.

Le petit peut contraster avec le grand dans la peinture, mais on ne peut dire qu'il lui est contraire. Les oppositions de couleurs contrastent, mais aussi il y a des couleurs contraires les unes aux autres, c'est-à-dire, qui font un mauvais effet parce qu'elles choquent les yeux lorsqu'elles sont rapprochées.

Contradictoire ne peut se dire que dans la dialectique. Il est contradictoire qu'une chose soit & ne soit pas, qu'elle soit en plusieurs lieux à la fois, qu'elle soit d'un tel nombre, d'une telle grandeur, & qu'elle n'en soit pas. Cette opinion, ce difcours, cet arrêt font contradictoires.

Les diverfes fortunes de *Charles XII* ont été contraires, mais non pas contradictoires; elles forment dans l'hiftoire un beau contrafte.

C'eft un grand contrafte, & ce font deux chofes bien contraires; mais il n'eft point contradictoire que le pape ait été adoré à Rome & brûlé à Londres le même jour, & que pendant qu'on l'appellait *vice-Dieu* en Italie, il ait été reprélenté en cochon dans les rues de Mofcou, pour l'amufement de *Pierre le grand*.

Mahomet mis à la droite de DIEU dans la moitié du globe, & damné dans l'autre, eft le plus grand des contraftes.

Voyagez loin de votre pays, tout fera contrafte pour vous.

Le blanc qui le premier vit un nègre fut bien étonné; mais le premier raifonneur qui dit que ce nègre venait d'une paire blanche, m'étonne bien davantage; fon opinion eft contraire à la mienne. Un peintre qui repréfente des blancs, des nègres & des olivâtres, peut faire de beaux contraftes.

CONVULSIONS.

ON danſa vers l'an 1724 ſur le cimetière de St. Médard ; il s'y fit beaucoup de miracles : en voici un rapporté dans une chanſon de Mad. la ducheſſe du *Maine* ;

> Un décroteur à la royale
> Du talon gauche eſtropié,
> Obtint pour grace ſpéciale
> D'être boiteux de l'autre pié.

Les convulſions miraculeuſes, comme on ſait, continuèrent juſqu'à ce qu'on eût mis une garde au cimetière.

> De par le roi, défenſe à DIEU
> De plus fréquenter en ce lieu.

Les jéſuites, comme on le ſait encor, ne pouvant plus faire de tels miracles depuis que leur *Xavier* avait épuiſé les graces de la compagnie à reſſuſciter neuf morts de compte fait, s'aviſerent, pour balancer le crédit des janſéniſtes, de faire graver une eſtampe de JESUS-CHRIST habillé en jéſuite. Un plaiſant du parti janſéniſte, comme on le ſait encore, mit au bas de l'eſtampe :

Admirez l'artifice extrême
De ces moines ingénieux ;
Il vous ont habillé comme eux,
Mon Dieu, de peur qu'on ne vous aime.

Les janfénistes pour mieux prouver que jamais Jesus-Christ n'avait pu prendre l'habit de jéfuite, remplirent Paris de convulſions, & attirèrent le monde à leur préau. Le conſeiller au parlement, *Carré de Montgeron*, alla préfenter au roi un recueil *in-4°.* de tous ces miracles, atteſtés par mille témoins ; il fut mis, comme de raifon, dans un château, où l'on tâcha de rétablir ſon cerveau par le régime ; mais la vérité l'emporte toûjours fur les perſécutions ; les miracles fe perpétuèrent trente ans de fuite, fans difcontinuer. On fefait venir chez foi fœur *Rofe*, fœur *Illuminée*, fœur *Promife*, fœur *Confite* ; elles fe fefaient fouetter, fans qu'il y parût le lendemain ; on leur donnait des coups de buches fur leur eftomac bien cuiraffé, bien rembourré, fans leur faire de mal ; on les couchait devant un grand feu, le vifage frotté de pommade, fans qu'elles brûlaffent ; enfin, comme tous les arts fe perfectionnent, on a fini par leur enfoncer des épées dans les chairs, & par les crucifier. Un fameux maitre d'école même a eu auffi l'avantage d'être mis en croix : tout cela pour convaincre le monde qu'une certaine bulle était ridicule, ce qu'on aurait pu prouver sans tant de frais. Cependant, & jésuites & janséniftes, se réunirent tous contre l'*Esprit des loix*, & contre.... & contre.... & contre.... & contre.... Et nous osons après cela nous moquer des Lapons, des Samoyèdes & des Nègres, ainsi que nous l'avons dit tant de fois !

DES COQUILLES ET DES
SYSTÊMES BATIS SUR DES COQUILLES.

IL est arrivé aux coquilles la même chose qu'aux anguilles ; elles ont fait éclore des systèmes nouveaux. On trouve dans quelques endroits de ce globe des amas de coquillages, on voit dans quelques autres des huîtres pétrifiées : de-là on a conclu que malgré les loix de la gravitation & celles des fluides, & malgré la profondeur du lit de l'Océan, la mer avait couvert toute la terre il y a quelques millions d'années.

La mer ayant inondé ainsi successivement la terre, a formé les montagnes par ses courans, par ses marées ; & quoique son flux ne s'élève qu'à la hauteur de quinze pieds dans ſes plus grandes intumeſcences ſur nos côtes, elle a produit des roches hautes de dix-huit mille pieds.

Si la mer a été partout, il y a eu un tems où le monde n'était peuplé que de poiſſons. Peu-à-peu les nageoires ſont devenues des bras, la queue fourchue s'étant allongée a formé des cuiſſes & des jambes ; enfin les poiſſons ſont devenus des hommes, & tout cela s'eſt fait en conſéquence des coquilles qu'on a déterrées. Ces ſyſtêmes valent bien l'horreur du vuide, les formes ſubſtantielles, la matière globuleuſe, ſubtile, cannelée, ſtriée, la négation de l'exiſtence des corps, la baguette divinatoire de *Jacques Aimard*, l'harmonie préétablie, & le mouvement perpétuel.

Il y a, dit-on, des débris immenſes de coquilles auprès de Maſtricht. Je ne m'y oppoſe pas, quoique je n'y en aye vu qu'une très petite quantité. La mer a fait d'horribles ravages dans ces quartiers-là ; elle a englouti la moitié de la Friſe, elle a couvert des terrains autrefois fertiles, elle en a abandonné d'autres. C'eſt une vérité reconnue, perſonne ne conteſte les changemens arrivés ſur la ſurface du globe dans une longue ſuite de ſiécles. Il ſe peut phyſiquement, & ſans oſer contredire nos livres ſacrés, qu'un tremblement de terre ait fait diſparaître l'iſle Atlantide neuf mille ans avant *Platon*, comme il le rapporte, quoique ſes mémoires ne ſoient pas ſûrs. Mais tout cela ne prouve pas que la mer ait produit le mont Caucaſe, les Pyrenées & les Alpes.

On prétend qu'*il y a des fragmens de coquillages à Montmartre & à Courtagnon auprès de Rheims*. On en rencontre preſque partout; mais non pas ſur la cîme des montagnes, comme le ſuppoſe le ſyſtême de *Maillet*.

Il n'y en a pas une ſeule ſur la chaîne des hautes montagnes depuis la Sierra Morena juſqu'à la dernière cîme de l'Apennin. J'en ai fait chercher ſur le mont St. Godard, ſur le St. Bernard, dans les montagnes de la Tarentaiſe, on n'en a pas découvert.

Un ſeul phyſicien m'a écrit qu'il a trouvé une écaille d'huître pétrifiée vers le mont Cenis. Je dois le croire, & je ſuis très étonné qu'on n'y en ait pas vu des centaines. Les lacs voiſins nourriſſent de groſſes moules dont l'écaille reſſemble parfaitement aux huîtres; on les appelle même *petites huîtres* dans plus d'un canton.

Eſt-ce d'ailleurs une idée tout-à-fait romaneſque de faire réflexion à la foule innombrable de pélerins qui partaient à pied de St. Jacques en Galice, & de toutes les provinces pour aller à Rome par le mont Cenis chargés de coquilles à leurs bonnets ? Il en venait de Syrie, d'Egypte, de Grèce, comme de Pologne & d'Autriche. Le nombre des romipètes a été mille fois plus confidérable que celui des hagi qui ont vifité la Mecque & Médine, parce que les chemins de Rome font plus faciles, & qu'on n'était pas forcé d'aller par caravanes. En un mot, une huître près du mont Cenis ne prouve pas que l'océan Indien ait enveloppé toutes les terres de notre hémifphère.

On rencontre quelquefois en fouillant la terre des pétrifications étrangères, comme on rencontre dans l'Auttiche des médailles frappées à Rome. Mais pour une pétrification étrangère il y en a mille de nos climats.

Quelqu'un a dit qu'il aimerait autant croire le marbre compofé de plumes d'autruches que de croire le porphire compofé de pointes d'ourfin. Ce quelqu'un là avait grande raifon, fi je ne me trompe.

On découvrit, ou l'on crut découvrir il y a quelques années, les offemens d'un renne & d'un hippopotame près d'Etampes, & de là on conclut que le Nil & la Laponie avaient été autrefois fur le chemin de Paris à Orléans. Mais on aurait dû plutôt foupçonner qu'un curieux avait eu autrefois dans fon cabinet le fquelette d'un renne & celui d'un hippopotame. Cent exemples pareils invitent à examiner longtems avant que de croire.

Amas de coquilles.

Mille endroits sont remplis de mille débris de testacées, de crustacées, de pétrifications. Mais remarquons encor une fois, que ce n'est presque jamais ni sur la croupe, ni dans les flancs de cette continuité de montagnes dont la surface du globe est traversée; c'est à quelques lieues de ces grands corps, c'est au milieu des terres, c'est dans des cavernes, dans des lieux où il est très vraisemblable qu'il y avait de petits lacs qui ont disparu, de petites rivières dont le cours est changé, des ruisseaux considérables dont la source est tarie. Vous y voyez des débris de tortues, d'écrevisses, de moules, de colimaçons, de petits crustacées de rivière, de petites huîtres semblables à celles de Lorraine. Mais de véritables corps marins, c'est ce que vous ne voyez jamais. S'il y en avait, pourquoi n'y aurait-on jamais vu d'os de chiens marins, de requins, de baleines ?

Vous prétendez que la mer a laissé dans nos terres des marques d'un très long séjour. Le monument le plus sûr serait assûrément quelques amas de marsouins au milieu de l'Allemagne. Car vous en voyez des milliers se jouer sur la surface de la mer Germanique dans un tems serein. Quand vous les aurez découverts & que je les aurai vûs à Nuremberg & à Francfort, je vous croirai: mais en attendant permettez-moi de ranger la plûpart de ces fuppofitions avec celle du vaiffeau pétrifié trouvé dans le canton de Berne à cent pieds fous terre, tandis qu'un de fes ancres était fur le mont St. Bernard.

J'ai vu quelquefois des débris de moules & de colimaçons qu'on prenait pour des coquilles de mer.

Si on fongeait feulement que dans une année pluvieufe il y a plus de limaçons dans dix lieuës de pays que d'hommes fur la terre, on pourait fe difpenfer de chercher ailleurs l'origine de ces fragmens de coquillages dont le bord du Rhône & ceux d'autres rivières font tapiffés dans l'efpace de plufieurs milles. Il y a beaucoup de ces limaçons dont le diamètre eft de plus d'un pouce. Leur multitude détruit quelquefois les vignes & les arbres fruitiers. Les fragmens de leurs coques endurcies font partout. Pourquoi donc imaginer que des coquillages des Indes font venus s'amonceler dans nos climats quand nous en avons chez nous par millions? Tous ces petits fragmens de coquilles dont on fait tant de bruit pour accréditer un fyftème, font pour la plûpart fi informes, fi ufés, fi méconnaiffables, qu'on pourait également parier que ce font des débris d'écreviffes ou de crocodiles, ou des ongles d'autres animaux. Si on trouve une coquille bien confervée dans le cabinet d'un curieux, on ne fait d'où elle vient; & je doute qu'elle puisse servir de fondement à un système de l'univers.

Je ne nie pas, encor une fois, qu'on ne rencontre à cent milles de la mer quelques huitres pétrifiées, des conques, des univalves, des productions qui ressemblent parfaitement aux productions marines ; mais est-on bien sûr que le sol de la terre ne peut enfanter ces fossiles ? La formation des agathes arborisées ou herborisées, ne doit-elle pas nous faire suspendre notre jugement ? Un arbre n'a point produit l'agathe qui représente parfaitement un arbre ; la mer peut aussi n'avoir point produit ces coquilles fossiles qui ressemblent à des habitations de petits animaux marins. L'expérience suivante en peut rendre témoignage.

Observation importante sur la formation des pierres et des coquillages.

Monsieur *Le Royer* de la Sauvagère, ingénieur en chef, & de l'académie des belles-lettres de la Rochelle, seigneur de la terre de Places en Touraine auprès de Chinon, atteste qu'auprès de son château une partie du sol s'est métamorphosée deux fois en un lit de pierre tendre dans l'espace de quatre-vingt ans. Il a été témoin lui-même de ce changement. Tous ſes vaſſaux, & tous ſes voiſins l'ont vu. Il a bâti avec cette pierre qui eſt devenue très dure étant employée. La petite carrière dont on l'a tirée recommence à ſe former de nouveau. Il y renaît des coquilles qui d'abord ne ſe diſtinguent qu'avec un microſcope, & qui croiſſent avec la pierre. Ces coquilles ſont de différentes eſpèces ; il y a des oſtracites, des griphites qui ne ſe trouvent dans aucune de nos mers ; des cames, des télines, des cœurs dont les germes ſe développent inſenſiblement, & s'étendent juſqu'à ſix lignes d'épaiſſeur.

N'y a-t-il pas là dequoi étonner du moins ceux qui affirment que tous les coquillages qu'on rencontre dans quelques endroits de la terre y ont été dépoſés par la mer ?

Si on ajoute à tout ce que nous avons déja dit, ce phénomène de la terre de Places, ſi d'un autre côté on conſidère que le fleuve de Gambie & la riviere de Biſſao ſont remplis d'huîtres, que pluſieurs lacs en ont fourni autrefois, & en ont encore, ne ſera-t-on pas porté à ſuſpendre ſon jugement ? notre ſiécle commence à bien obſerver ; il appartiendra aux ſiécles ſuivans de décider, mais probablement on ſera un jour aſſez ſavant pour ne décider pas.

DE LA GROTTE DES FÉES.

Les grottes où se forment les stalactites & les stalagmites sont communes. Il y en a dans presque toutes les provinces. Celle du Chablais est peut-être la moins connue des physiciens, & qui mérite le plus de l'être. Elle est située dans des rochers affreux au milieu d'une forêt d'épines, à deux petites lieuës de Ripaille, dans la paroisse de Féterne. Ce sont trois grottes en voûte l'une sur l'autre, taillées à pic par la nature dans un roc inabordable. On n'y peut monter que par une échelle, & il faut s'élancer ensuite dans ces cavités en se tenant à des branches d'arbres. Cet endroit est appellé par les gens du lieu *les grottes des Fées.* Chacune a dans son fond un bassin dont l'eau passe pour avoir la même vertu que celle de Ste. Reine. L'eau qui distile dans la supérieure à travers le rocher, y a formé dans la voûte la figure d'une poule qui couve des poussins. Aupres de cette poule est une autre concrétion qui ressemble parfaitement à un morceau de lard avec sa couenne, de la longueur de près de trois pieds.

Dans le bassin de cette même grotte où l'on se baigne, on trouve des figures de pralines telles qu'on les vend chez des confiseurs, & à côté la forme d'un rouet ou tour à filer avec la quenouille. Les femmes des environs prétendent avoir vu dans l'enfoncement une femme pétrifiée, au dessous du rouet. Mais les observateurs n'ont point vu en dernier lieu cette femme. Peut-être les concrétions stalactites avaient dessiné autrefois une figure informe de femme; & c'est ce qui fit nommer cette caverne *la grotte des Fées*. Il fut un tems qu'on n'osait en approcher; mais depuis que la figure de la femme a disparu, on est devenu moins timide.

Maintenant, qu'un philosophe à système raisonne sur ce jeu de la nature, ne pourait-il pas dire; voilà des pétrifications véritables! Cette grotte était habitée, sans doute, autrefois par une femme; elle filait au rouet, son lard était pendu au plancher, elle avait auprès d'elle sa poule avec ses poussins; elle mangeait des pralines, lorsqu'elle fut changée en rocher elle & ses poulets, & son lard, & son rouet, & sa quenouille, & ses pralines; comme *Edith* femme de *Loth* fut changée en statue de sel. L'antiquité fourmille de ces exemples.

Il serait bien plus raisonnable de dire, cette femme fut pétrifiée, que de dire, ces petites coquilles viennent de la mer des Indes; cette écaille fut laissée ici par la mer il y a cinquante mille siécles; ces glossopètres sont des langues de marsouins qui s'assemblèrent un jour sur cette colline pour n'y laisser que leurs goziers; ces pierres en spirale renfermaient autrefois le poisson *Nautilus* que personne n'a jamais vu.

DU FALLUN DE TOURAINE ET DE SES COQUILLES.

On regarde enfin le fallun de Touraine comme le monument le plus incontestable de ce séjour de l'Océan sur notre continent dans une multitude prodigieuse de siécles ; & la raison , c'est qu'on prétend que cette mine est composée de coquilles pulvérisées.

Certainement si à trente-six lieuës de la mer il était d'immenses bancs de coquillages marins, s'ils étaient posés à plat par couches régulières , il serait démontré que ces bancs ont été le rivage de la mer : & il est d'ailleurs très vraisemblable que des terrains bas & plats ont été tour-à-tour couverts & dégagés des eaux jusqu'à trente & quarante lieuës ; c'est l'opinion de toute l'antiquité. Une mémoire confuse s'en est conservée , & c'est ce qui a donné lieu à tant de fables.

Nil equidem durare diu sub imagine eadem
Crediderim. Sic ad ferrum venistis ab auro
Secula. Sic toties versa est fortuna locorum.
Vidi ego quod fuerat quondam solidissima tellus
Esse fretum. Vidi factas ex æquore terras :
Et procul a pelago conchæ jacuere marinæ :

Et

Et vetus inventa eft in montibus anchora fummis. a)
Quodque fuit campus, vallem decurfus aquarum
Fecit: & eluvie mons eft deductus in æquor:
Eque paludofa ficcis humus aret arenis:
Quæque fitim tulerant, ftagnata paludibus hument.

C'eft ainfi que *Pythagore* s'explique dans *Ovide*. Voici une imitation de ces vers qui en donnera l'idée.

Le tems qui donne à tous le mouvement & l'être,
Produit, accroit, détruit, fait mourir, fait renaître,
Change tout dans les cieux, fur la terre & dans l'air.
L'âge d'or à fon tour fuivra l'âge de fer.
Flore embellit des champs l'aridité fauvage.
La mer change fon lit, fon flux & fon rivage.
Le limon qui nous porte eft né du fein des eaux;
Où croiffent les moiffons, voguèrent les vaiffeaux.
La main lente du tems applanit les montagnes;
Il creufe les vallons, il étend les campagnes;
Tandis que l'Eternel, le fouverain des tems
Demeure inébranlable en ces grands changemens.

Mais pourquoi cet Océan n'a-t-il formé aucune montagne fur tant de côtes plattes livrées à fes marées? Et pourquoi s'il a dépofé des amas prodigieux de coquilles en Touraine,

a) Cela reffemble un peu à l'ancre de vaiffeau qu'on prétendait avoir trouvé fur le grand St. Bernard; auffi s'eft-on bien gardé d'inférer cette chimère dans la traduction.

Quatriéme partie.

n'a-t-il pas laiffé les mêmes monumens dans les autres provinces à la même diftance?

D'un côté je vois plufieurs lieues de rivages au niveau de la mer dans la baffe Normandie: Je traverfe la Picardie, la Flandre, la Hollande, la baffe Allemagne, la Poméranie, la Pruffe, la Pologne, la Ruffie, une grande partie de la Tartarie, fans qu'une feule haute montagne, fefant partie de la grande chaîne, fe préfente à mes yeux. Je puis franchir ainfi l'efpace de deux mille lieues dans un terrain affez uni, à quelques collines près. Si la mer répandue originairement fur notre continent avait fait les montagnes, comment n'en a-t-elle pas fait une feule dans cette vafte étendue?

De l'autre côté ces prétendus bancs de coquilles à trente à quarante lieues de la mer, méritent le plus férieux examen. J'ai fait venir de cette province dont je fuis éloigné de cent cinquante lieues, une caiffe de ce fallun. Le fond de cette minière eft évidemment une efpèce de terre calcaire & marneufe, mêlée de talc, laquelle a quelques lieues de longueur fur environ une & demie de largeur. Les morceaux purs de cette terre pierreufe font un peu falés au goût. Les laboureurs l'employent pour féconder leurs terres, & il eft très vraifemblable que fon fel les fertilife: on en fait autant dans mon voifinage avec du gipfe. Si ce n'était qu'un amas de coquilles, je ne vois pas qu'il pût fumer la terre. J'aurais beau jetter dans mon champ toutes les coques deſſéchées des limaçons & des moules de ma province, ce ſerait comme ſi j'avais ſemé ſur des pierres.

Quoique je ſois ſûr de peu de choſes, je puis affirmer que je mourrais de faim, ſi je n'avais pour vivre qu'un champ de vieilles coquilles caſſées. *b*)

En un mot, il eſt certain, autant que mes yeux peuvent avoir de certitude, que cette marne eſt une eſpèce de terre, & non pas un aſſemblage d'animaux marins qui ſeraient au nombre de plus de cent mille milliards de milliards. Je ne ſais pourquoi l'académicien qui le premier après *Paliſſi* fit connaître cette ſingularité de la nature, a pu dire, *Ce ne ſont que de petits fragmens de coquilles très reconnaiſſables pour en être des fragmens ; car ils ont leurs cannelures très bien marquées, ſeulement ils ont perdu leur luiſant & leur vernis.*

Il eſt reconnu que dans cette mine de pierre calcaire & de talc on n'a jamais vu une ſeule écaille d'huître, mais qu'il y en a quelques-

---

b) Tout ce que ces coquillages pouraient opérer, ce ſerait de diviſer une terre trop compacte. On en fait autant avec du gravier. Des coquilles fraiches & pilées pouraient ſervir par leur huile : mais des coquillages deſſechés ne ſont bons à rien.

unes de moules, parce que cette mine eſt en-
tourée d'étangs. Cela ſeul décide la queſtion
contre *Bernard Paliſſi*, & détruit tout le merveilleux que *Reaumur* & ſes imitateurs ont
voulu y mettre.

Si quelques petits fragmens de coquilles
mêlés à la terre marneuſe, étaient réellement
des coquilles de mer, il faudrait avouer qu'elles ſont dans cette falunière depuis des tems
reculés qui épouvantent l'imagination, & que
c'eſt un des plus anciens monumens des révolutions de notre globe. Mais auſſi, comment une production enfouie quinze pieds
en terre pendant tant de ſiécles, peut-elle
avoir l'air ſi nouveau ? Comment y a-t-on
trouvé la coquille d'un limaçon toute fraî-
che ? Pourquoi la mer n'aurait-elle confié
ces coquilles tourangeotes qu'à ce ſeul petit
morceau de terre & non ailleurs ? N'eſt-il
pas de la plus extrême vraiſemblance que ce
falun qu'on avait pris pour un reſervoir de
petits poiſſons, n'eſt préciſément qu'une mine
de pierre calcaire d'une médiocre étendue ?

D'ailleurs l'expérience de Mr. de *la Sauvagère* qui a vu des coquillages ſe former dans
une pierre tendre, & qui en rend témoignage
avec ſes voiſins, ne doit-elle pas au moins
nous inſpirer quelques doutes ?

Enfin, ſi ce falun a été produit à la longue dans la mer, elle eſt donc venue à près

de quarante lieuës dans un pays plat, & elle n'y a point formé de montagnes. Il n'eſt donc nullement probable que les montagnes ſoient des productions de l'Océan. De ce que la mer ſerait venue à quarante lieuës, s'enſuivrait-il qu'elle aurait été partout ?

Idées de Paliſſi sur les coquilles prétendues.

Avant que *Bernard Paliſſi* eût prononcé que cette mine de marne de trois lieuës d'étendue n'était qu'un amas de coquilles, les agriculteurs étaient dans l'uſage de ſe ſervir de cet engrais, & ne ſoupçonnaient pas que ce fuſſent uniquement des coquilles qu'ils employaſſent. N'avaient-ils pas des yeux ? Pourquoi ne crut-on pas *Paliſſi* ſur ſa parole ? Ce *Paliſſi* d'ailleurs était un peu viſionnaire. Il fit imprimer le livre intitulé : *Le moyen de dévenir riche & la manière véritable par laquelle tous les hommes de France pourront apprendre à multiplier & à augmenter leur tréſor & poſſeſſions, par maître Bernard Paliſſi inventeur des ruſtiques figulines du roi.* Il tint à Paris une école, où il fit afficher qu'il rendrait l'argent à ceux qui lui prouveraient la fauſſeté de ſes opinions. En un mot, *Paliſſi* crut avoir trouvé la pierre philoſophale. Son grand œuvre décrédita ſes coquilles juſqu'au tems où elles furent remiſes en honneur par un académicien célèbre qui enrichit les découvertes des *Swammerdam*, des *Leuvenhoeck*, par l'ordre dans lequel il les plaça, & qui voulut rendre de grands services à la physique. L'expérience, comme on l'a déja dit, est trompeuse ; il faut donc examiner encor ce fallun. Il est certain qu'il pique la langue par une légère âcreté, c'est un effet que des coquilles ne produiront pas. Il est indubitable que le fallun est une terre calcaire & marneuse. Il est indubitable aussi qu'elle renferme quelques coquilles de moules à dix à quinze pieds de profondeur. L'auteur estimable de l'*Histoire naturelle*, aussi profond dans ses vues qu'attrayant par son stile, dit expressément : *Je prétends que les coquilles sont l'intermède que la nature employe pour former la plûpart des pierres. Je prétends que les crayes, les marnes, & les pierres à chaux ne sont composées que de poussière & de détrimens de coquilles.*

On peut aller trop loin, quelque habile physicien que l'on soit. J'avoue que j'ai examiné pendant douze ans de suite la pierre à chaux que j'ai employée, & que ni moi, ni aucun des assistans n'y avons apperçu le moindre vestige de coquilles.

A-t-on donc besoin de toutes ces suppositions pour prouver les révolutions que notre globe a essuyées dans des tems prodigieusement reculés ? Quand la mer n'aurait abandonné & couvert tour-à-tour les terrains bas de ſes rivages que le long de deux mille lieuës ſur quarante de large dans les terres, ce ſerait un changement ſur la ſurface du globe de quatre-vingt mille lieuës quarrées.

Les éruptions des volcans, les tremblemens, les affaiſſemens des terrains doivent avoir bouleverſé une aſſez grande quantité de la ſurface du globe; des lacs, des rivières ont diſparu, des villes ont été englouties; des iſles ſe ſont formées; des terres ont été ſéparées: les mers intérieures ont pu opérer des révolutions beaucoup plus conſidérables. N'en voilà-t-il pas aſſez ? Si l'imagination aime à ſe repréſenter ces grandes viciſſitudes de la nature, elle doit être contente.

Du système de Maillet, qui de l'inspection des coquilles conclut que les poissons sont les premiers pères des hommes.

Maillet, dont nous avons déja parlé, crut s'appercevoir au grand Caire que notre continent n'avait été qu'une mer dans l'éternité paſſée; il vit des coquilles; & voici comme il raiſonna: Ces coquilles prouvent que la mer a été pendant des milliers de ſiécles à Memphis; donc les Egyptiens & les ſinges viennent inconteſtablement des poiſſons marins.

Les anciens habitans des bords de l'Euphrate ne s'éloignaient pas beaucoup de cette idée, quand ils débitèrent que le fameux poisson *Oannès* sortait tous les jours du fleuve pour les venir catéchiser sur le rivage. *Dercéto* qui est la même que *Vénus*, avait une queue de poisson. La *Vénus* d'*Hésiode* nâquit de l'écume de la mer.

C'est peut-être suivant cette cosmogonie qu'*Homère* dit que l'Océan est le père de toutes choses; mais par ce mot d'*Océan*, il n'entend, dit-on, que le Nil & non notre mer Océane qu'il ne connaissait pas.

Thalès apprit aux Grecs que l'eau est le premier principe de la nature. Ses raisons sont, que la semence de tous les animaux est aqueuse, qu'il faut de l'humidité à toutes les plantes, & qu'enfin les étoiles sont nourries des exhalaisons humides de notre globe. Cette dernière raison est merveilleuse : & il est plaisant qu'on parle encor de *Thalès* & qu'on veuille savoir ce qu'*Athénée* & *Plutarque* en pensaient.

Cette nourriture des étoiles n'aurait pas réussi dans notre tems; & malgré les sermons du poisson *Oannès*, les argumens de *Thalès*, les imaginations de *Maillet*, il y a peu de gens aujourd'hui qui croyent descendre d'un turbot ou d'une morue, malgré l'extrême passion qu'on a depuis peu pour les généalogies. Pour étayer ce système il falait absolument que toutes les espèces & tous les élémens se changeassent les uns en les autres. Les *Métamorphoses* d'*Ovide* devenaient le meilleur livre de physique qu'on ait jamais écrit.

C O R P S.

CORps & matière, c'est ici même chose, quoiqu'il n'y ait pas de synonime à la rigueur. Il y a eu des gens qui par ce mot *corps* ont aussi entendu esprit. Ils ont dit, esprit signifie originairement *soufle*, il n'y a qu'un corps qui puisse soufler ; donc esprit & corps pouraient bien au fonds être la même chose. C'est dans ce sens que *La Fontaine* disait au célèbre duc de *la Rochefoucault* :

J'entends les esprits corps, & paitris de matière.

C'est dans le même sens qu'il dit à Madame de *la Sablière*,

Je subtiliserais un morceau de matière,
Quintessence d'atôme extrait de la lumière,
Je ne sais quoi plus vif & plus subtil encor.

Personne ne s'avisa de harceler le bon *La Fontaine*, & de lui faire un procès sur ces expressions. Si un pauvre philosophe & même un poëte en disait autant aujourd'hui, que de gens pour se faire de fête, que de folliculaires pour vendre douze fous leurs extraits, que de fripons uniquement dans le deſſein de faire du mal au philoſophe, au péripatéticien, au diſciple de *Gaſſendi*, à l'écolier de *Locke* & des premiers pères, au damné !

De même que nous ne ſavons ce que c'eſt qu'un eſprit, nous ignorons ce que c'eſt qu'un corps : nous voyons quelques proprié‑ tés ; mais quel eſt ce ſujet en qui ces proprié‑ tés réſident ? Il n'y a que des corps, diſaient *Démocrite* & *Epicure* ; il n'y a point de corps, diſaient les diſciples de *Zénon* d'Elée.

L'évêque de Cloine, *Berklay*, eſt le dernier, qui par cent ſophiſmes captieux a prétendu prouver que les corps n'exiſtent pas. Ils n'ont, dit‑il, ni couleurs, ni odeurs, ni chaleur ; ces modalités ſont dans vos ſenſations, & non dans les objets. Il pouvait s'épargner la peine de prouver cette vérité ; elle était aſſez connuë. Mais de là il paſſe à l'étenduë, à la ſolidité qui ſont des eſſences du corps, & il croit prouver qu'il n'y a pas d'étenduë dans une piéce de drap verd, parce que ce drap n'eſt pas verd en effet ; cette ſenſation du verd n'eſt qu'en vous ; donc cette ſenſation de l'é‑ tenduë n'eſt auſſi qu'en vous. Et après avoir ainſi détruit l'étenduë, il conclut que la ſoli‑ dité qui y eſt attachée tombe d'elle‑même ; & qu'ainſi il n'y a rien au monde que nos idées. De ſorte que, ſelon ce docteur, dix mille hommes tués par dix mille coups de canon, ne font dans le fonds que dix mille appréhenfions de notre entendement; & quand un homme fait un enfant à fa femme, ce n'eſt qu'une idée qui fe loge dans une autre idée, dont il naîtra une troifiéme idée.

Il ne tenait qu'à Mr. l'évêque de Cloine de ne point tomber dans l'excès de ce ridicule. Il croit montrer qu'il n'y a point d'étendue, parce qu'un corps lui a paru avec fa lunette quatre fois plus gros qu'il ne l'était à fes yeux, & quatre fois plus petit à l'aide d'un autre verre. De-là il conclut qu'un corps ne pouvant à la fois avoir quatre pieds, feize pieds, & un feul pied d'étendue, cette étendue n'exiſte pas ; donc il n'y a rien. Il n'avait qu'à prendre une mefure, & dire, De quelque étendue qu'un corps me paraiffe, il eſt étendu de tant de ces mefures.

Il lui était bien aifé de voir qu'il n'en eſt pas de l'étendue & de la folidité comme des fons, des couleurs, des faveurs, des odeurs, &c. Il eſt clair que ce font en nous des fentimens excités par la configuration des parties ; mais l'étendue n'eſt point un fentiment. Que ce bois allumé s'éteigne, je n'ai plus chaud; que cet air ne foit plus frappé, je n'entends plus; que cette rofe fe fane, je n'ai plus d'odorat pour elle ; mais ce bois, cet air, cette rofe, font étendus fans moi. Le paradoxe de *Berklay* ne vaut pas la peine d'être réfuté.

C'eſt ainſi que les *Zénons* d'Elée, les *Parménides* argumentaient autrefois; & ces gens-là avaient beaucoup d'eſprit : ils vous prouvaient qu'une tortue doit aller auſſi vîte qu'*Achille*; qu'il n'y a point de mouvement : ils agitaient cent autres queſtions auſſi utiles. La plûpart des Grecs jouèrent des gobelets avec la philoſophie, & tranſmirent leurs tréteaux à nos ſcolaſtiques. *Bayle* lui-même a été quelquefois de la bande; il a brodé des toiles d'araignées comme un autre; il argumente à l'article *Zénon* contre l'étendue diviſible de la matière & la contiguité des corps; il dit tout ce qui ne ferait pas permis de dire à un géomètre de ſix mois.

Il eſt bon de ſavoir ce qui avait entrainé l'évêque *Berklay* dans ce paradoxe. J'eus, il y a longtems, quelques converſations avec lui; il me dit que l'origine de ſon opinion venait de ce qu'on ne peut concevoir ce que c'eſt que ce ſujet qui reçoit l'étendue. Et en effet, il triomphe dans ſon livre, quand il demande à *Hilas* ce que c'eſt que ce ſujet, ce *ſubſtratum*, cette ſubſtance; C'eſt le corps étendu, répond *Hilas*; alors l'évêque, ſous le nom de *Philonoüs*, ſe moque de lui; & le pauvre *Hilas* voyant qu'il a dit que l'étendue eſt le ſujet de l'étendue, & qu'il a dit une ſotiſe, demeure tout confus & avoüe qu'il n'y comprend rien, qu'il n'y a point de corps, que le monde matériel n'existe pas, qu'il n'y a qu'un monde intellectuel.

Philonoüs devait dire seulement à *Hilas*, Nous ne savons rien sur le fonds de ce sujet, de cette substance étendue, solide, divisible, mobile, figurée. &c.; je ne la connais pas plus que le sujet pensant, sentant & voulant; mais ce sujet n'en existe pas moins, puisqu'il a des propriétés essentielles dont il ne peut être dépouillé.

Nous sommes tous comme la plûpart des dames de Paris; elles font grande chère sans savoir ce qui entre dans les ragoûts; de même nous jouïssons des corps, sans savoir ce qui les compose. De quoi est fait le corps? De parties, & ces parties se résolvent en d'autres parties. Que sont ces dernières parties? Toûjours des corps; vous divisez sans cesse, & vous n'avancez jamais.

Enfin, un subtil philosophe remarquant qu'un tableau est fait d'ingrédiens, dont aucun n'est un tableau, & une maison de matériaux dont aucun n'est une maison, imagina que les corps sont bâtis d'une infinité de petits êtres qui ne sont pas corps; & cela s'appelle *des monades*. Ce système ne laisse pas d'avoir son bon; & s'il était révélé, je le croirais très possible; tous ces petits êtres seraient des points mathématiques, des espèces d'ames qui n'attendraient qu'un habit pour se mettre dedans : ce serait une métempsicose continuelle. Ce système en vaut bien un autre ; je l'aime bien autant que la déclinaison des atômes, les formes substantielles, la grace versatile, & les vampires.

COUTUME.

IL y a cent quarante-quatre coutumes en France qui ont force de loi ; ces loix sont presque toutes différentes. Un homme qui voyage dans ce pays change de loi presque autant de fois qu'il change de chevaux de poste. La plûpart de ces coutumes ne commencèrent à être rédigées par écrit que du tems de *Charles VII* ; la grande raison, c'est qu'auparavant très peu de gens savaient écrire. On écrivit donc une partie d'une partie de la coutume du Ponthieu ; mais ce grand ouvrage ne fut achevé par les Picards que sous *Charles VIII*. Il n'y en eut que seize de rédigées du tems de *Louïs XII*. Enfin, aujourd'hui la jurisprudence s'est tellement perfectionnée, qu'il n'y a guères de coutume qui n'ait plusieurs commentateurs ; & tous, comme on croit bien, d'un avis différent. Il y en a déja vingt-six sur la coutume de Paris. Les juges ne savent auquel entendre ; mais pour les mettre à leur aise, on vient de faire la coutume de Paris en vers. C'est ainsi qu'autrefois la prêtresse de Delphe rendait ses oracles.

Les mesures sont aussi différentes que les coutumes ; de sorte que ce qui est vrai dans le fauxbourg de Montmartre, devient faux dans l'abbaye de St. Denis. DIEU aye pitié de nous !

DES CRIMES ou DÉLITS
DE TEMS ET DE LIEU.

UN Romain tue malheureusement en Egypte un chat consacré ; & le peuple en fureur punit ce sacrilège en déchirant le Romain en piéces. Si on avait mené ce Romain au tribunal, & si les juges avaient eu le sens commun, ils l'auraient condamné à demander pardon aux Egyptiens & aux chats, à payer une forte amende soit en argent, soit en souris. Ils lui auraient dit qu'il faut respecter les sotises du peuple quand on n'est pas assez fort pour les corriger.

Le vénérable chef de la justice lui aurait parlé à-peu-près ainsi : Chaque pays a ses impertinences légales, & ses délits de tems & de lieu. Si dans vôtre Rome devenue souveraine de l'Europe, de l'Afrique, & de l'Asie mineure, vous alliez tuer un poulet facré dans le tems qu'on lui donne du grain pour favoir au jufte la volonté des Dieux, vous feriez févérement puni. Nous croyons que vous n'avez tué notre chat que par mégarde. La cour vous admonefte. Allez en paix ; foyez plus circonfpect.

C'eft une chofe très indifférente d'avoir une ftatue dans fon veftibule. Mais fi lorfqu'*Octave* furnommé *Augufte* était maître abfolu, un Romain eût placé chez lui une ftatue de *Brutus*, il eût été puni comme féditieux. Si un citoyen avait, fous un empereur régnant, la ftatue du compétiteur à l'empire, c'était, difait-on, un crime de lèze-majefté, de haute trahifon.

Un Anglais, ne fachant que faire, s'en va à Rome ; il rencontre le prince *Charles-Edouard* chez un cardinal ; il en eft fort content. De retour chez lui, il boit dans un cabaret à la fanté du prince *Charles-Edouard*. Le voilà accufé de *haute* trahifon. Mais qui a t-il trahi *hautement*, lorfqu'il a dit, en buvant, qu'il fouhaitait que ce prince fe portât bien ? S'il a conjuré pour le mettre fur le trône, alors il eft coupable envers la nation : mais jufques-là on ne voit pas que dans l'exacte juftice le parlement puiffe exiger de lui autre chofe que de boire quatre coups à la fanté de la

mai-

maison de *Hanovre*, s'il en a bu deux à la santé de la maison de *Stuart*.

DES CRIMES DE TEMS ET DE LIEU QU'ON DOIT IGNORER.

On sait combien il faut respecter Notre-Dame de Lorette, quand on est dans la marche d'Ancône. Trois jeunes gens y arrivent; ils font de mauvaises plaisanteries sur la maison de Notre-Dame qui a voyagé par l'air, qui est venue en Dalmatie, qui a changé deux ou trois fois de place, & qui enfin ne s'est trouvée commodément qu'à Lorette. Nos trois étourdis chantent à souper une chanson faite autrefois par quelque huguenot contre la translation de la *santa casa* de Jérusalem au fond du golphe Adriatique. Un fanatique est instruit par hazard de ce qui s'est passé à leur soupé; il fait des perquisitions; il cherche des témoins; il engage un monsignor à lâcher un monitoire. Ce monitoire allarme les consciences. Chacun tremble de ne pas parler. Tourières, bedeaux, cabaretiers, laquais, servantes ont bien entendu tout ce qu'on n'a point dit, ont vu tout ce qu'on n'a point fait; c'est un vacarme, un scandale épouvantable dans toute la marche d'Ancône. Déja l'on dit à une demi lieuë de Lorette que ces enfans ont tué Notre-Dame; à une lieuë plus loin on assure qu'ils ont jetté la *santa casa* dans

Quatriéme partie.   L.

la mer. Enfin, ils font condamnés. La fen-tence porte que d'abord on leur coupera la main, qu'enfuite on leur arrachera la langue, qu'après cela on les mettra à la torture pour favoir d'eux (au moins par fignes) combien il y avait de couplets à la chanfon; & qu'en-fin ils feront brûlés à petit feu.

Un avocat de Milan, qui dans ce tems fe trouvait à Lorette, demanda au principal juge à quoi donc il aurait condamné ces enfans s'ils avaient violé leur mère, & s'ils l'avaient enfuite égorgée pour la manger ? Oh oh! répondit le juge, il y a bien de la différence; violer, affaffiner & manger fon père & fa mère n'eft qu'un délit contre les hommes.

Pour que fept perfonnes fe donnent léga-lement l'amufement d'en faire périr une hui-tiéme en public à coups de barre de fer fur un théâtre; pour qu'ils joüiffent du plaifir fecret & mal démêlé dans leur cœur, de voir comment cet homme fouffrira fon fupplice, & d'en parler enfuite à table avec leurs femmes & leurs voifins; pour que des exécuteurs qui font gaiement ce métier, comptent d'avance l'ar-gent qu'ils vont gagner; pour que le public courre à ce fpectacle comme à la foire &c.; il faut que le crime mérite évidemment ce fup-plice du confentement de toutes les nations policées, & qu'il foit néceffaire au bien de la fociété : car il s'agit ici de l'humanité entière.

Il faut surtout que l'acte du délit soit démontré comme une proposition de géométrie.

Si contre cent probabilités que l'accusé est coupable, il y en a une seule qu'il est innocent, cette seule peut balancer toutes les autres.

QUESTION SI DEUX TÉMOINS SUFFISENT POUR FAIRE PENDRE UN HOMME?

On s'est imaginé longtems, & le proverbe en est resté, qu'il suffit de deux témoins pour faire pendre un homme en sûreté de conscience. Encor une équivoque! Les équivoques gouvernent donc le monde? Il est dit dans St. Matthieu, (ainsi que nous l'avons déja remarqué) *Il suffira de deux ou trois témoins pour réconcilier deux amis brouillés;* & d'après ce texte, au point de statuer que c'est une loi divine de tuer un citoyen sur la déposition uniforme de deux témoins qui peuvent être des scélérats! Une foule de témoins uniformes ne peut constater une chose improbable niée par l'accusé ; on l'a déja dit. Que faut-il donc faire en ce cas? Attendre, remettre le jugement à cent ans, comme fesaient les Athéniens.

Rapportons ici un exemple frappant de ce qui vient de se passer sous nos yeux à Lyon. Une femme ne voit pas revenir sa fille chez elle vers les onze heures du foir ; elle court partout ; elle foupçonne fa voifine d'avoir caché fa fille ; elle la redemande ; elle l'accufe de l'avoir proftituée. Quelques femaines après, des pêcheurs trouvent dans le Rhône à Condrieux une fille noyée & toute en pourriture. La femme dont nous avons parlé croit que c'eft fa fille. Elle eft perfuadée par les ennemis de fa voifine qu'on a deshonoré fa fille chez cette voifine même, qu'on l'a étranglée, qu'on l'a jettée dans le Rhône. Elle le dit, elle le crie, la populace le répète. Il fe trouve bientôt des gens qui favent parfaitement les moindres détails de ce crime. Toute la ville eft en rumeur ; toutes les bouches crient vengeance. Il n'y a rien jufqueslà que d'affez commun dans une populace fans jugement. Mais voici le rare, le prodigieux. Le propre fils de cette voifine, un enfant de cinq ans & demi accufe fa mère d'avoir fait violer fous fes yeux cette malheureufe fille retrouvée dans le Rhône, de l'avoir fait tenir par cinq hommes pendant que le fixiéme jouiffait d'elle. Il a entendu les paroles que prononçait la violée ; il peint fes attitudes ; il a vu fa mère & ces fcélérats étrangler cette infortunée immédiatement après la confommation. Il a vu fa mère & les affaffins la jetter dans un puits, l'en retirer, l'envelopper dans un drap ; il a vu ces monftres la porter en triomphe dans les places publiques.

danser autour du cadavre & le jetter enfin dans le Rhône. Les juges sont obligés de mettre aux fers tous les prétendus complices ; des témoins déposent contre eux. L'enfant est d'abord entendu, & il soutient avec la naïveté de son âge tout ce qu'il a dit d'eux & de sa mère. Comment imaginer que cet enfant n'ait pas dit la pure vérité ? Le crime n'est pas vraisemblable ; mais il l'est encor moins qu'à cinq ans & demi on calomnie ainsi sa mère ; qu'un enfant répète avec uniformité toutes les circonstances d'un crime abominable & inouï, s'il n'en a pas été le témoin oculaire, s'il n'en a point été vivement frappé, si la force de la vérité ne les arrache à sa bouche.

Tout le peuple s'attend à repaître ses yeux du supplice des accusés.

Quelle est la fin de cet étrange procès criminel ? Il n'y avait pas un mot de vrai dans l'accusation. Point de fille violée, point de jeunes gens assemblés chez la femme accusée, point de meurtre, pas la moindre avanture, pas le moindre bruit. L'enfant avait été suborné, & par qui ? chose étrange, mais vraie ! par deux autres enfans qui étaient fils des accusateurs. Il avait été sur le point de faire brûler sa mère pour avoir des confitures.

Tous les chefs d'accusation réunis étaient impossibles. Le présidial de Lyon sage & éclairé, après avoir déféré à la fureur publique au point de rechercher les preuves les plus furabondantes pour & contre les accusés, les absout pleinement & d'une voix unanime.

Peut-être autrefois aurait-on fait rouer & brûler tous ces accusés innocens, à l'aide d'un monitoire, pour avoir le plaisir de faire ce qu'on appelle *une justice*, qui est la tragédie de la canaille.

CRIMINEL,
PROCÈS CRIMINEL.

ON a puni souvent par la mort des actions très innocentes ; c'est ainsi qu'en Angleterre *Richard III* & *Edouard IV* firent condamner par des juges ceux qu'ils soupçonnaient de ne leur être pas attachés. Ce ne sont pas là des procès criminels, ce sont des assassinats commis par des meurtriers privilégiés. Le dernier degré de la perversité est de faire servir les loix à l'injustice.

On a dit que les Athéniens punissaient de mort tout étranger qui entrait dans l'église, c'est-à-dire, dans l'assemblée du peuple. Mais si cet étranger n'était qu'un curieux, rien n'était plus barbare que de le faire mourir. Il est dit dans l'*Esprit des loix* qu'on usait de cette rigueur, *parce que cet homme usurpait les*

CRIMINEL. 167

droits de la souveraineté. Mais un Français qui entre à Londres dans la chambre des communes pour entendre ce qu'on y dit, ne prétend point faire le souverain. On le reçoit avec bonté. Si quelque membre de mauvaise humeur demande le *Clear the house*, éclaircissez la chambre, mon voyageur l'éclaircit en s'en allant; il n'est point pendu. Il est croyable que si les Athéniens ont porté cette loi passagère, c'était dans un tems où l'on craignait qu'un étranger ne fût un espion, & non parce qu'il s'arrogeait les droits de souverain. Chaque Athénien opinait dans sa tribu; tous ceux de la tribu se connaissaient; un étranger n'aurait pu aller porter sa feve.

Nous ne parlons ici que des vrais procès criminels. Chez les Romains tout procès criminel était public. Le citoyen accusé des plus énormes crimes avait un avocat qui plaidait en sa présence, qui fesait même des interrogations à la partie adverse, qui discutait tout devant ses juges. On produisait à portes ouvertes tous les témoins pour ou contre, rien n'était secret. *Cicéron* plaida pour *Milon* qui avait assassiné *Clodius* en plein jour à la vue de mille citoyens. Le même *Cicéron* prit en main la cause de *Roscius Amerinus* accusé de parricide. Un seul juge n'interrogeait pas en secret des témoins, qui sont d'ordinaire des gens de la lie du peuple, auxquels on fait dire ce qu'on veut.

Un citoyen Romain n'était pas appliqué à la torture sur l'ordre arbitraire d'un autre citoyen Romain qu'un contract eût revêtu de ce droit cruel. On ne fefait pas cet horrible outrage à la nature humaine dans la perfonne de ceux qui étaient regardés comme les premiers des hommes, mais feulement dans celle des efclaves regardés à peine comme des hommes. Il eût mieux valu ne point employer la torture contre les efclaves mêmes. (Voyez *Torture.*)

L'inftruction d'un procès criminel fe reffentait à Rome de la magnanimité & de la franchife de la nation.

Il en eft ainfi à-peu-près à Londres. Le fecours d'un avocat n'y eft refufé à perfonne en aucun cas ; tout le monde eft jugé par fes pairs. Tout citoyen peut de trente-fix bourgeois jurés en recufer douze fans caufe, douze en alléguant des raifons, & par conféquent choifir lui-même les douze autres pour fes juges. Ces juges ne peuvent aller ni en deçà, ni en delà de la loi ; nulle peine n'eft arbitraire, nul jugement ne peut être exécuté que l'on n'en ait rendu compte au roi qui peut & qui doit faire grace à ceux qui en font dignes, & à qui la loi ne la peut faire ; ce cas arrive affez fouvent. Un homme violemment outragé aura tué l'offenfeur dans un mouvement de colère pardonnable; il eft condamné par la rigueur de la loi, & sauvé par la miséricorde qui doit être le partage du souverain.

Remarquons bien attentivement que dans ce pays où les loix sont aussi favorables à l'accusé que terribles pour le coupable, non-seulement un emprisonnement fait sur la dénonciation fausse d'un accusateur est puni par les plus grandes réparations & les plus fortes amendes ; mais que si un emprisonnement illégal a été ordonné par un ministre d'état à l'ombre de l'autorité royale, le ministre est condamné à payer deux guinées par heure pour tout le tems que le citoyen a demeuré en prison.

PROCÉDURE CRIMINELLE CHEZ CERTAINES NATIONS.

Il y a des pays où la jurisprudence criminelle fut fondée sur le droit canon, & même sur les procédures de l'inquisition, quoique ce nom y soit détesté depuis longtems. Le peuple dans ces pays est demeuré encor dans une espèce d'esclavage. Un citoyen poursuivi par l'homme du roi est d'abord plongé dans un cachot ; ce qui est déjà un véritable supplice pour un homme qui peut être innocent. Un seul juge, avec son greffier, entend secrétement chaque témoin assigné l'un après l'autre.

Comparons seulement ici en quelques points la procédure criminelle des Romains avec celle d'un pays de l'Occident qui fut autrefois une province romaine.

Chez les Romains les témoins étaient entendus publiquement en présence de l'accusé, qui pouvait leur répondre, les interroger lui-même, ou leur mettre en tête un avocat. Cette procédure était noble & franche ; elle respirait la magnanimité romaine.

En France, en plusieurs endroits de l'Allemagne, tout se fait secrétement. Cette pratique établie sous *François I*, fut autorisée par les commissaires qui rédigèrent l'ordonnance de *Louis XIV* en 1670: une méprise seule en fut la cause.

On s'était imaginé en lisant le code *de Testibus*, que ces mots : *testes intrare judicii secretum*, signifiaient que les témoins étaient interrogés en secret. Mais *secretum* signifie ici le cabinet du juge. *Intrare secretum*, pour dire, parler secrétement, ne serait pas latin. Ce fut un solécisme qui fit cette partie de notre jurisprudence.

Les déposans sont pour l'ordinaire des gens de la lie du peuple, & à qui le juge enfermé avec eux peut faire dire tout ce qu'il voudra. Ces témoins sont entendus une seconde fois toûjours en secret, ce qui s'appelle *recollement* ; & si après le recollement ils se rétrac-

CRIMINEL. 171

tent dans leurs dépofitions, ou s'ils les changent dans des circonftances effentielles, ils font punis comme faux témoins. De forte que lorfqu'un homme d'un efprit fimple, & ne fachant pas s'exprimer, mais ayant le cœur droit, & fe fouvenant qu'il en a dit trop ou trop peu, qu'il a mal entendu le juge, ou que le juge l'a mal entendu, révoque par efprit de juftice ce qu'il a dit par imprudence, il eft puni comme un fcélérat : ainfi il eft forcé fouvent de foutenir un faux témoignage par la feule crainte d'être traité en faux témoin.

L'accufé en fuyant, s'expofe à être condamné, foit que le crime ait été prouvé, foit qu'il ne l'ait pas été. Quelques jurifconfultes, à la vérité, ont affuré que le contumace ne devait pas être condamné, fi le crime n'était pas clairement prouvé. Mais d'autres jurifconfultes, moins éclairés & peut-être plus fuivis, ont eu une opinion contraire ; ils ont ofé dire que la fuite de l'accufé était une preuve du crime ; que le mépris qu'il marquait pour la juftice, en refufant de comparaître, méritait le même châtiment que s'il était convaincu. Ainfi fuivant la fecte des jurifconfultes que le juge aura embraffée, l'innocent fera abfous ou condamné.

C'eft un grand abus dans la jurifprudence, que l'on prenne fouvent pour loi les rêveries

& les erreurs, quelquefois cruelles, d'hommes sans aveu qui ont donné leurs sentimens pour des loix.

Sous le règne de *Louïs XIV* on a fait en France deux ordonnances, qui sont uniformes dans tout le royaume. Dans la première, qui a pour objet la procédure civile, il est défendu aux juges de condamner, en matière civile, par défaut, quand la demande n'est pas prouvée ; mais dans la seconde, qui règle la procédure criminelle, il n'est point dit que, faute de preuves, l'accusé sera renvoyé. Chose étrange ! La loi dit qu'un homme, à qui l'on demande quelque argent, ne sera condamné par défaut qu'au cas que la dette soit avérée ; mais s'il s'agit de la vie, c'est une controverse au barreau, de savoir si l'on doit condamner le contumace, quand le crime n'est pas prouvé ; & la loi ne résout pas la difficulté.

EXEMPLE TIRÉ DE LA CONDAMNATION D'UNE FAMILLE ENTIÈRE.

Voici ce qui arriva à cette famille infortunée dans le tems que des confréries insensées de prétendus pénitens, le corps enveloppé dans une robe blanche, & le visage masqué, avaient élevé dans une des principales églises de Toulouse un catafalque superbe à un jeune protestant homicide de lui-même, qu'ils prétendaient avoir été affassiné par son père & sa mère pour avoir abjuré la religion réformée ; dans ce tems même où toute la famille de ce protestant révéré en martyr, était dans les fers, & que tout un peuple enyvré d'une superstition également folle & barbare, attendait avec une dévote impatience le plaisir de voir expirer sur la roue ou dans les flammes cinq ou six personnes de la probité la plus reconnue.

Dans ce tems funeste, dis-je, il y avait auprès de Castres un honnête homme de cette même religion protestante, nommé *Sirven*, exerçant dans cette province la profession de feudiste. Ce père de famille avait trois filles. Une femme qui gouvernait la maison de l'évêque de Castres, lui propose de lui amener la seconde fille de *Sirven* nommée *Elizabeth*, pour la faire catholique apostolique & romaine : elle l'amène en effet : l'évêque la fait enfermer chez les jésuitesses qu'on nomme *les dames régentes*, ou *les dames noires*. Ces dames lui enseignent ce qu'elles savent ; elles lui trouvèrent la tête un peu dure, & lui imposèrent des pénitences rigoureuses pour lui inculquer des vérités qu'on pouvait lui apprendre avec douceur ; elle devint folle ; les dames noires la chassent ; elle retourne chez ses parens ; sa mere en la fesant changer de chemise trouve tout son corps couvert de meurtriſſures : la folie augmente, elle ſe change en fureur mélancolique ; elle s'échappe un jour de la maiſon, tandis que le père était à quelques milles de là occupé publiquement de ſes fonctions dans le château d'un ſeigneur voiſin. Enfin vingt jours après l'évaſion d'*Elizabeth*, des enfans la trouvent noyée dans un puits, le 4 Janvier 1761.

C'était préciſément le tems où l'on ſe préparait à rouer *Calas* dans Toulouſe. Le mot de *parricide*, & qui pis eſt de *huguenot*, volait de bouche en bouche dans toute la province. On ne douta pas que *Sirven*, ſa femme & ſes deux filles n'euſſent noyé la troiſiéme par principe de religion. C'était une opinion univerſelle que la religion proteſtante ordonne poſitivement aux pères & aux mères de tuer leurs enfans, s'ils veulent être catholiques. Cette opinion avait jetté de ſi profondes racines dans les têtes mêmes des magiſtrats, entraînés malheureuſement alors par la clameur publique, que le conſeil & l'égliſe de Genève furent obligés de démentir cette fatale erreur, & d'envoyer au parlement de Touloufe une atteſtation juridique, que non-ſeulement les proteſtans ne tuent point leurs enfans, mais qu'on les laiſſe maîtres de tous leurs biens quand ils quittent leur ſecte pour une autre. On ſait que *Calas* fut roué malgré cette atteſtation.

Un nommé *Landes* juge de village, assisté de quelques gradués aussi savans que lui, s'empressa de faire toutes les dispositions pour bien suivre l'exemple qu'on venait de donner dans Toulouse. Un médecin de village, aussi éclairé que les juges, ne manqua pas d'assurer à l'inspection du corps, au bout de vingt jours, que cette fille avait été étranglée & jettée ensuite dans le puits. Sur cette déposition le juge décrète de prise de corps le père, la mère & les deux filles.

La famille justement effrayée par la catastrophe des *Calas* & par les conseils de ses amis, prend incontinent la fuite ; ils marchent au milieu des neiges pendant un hyver rigoureux ; & de montagnes en montagnes ils arrivent jusqu'à celles des Suisses. Celle des deux filles, qui était mariée & grosse, accouche avant terme parmi les glaces.

La première nouvelle que cette famille apprend quand elle est en lieu de sûreté, c'est que le père & la mère sont condamnés à être pendus ; les deux filles à demeurer sous la potence pendant l'exécution de leur mère, & à être reconduites par le bourreau hors du territoire, sous peine d'être pendues si elles reviennent. C'est ainsi qu'on instruit *la contumace*.

Ce jugement était également absurde & abominable. Si le père, de concert avec sa femme, avait étranglé sa fille, il falait le rouer comme *Calas*; & brûler la mère, au moins après qu'elle aurait été étranglée; parce que ce n'est pas encor l'usage de rouer les femmes dans le pays de ce juge. Se contenter de pendre en pareille occasion, c'était avouer que le crime n'était pas avéré, & que dans le doute la corde était un parti mitoyen qu'on prenait faute d'être instruit. Cette sentence blessait également la loi & la raison.

La mère mourut de désespoir; & toute la famille, dont le bien était confisqué, allait mourir de misère, si elle n'avait pas trouvé des secours.

On s'arrête ici pour demander s'il y a quelque loi & quelque raison qui puisse justifier une telle sentence? On peut dire au juge: Quelle rage vous a porté à condamner à la mort un père & une mère? C'est qu'ils se sont enfuis, répond le juge. Eh misérable! voulais-tu qu'ils restassent pour assouvir ton imbécille fureur? Qu'importe qu'ils paraissent devant toi chargés de fers pour te répondre, ou qu'ils lèvent les mains au ciel contre toi loin de ta face! Ne peux-tu pas voir sans eux la vérité qui doit te frapper? Ne peux-tu pas voir que le père était à une lieue de sa fille au milieu de vingt personnes, quand cette malheureuse fille s'échappa des bras de sa mère? Peux-tu ignorer que
toute

toute la famille l'a cherchée pendant vingt jours & vingt nuits ? Tu ne réponds à cela que ces mots, *contumace*, *contumace*. Quoi ! parce qu'un homme est absent, il faut qu'on le condamne à être pendu, quand son innocence est évidente ! C'est la jurisprudence d'un sot & d'un monstre. Et la vie, les biens, l'honneur des citoyens dépendront de ce code d'Iroquois !

La famille *Sirven* traîna son malheur loin de sa patrie pendant plus de huit années. Enfin, la superstition sanguinaire qui deshonorait le Languedoc, ayant été un peu adoucie, & les esprits étant devenus plus éclairés, ceux qui avaient consolé les *Sirven* pendant leur exil, leur conseillèrent de venir demander justice au parlement de Toulouse même, lorsque le sang des *Calas* ne fumait plus, & que plusieurs se repentaient de l'avoir répandu. Les *Sirven* furent justifiés.

Erudimini qui judicatis terram.

CRITIQUE.

L'Article *Critique* fait par Mr. de *Marmontel* dans l'Encyclopédie, est si bon qu'il ne serait pas pardonnable d'en donner ici un nouveau, si on n'y traitait pas une matière toute différente sous le même titre. Nous entendons ici cette critique née de l'envie, aussi ancienne que le genre-humain. Il y a environ trois mille ans qu'*Héfiode* a dit, le potier porte envie au potier, le forgeron au forgeron, le musicien au musicien.

Le duc de *Sulli* dans ses mémoires, trouve le cardinal d'*Offat*, & le secrétaire d'état *Villeroi*, de mauvais ministres ; *Louvois* fefait ce qu'il pouvait pour ne pas estimer le grand *Colbert*; mais ils n'imprimaient rien l'un contre l'autre : c'est une sotise qui n'est d'ordinaire attachée qu'à la littérature, à la chicane, & à la théologie. C'est dommage que les œconomies politiques & royales soient tachées quelquefois de ce défaut.

La Motte Houdart était un homme de mérite en plus d'un genre ; il a fait de très belles stances.

  Quelquefois au feu qui la charme
  Resiste une jeune beauté,
  Et contre elle-même elle s'arme
  D'une pénible fermeté.
  Hélas ! cette contrainte extrême
  La prive du vice qu'elle aime,
  Pour fuïr la honte qu'elle hait.
  Sa sévérité n'est que faste,
  Et l'honneur de passer pour chaste
  La résout à l'être en effet.

En vain ce sévère stoïque
Sous mille défauts abattu,
Se vante d'une ame héroïque
Toute vouée à la vertu;
Ce n'est point la vertu qu'il aime,
Mais mon cœur yvre de lui-même
Voudrait usurper les autels;
Et par sa sagesse frivole
Il ne veut que parer l'idole
Qu'il offre au culte des mortels.

Les champs de Pharsale & d'Arbelle
Ont vu triompher deux vainqueurs,
L'un & l'autre digne modèle
Que se proposent les grands cœurs.
Mais le succès a fait leur gloire;
Et si le sceau de la victoire
N'eût consacré ces demi-dieux,
Alexandre aux yeux du vulgaire,
N'aurait été qu'un téméraire,
Et César qu'un séditieux.

Cet auteur, dis-je, était un sage qui prêta plus d'une fois le charme des vers à la philosophie. S'il avait toûjours écrit de pareilles stances, il serait le premier des poëtes lyriques; cependant c'est alors qu'il donnait ces beaux morceaux, que l'un de ses contemporains l'appellait

Certain oison, gibier de basse-cour.

M ij

Il dit de *La Motte* en un autre endroit :

De ses discours l'ennuïeuse beauté.

Il dit dans un autre :

. . . . . Je n'y vois qu'un défaut,
C'est que l'auteur les devait faire en prose.
Ces odes-là sentent bien le Quinaut.

Il le poursuit partout ; il lui reproche partout la sécheresse, & le défaut d'harmonie.

Seriez-vous curieux de voir les odes que fit quelques années après ce même censeur qui jugeait *La Motte* en maître, & qui le décriait en ennemi ? Lisez.

Cette influence souveraine
N'est pour lui qu'une illustre chaîne
Qui l'attache au bonheur d'autrui ;
Tous les brillans qui l'embellissent,
Tous les talens qui l'annoblissent
Sont en lui, mais non pas à lui.

Il n'est rien que le tems n'absorbe, ne dévore ;
Et les faits qu'on ignore
Sont bien peu différens des faits non avenus.

La bonté qui brille en elle
De ses charmes les plus doux,
Est une image de celle
Qu'elle voit briller en vous.
Et par vous seule enrichie,
Sa politesse affranchie

Des moindres obscurités,
Est la lueur réfléchie
De vos sublimes clartés.

***

Ils ont vu par ta bonne foi
De leurs peuples troublés d'effroi
La crainte heureusement déçüe,
Et déracinée à jamais
La haine si souvent reçüe
En survivance de la paix.

***

Dévoile à ma vüe empressée
Ces déités d'adoption,
Synonymes de la pensée,
Symboles de l'abstraction.

***

N'est-ce pas une fortune,
Quand d'une charge commune
Deux moitiés portent le faix ?
Que la moindre le réclame,
Et que du bonheur de l'ame,
Le corps seul fasse les fraix ?

Il ne falait pas, sans doute, donner de si détestables ouvrages pour modèles à celui qu'on critiquait avec tant d'amertume ; il eût mieux valu laisser jouïr en paix son adversaire de son mérite, & conserver celui qu'on avait. Mais que voulez-vous ? le *genus irritabile vatum*, est malade de la même bile qui le tourmentait autrefois. Le public pardonne ces pauvretés aux gens à talent, parce que le public ne songe qu'à s'amuser.

On est accoutumé chez toutes les nations, aux mauvaises critiques de tous les ouvrages qui ont du succès. Le *Cid* trouva son *Scudéri*; & *Corneille* fut longtems après vexé par l'abbé d'*Aubignac* prédicateur du roi, soi-disant législateur du théâtre, & auteur de la plus ridicule tragédie, toute conforme aux règles qu'il avait données. Il n'y a sortes d'injures qu'il ne dise à l'auteur de *Cinna* & des *Horaces*. L'abbé d'*Aubignac* prédicateur du roi, aurait bien dû prêcher contre d'*Aubignac*.

On a vu chez les nations modernes qui cultivent les lettres, des gens qui se sont établis critiques de profession, comme on a créé des languayeurs de porcs, pour examiner si ces animaux qu'on amène au marché ne sont pas malades. Les languayeurs de la littérature ne trouvent aucun auteur bien sain; ils rendent compte deux ou trois fois par mois de toutes les maladies régnantes, des mauvais vers faits dans la capitale & dans les provinces, des romans insipides dont l'Europe est inondée, des systèmes de physique nouveaux, des secrets pour faire mourir les punaises. Ils gagnent quelque argent à ce métier, surtout quand ils disent du mal des bons ouvrages, & du bien des mauvais. On peut les comparer aux crapauds qui passent pour sucer le venin de la terre, & pour le communiquer à ceux qui les touchent. Il y eut un nommé *Denni*, qui fit ce métier pendant soixante ans à Londre, — & qui ne laissa pas d'y gagner sa vie. L'auteur qui a cru être un nouvel *Arétin* & s'enrichir en Italie par sa *frusta lettéraria*, n'y a pas fait fortune.

L'ex-jésuite *Guiot Fontaines* qui embrassa cette profession au sortir de Bissêtre, y amassa quelque argent. C'est lui qui lorsque le lieutenant de police le menaçait de le renvoyer à Bissêtre, & lui demandait pourquoi il s'occupait d'un travail si odieux, répondit, *il faut que je vive*. Il attaquait les hommes les plus estimables à tort & à travers sans avoir seulement lu, ni pu lire les ouvrages de mathématiques & de physique dont il rendait compte.

Il prit un jour l'*Alcifron* de Berklay évêque de Cloine pour un livre contre la religion. Voici comme il s'exprime.

„ J'en ai trop dit pour vous faire mépriser
„ un livre qui dégrade également l'esprit &
„ la probité de l'auteur; c'est un tissu de so-
„ phismes libertins forgés à plaisir pour dé-
„ truire les principes de la religion, de la po-
„ litique & de la morale. "

Dans un autre endroit il prend le mot anglais *kake*, qui signifie *gâteau* en anglais, pour le géant *Cacus*. Il dit à propos de la tragédie de la *Mort de Céfar*, que *Brutus était un fanatique barbare, un quakre*. Il ignorait que les quakres font les plus pacifiques des hommes, & ne verfent jamais le fang. C'eſt avec ce fonds de ſcience qu'il cherchait à rendre riducules les deux écrivains les plus eſtimables de leur tems, *Fontenelle* & *La Motte*.

Il fut remplacé dans cette charge de *Zoïle* ſubalterne par un autre ex-jéſuite nommé *Fréron*, dont le nom ſeul eſt devenu un opprobre. On nous fit lire, il n'y a pas longtems, une de ſes feuilles dont il infecte la baſſe littérature. *Le tems de Mahomet II*, dit-il, *eſt le tems de l'entrée des Arabes en Europe*. Quelle foule de bévues en peu de paroles! Quiconque a reçu une éducation tolérable, ſait que les Arabes aſſiégèrent Conſtantinople ſous le calife *Moavia* dès notre ſeptiéme ſiécle, qu'ils conquirent l'Eſpagne dans l'année de notre ère 713, & bientôt après une partie de la France, environ ſept cent ans avant *Mahomet II*.

Ce *Mahomet II* fils d'*Amurath II*, n'était point Arabe, mais Turc.

Il s'en falait beaucoup qu'il fût le premier prince Turc qui eût paſſé en Europe; *Orcan* plus de cent ans avant lui avait ſubjugué la Thrace, la Bulgarie & une partie de la Grèce.

On voit que ce folliculaire parlait à tort & à travers des choses les plus aisées à savoir, & dont il ne savait rien. Cependant, il insultait l'académie, les plus honnêtes gens, les meilleurs ouvrages, avec une insolence égale à son absurdité ; mais son excuse était celle de Guiot Desfontaines, *Il faut que je vive*. C'est aussi l'excuse de tous les malfaiteurs dont on fait justice.

On ne doit pas donner le nom de *critiques* à ces gens-là. Ce mot vient de *krites*, *juge*, *estimateur*, *arbitre*. Critique, signifie *bon juge*. Il faut être un *Quintilien* pour oser juger les ouvrages d'autrui ; il faut du moins écrire comme *Bayle* écrivit sa *République des lettres*; il a eu quelques imitateurs, mais en petit nombre. Les journaux de Trevoux ont été décriés par leur partialité poussée jusqu'au ridicule, & pour leur mauvais goût.

Quelquefois les journaux se négligent, ou le public s'en dégoûte par pure lassitude, ou les auteurs ne fournissent pas des matières assez agréables ; alors les journaux, pour réveiller le public, ont recours à un peu de satyre. C'est ce qui a fait dire à *La Fontaine* :

Tout feseur de journal doit tribut au malin.

Mais il vaut mieux ne payer son tribut qu'à la raison & à l'équité.

Il y a d'autres critiques qui attendent qu'un bon ouvrage paraiffe pour faire vîte un livre contre lui. Plus le libellifte attaque un homme accrédité, plus il eft fûr de gagner quelque argent; il vit quelques mois de la réputation de fon adverfaire. Tel était un nommé *Faidit* qui tantôt écrivait contre *Boffuet*, tantôt contre *Tillemont*, tantôt contre *Fénelon*. Tel a été un poliffon qui s'intitule *Pierre de Chiniac de la Baftide Duclaux, avocat au parlement*. Cicéron avait trois noms comme lui. Puis viennent les critiques contre *Pierre de Chiniac*, puis les réponfes de *Pierre de Chiniac* à fes critiques. Ces beaux livres font accompagnés de brochures fans nombre, dans lefquelles les auteurs font le public juge entre eux & leurs adverfaires; mais le juge qui n'a jamais entendu parler de leur procès, eft fort en peine de prononcer. L'un veut qu'on s'en rapporte à fa differtation inférée dans le journal littéraire, l'autre à fes éclairciffemens donnés dans le mercure. Celui-ci crie qu'il a donné une verfion exacte d'une demi-ligne de *Zoroaftre*, & qu'on ne l'a pas plus entendu qu'il n'entend le perfan. Il duplique à la contre-critique qu'on a faite de fa critique d'un paffage de *Chaufepié*.

Enfin, il n'y a pas un feul de ces critiques qui ne fe croye juge de l'univers, & écouté de l'univers.

Eh l'ami, qui te favait là!

CROIRE.

NOus avons vu à l'article *Certitude* qu'on doit être souvent très incertain quand on est certain, & qu'on peut manquer de bon sens quand on juge suivant ce qu'on appelle *le sens commun.* Mais qu'appellez-vous *croire ?*

Voici un Turc qui me dit, ,, Je crois que ,, l'ange *Gabriel* descendait souvent de l'em,, pirée pour apporter à *Mahomet* des feuil,, lets de l'Alcoran, écrits en lettres d'or sur ,, du velin bleu. "

Eh bien, *Mouſtapha,* sur quoi ta tête raze croit-elle cette chose incroyable ?

,, Sur ce que j'ai les plus grandes probabi,, lités qu'on ne m'a point trompé dans le ,, récit de ces prodiges improbables ; sur ce ,, qu'*Abubekre* le beau-père, *Ali* le gendre, ,, *Aïsha* ou *Aïſſé* la fille, *Omar*, *Otman*, cer,, tifièrent la vérité du fait en présence de ,, cinquante mille hommes, recueillirent tous ,, les feuillets, les lurent devant les fidèles, ,, & attestèrent qu'il n'y avait pas un mot de ,, changé.

,, Sur ce que nous n'avons jamais eu qu'un ,, Alcoran qui n'a jamais été contredit par ,, un autre Alcoran. Sur ce que Dieu n'a ja,, mais permis qu'on ait fait la moindre alté,, ration dans ce livre.

„ Sur ce que les préceptes & les dogmes
„ font la perfection de la raison. Le dogme
„ consiste dans l'unité d'un DIEU pour le-
„ quel il faut vivre & mourir ; dans l'im-
„ mortalité de l'ame ; dans les récompenses
„ éternelles des justes , & la punition des
„ méchans , & dans la mission de notre grand
„ prophete *Mahomet*, prouvée par des vic-
„ toires.

„ Les préceptes sont d'être juste & vail-
„ lant, de faire l'aumône aux pauvres,
„ de nous abstenir de cette énorme quan-
„ tité de femmes que les princes Orientaux
„ & surtout les roitelets juifs épousaient sans
„ scrupule. De renoncer au bon vin d'En-
„ gaddi & de Tadmor, que ces yvrognes
„ d'Hébreux ont tant vantés dans leurs li-
„ vres ; de prier DIEU cinq fois par jour, &c.

„ Cette sublime religion a été confirmée
„ par le plus beau & le plus constant des
„ miracles , & le plus avéré dans l'histoire
„ du monde ; c'est que *Mahomet* persécuté
„ par les grossiers & absurdes magistrats sco-
„ lastiques qui le décretèrent de prise de
„ corps, *Mahomet* obligé de quitter sa pa-
„ trie n'y revint qu'en victorieux ; qu'il fit de
„ ses juges imbécilles & sanguinaires l'esca-
„ beau de ses pieds ; qu'il combattit toute sa
„ vie les combats du Seigneur ; qu'avec un
„ petit nombre il triompha toûjours du grand
„ nombre ; que lui & ses successeurs con-

„ vertirent la moitié de la terre, & que Dieu
„ aidant nous convertirons un jour l'autre
„ moitié. "

Rien n'eſt plus éblouïſſant. Cependant *Mouſtapha* en croyant ſi fermement, ſent toûjours quelques petits nuages de doute s'élever dans ſon ame, quand on lui fait quelques difficultés ſur les viſites de l'ange *Gabriel*, ſur le ſura ou le chapitre apporté du ciel, pour déclarer que le grand prophète n'eſt point cocu ; ſur la jument *Borak* qui le transporte en une nuit de la Mecque à Jéruſalem. *Mouſtapha* bégaye, il fait de très mauvaiſes réponſes, il en rougit ; & cependant non-ſeulement il dit qu'il croit, mais il veut auſſi vous engager à croire. Vous preſſez *Mouſtapha*, il reſte la bouche béante, les yeux égarés, & va ſe laver en l'honneur d'*Alla*, en commençant ſon ablution par le coude, & en finiſſant par le doigt index.

Mouſtapha eſt-il en effet perſuadé, convaincu de tout ce qu'il nous a dit ? eſt-il parfaitement ſûr que *Mahomet* fut envoyé de Dieu, comme il eſt ſûr que la ville de Stamboul exiſte, comme il eſt ſûr que l'impératrice *Catherine II* a fait aborder une flotte du fond de la mer hyperborée dans le Péloponèſe, choſe auſſi étonnante que le voyage de la Mecque à Jéruſalem en une nuit ; & que cette flotte a détruit celle des Ottomans auprès des Dardanelles ?

Le fonds de *Mouſtapha* eſt qu'il croit ce qu'il ne croit pas. Il s'eſt accoutumé à prononcer comme ſon molla, certaines paroles qu'il prend pour des idées. Croire, c'eſt très ſouvent douter.

Sur quoi crois-tu cela ? dit *Harpagon*. Je le crois ſur ce que je le crois, répond maître *Jacques*. La plûpart des hommes pouraient répondre de même.

Croyez-moi pleinement, mon cher lecteur ; il ne faut pas croire de leger.

Mais que dirons-nous de ceux qui veulent perſuader aux autres ce qu'ils ne croyent point ? Et que dirons-nous des monſtres qui perſécutent leurs confrères dans l'humble & raiſonnable doctrine du doute & de la défiance de ſoi-même ?

CROMWELL.

Olivier *Cromwell* fut regardé avec admiration par les puritains & les indépendans d'Angleterre ; il eſt encor leur héros. Mais *Richard Cromwell* ſon fils eſt mon homme.

Le premier eſt un fanatique qui ſerait ſiflé aujourd'hui dans la chambre des communes, s'il y prononçait une feule des inintelligibles abfurdités qu'il débitait avec tant de confiance devant d'autres fanatiques, qui l'écoutaient la bouche béante, & les yeux égarés au nom du Seigneur. S'il difait qu'il faut chercher le Seigneur, & combattre les combats du Seigneur ; s'il introduifait le jargon juif dans le parlement d'Angleterre à la honte éternelle de l'efprit humain, il ferait bien plus prêt d'être conduit à Bedlam que d'être choifi pour commander des armées.

Il était brave fans doute ; les loups le font auffi : il y a même de finges auffi furieux que des tigres. De fanatique il devint politique habile, c'eft-à-dire, que de loup il devint renard, monta par la fourberie des premiers degrés où l'entoufiafme enragé du tems l'avait placé, jufqu'au faîte de la grandeur ; & le fourbe marcha fur les têtes des fanatiques proſternés. Il régna, mais il vécut dans les horreurs de l'inquiétude. Il n'eut ni des jours fereins, ni des nuits tranquilles. Les confolations de l'amitié & de la fociété n'approchèrent jamais de lui ; il mourut avant le tems, plus digne, fans doute, du dernier fupplice que le roi qu'il fit conduire d'une fenêtre de fon palais même à l'échaffaut.

Richard Cromwell, au contraire, né avec un efprit doux & fage, refufe de garder la couronne de fon père aux dépens du fang de trois ou quatre factieux qu'il pouvait facrifier à son ambition. Il aime mieux être réduit à la vie privée que d'être un assassin tout puissant. Il quitte le protectorat sans regret pour vivre en citoyen. Libre & tranquille à la campagne, il y jouït de la santé ; il y possède son ame en paix pendant quatre-vingt-dix années, aimé de ses voisins, dont il est l'arbitre & le père.

Lecteurs, prononcez. Si vous aviez à choisir entre le destin du père & celui du fils, lequel prendriez-vous ?

C U.

ON répétera ici ce qu'on a déja dit ailleurs, & ce qu'il faut répéter toûjours, jusqu'au tems où les Français se seront corrigés ; c'est qu'il est indigne d'une langue aussi polie & aussi universelle que la leur, d'employer si souvent un mot deshonnête & ridicule pour signifier des choses communes, qu'on pourait exprimer autrement sans le moindre embarras.

Pourquoi nommer *cu-d'âne* & *cu-de-cheval* des orties de mer ? Pourquoi donner le nom de *cu-blanc* à l'ænante, & de *cu-rouge* à l'épeiche ? Cette épeiche est une espèce de pi-vert, & l'ænante une espèce de moineau cendré. Il y a un oiseau qu'on nomme *fétu-en-cu*, ou *paille-en-cu*. On avait cent manieres de de le désigner d'une expression beaucoup plus précise. N'est-il pas impertinent d'appeller *cu-de-vaisseau* le fond de la poupe ?

Plusieurs auteurs nomment encor *à-cu* un petit mouillage, un ancrage, une grève, un sable, une anse où les barques se mettent à l'abri des corsaires. *Il y a un petit à-cu à Palo comme à Ste. Marintée.* (Voyage d'Italie.)

On se sert continuellement du mot *cu-de-lampe* pour exprimer un fleuron, un petit cartouche, un pendantif, un encorbellement, une base de pyramide, un placard, une vignette.

Un graveur se sera imaginé que cet ornement ressemble à la base d'une lampe ; il l'aura nommé *cu-de-lampe* pour avoir plus tôt fait ; & les acheteurs auront répété ce mot après lui. C'est ainsi que les langues se forment. Ce sont les artisans qui ont nommé leurs ouvrages & leurs instrumens.

Certainement il n'y avait nulle nécessité de donner le nom de *cu-de-four* aux voûtes sphériques, d'autant plus que ces voûtes n'ont rien de celle d'un four qui est toûjours surbaissée.

Le fond d'un artichaud est formé & creusé en ligne courbe, & le nom de *cu* ne lui convient en aucune manière. Les chevaux ont quelquefois une tache verdatre dans les yeux, on l'appelle *cu-de-verre*. Une autre maladie

Quatrième partie. N

des chevaux, qui eft une efpèce d'éréfipèle, eft appellée le *cu-de-poule*. Le haut d'un chapeau eft un *cu-de-chapeau*. Il y a des boutons à compartimens qu'on appelle *boutons à-cu-de-dé*.

Comment a-t-on pu donner le nom de *cu-de-fac* à l'*angiportus* des Romains ? Les Italiens ont pris le nom d'*angiporto*, pour fignifier *ftrada fenza ufcita*. On lui donnait autrefois chez nous le nom d'*impaffe*, qui eft expreffif & fonore. C'eft une groffiéreté énorme que le mot de *cu-de-fac* ait prévalu.

Le terme de *culage* a été aboli. Pourquoi tous ceux que nous venons d'indiquer, ne le font-ils pas ? Ce terme infâme de *culage* fignifiait le droit que s'étaient donnés plufieurs feigneurs dans les tems de la tyrannie féodale, d'avoir à leur choix les prémices de tous les mariages dans l'étendue de leurs terres. On fubftitua enfuite le mot de *cuiffage* à celui de *culage*. Le tems feul peut corriger toutes les façons vicieufes de parler. Voyez *Cuiffage*.

Il eft trifte qu'en fait de langue, comme en d'autres ufages plus importans, ce foit la populace qui dirige les premiers d'une nation.

CUISSAGE ou CULAGE,
DROIT DE PRÉLIBATION,
DE MARQUETTE, &c.

Ion Caſſius ce flatteur d'*Auguſte*, ce détracteur de *Cicéron*, (parce que *Cicéron* avait défendu la cauſe de la liberté) cet écrivain ſec & diffus, ce gazetier des bruits populaires ; ce *Dion Caſſius* rapporte que des ſénateurs opinèrent pour récompenſer *Céſar* de tout le mal qu'il avait fait à la république, de lui donner le droit de coucher à l'âge de cinquante-ſept ans avec toutes les dames qu'il daignerait honorer de ſes faveurs. Et il ſe trouve encor parmi nous des gens aſſez bons pour croire cette ineptie. L'auteur même de l'*Eſprit de loix* la prend pour une vérité ; & en parle comme d'un decret qui aurait paſſé dans le ſénat romain ſans l'extrême modeſtie du dictateur, qui ſe ſentit peu propre à remplir les vœux du ſénat. Mais ſi les empereurs Romains n'eurent pas ce droit par un ſénatus conſulte appuyé d'un plébiſcite, il eſt très vraiſemblable qu'ils l'obtinrent par la courtoiſie des dames. Les *Marc-Aurèles*, les *Juliens* n'uſèrent point de ce droit ; mais tous les autres l'étendirent autant qu'ils le purent.

Il eſt étonnant que dans l'Europe chrétienne on ait fait très longtems une eſpèce de loi féodale, & que du moins on ait regardé comme un droit coutumier, l'uſage d'avoir le pucelage de ſa vaſſalle. La première nuit des noces de la fille au villain appartenait ſans contredit au ſeigneur.

Ce droit s'établit comme celui de marcher avec un oiſeau ſur le poing, & de ſe faire encenſer à la meſſe. Les ſeigneurs, il eſt vrai, ne ſtatuèrent pas que les femmes de leurs villains leur appartiendraient, ils ſe bornèrent aux filles ; la raiſon en eſt plauſible. Les filles ſont honteuſes, il faut un peu de tems pour les apprivoiſer. La majeſté des loix les ſubjugue tout d'un coup ; les jeunes fiancées donnaient donc ſans réſiſtance la première nuit de leurs noces au ſeigneur châtelain, ou au baron, quand il les jugeait dignes de cet honneur.

On prétend que cette juriſprudence commença en Ecoſſe ; je le croirais volontiers : les ſeigneurs Ecoſſais avaient un pouvoir encor plus abſolu ſur leurs clans, que les barons Allemands & Français ſur leurs ſujets.

Il eſt indubitable que des abbés, des évêques s'attribuèrent cette prérogative en qualité de ſeigneurs temporels : & il n'y a pas bien longtems que des prélats ſe ſont déſiſtés de cet ancien privilège pour des redevances en argent, auxquelles ils avaient autant de droit qu'aux pucelages des filles.

Mais remarquons bien que cet excès de tyrannie ne fut jamais approuvé par aucune loi publique. Si un seigneur ou un prélat avait assigné pardevant un tribunal réglé une fille fiancée à un de ses vassaux, pour venir lui payer sa redevance, il eût perdu, sans doute sa cause avec dépends.

Saisissons cette occasion d'assurer qu'il n'y a jamais eu de peuple un peu civilisé qui ait établi des loix formelles contre les mœurs ; je ne crois pas qu'il y en ait un seul exemple. Des abus s'établissent, on les tolère ; ils passent en coutume ; les voyageurs les prennent pour des loix fondamentales. Ils ont vu, disent-ils, dans l'Asie de saints mahométans bien crasseux marcher tout nuds, & de bonnes dévotes venir leur baiser ce qui ne mérite pas de l'être ; mais je les défie de trouver dans l'Alcoran une permission à des gueux de courir tout nuds & de faire baiser leur vilenie par des dames.

On me citera pour me confondre le *Phallum* que les Egyptiens portaient en procession, & l'idole *Jaganat* des Indiens. Je répondrai que cela n'est pas plus contre les mœurs que de s'aller faire couper le prépuce en cérémonie à l'âge de huit ans. On a porté dans quelques-unes de nos villes le faint prépuce en proceſſion ; on le garde encor dans quelques facrifties, fans que cette facétie ait caufé le moindre trouble dans les familles. Je puis encor aſſûrer qu'aucun concile, aucun arrêt de parlement n'a jamais ordonné qu'on feterait le faint prépuce.

J'appelle *loi contre les mœurs* une loi publique, qui me prive de mon bien, qui m'ôte ma femme pour la donner à un autre ; & je dis que la choſe eſt impoſſible.

Quelques voyageurs prétendent qu'en Laponie des maris font venus leur offrir leurs femmes par politeſſe ; c'eſt une plus grande politeſſe à moi de les croire. Mais je leur foutiens qu'ils n'ont jamais trouvé cette loi dans le code de la Laponie ; de même que vous ne trouverez ni dans les conſtitutions de l'Allemagne, ni dans les ordonnances des rois de France, ni dans les regiſtres du parlement d'Angleterre, aucune loi poſitive qui adjuge le droit de cuiſſage aux barons.

Des loix abſurdes, ridicules, barbares, vous en trouverez partout ; des loix contre les mœurs nulle part.

LE CURÉ DE CAMPAGNE.

SECTION PREMIÈRE.

UN curé, que dis-je, un curé ? un iman même, un talapoin, un brame doit avoir honnêtement de quoi vivre. Le prêtre en tout pays doit être nourri de l'autel, puisqu'il fert la république. Qu'un fanatique fripon ne s'avife pas de dire ici que je mets au niveau un curé & un brame, que j'affocie la vérité avec l'impofture. Je ne compare que les fervices rendus à la fociété ; je ne compare que la peine & le falaire.

Je dis que quiconque exerce une fonction pénible doit être bien payé de fes concitoyens ; je ne dis pas qu'il doive regorger de richeffes, fouper comme *Lucullus*, être infolent comme *Clodius*. Je plains le fort d'un curé de campagne obligé de difputer une gerbe de blé à fon malheureux paroiffien, de plaider contre lui, d'exiger la dixme des lentilles, & des pois, d'être hai, & de hair, de confumer fa miférable vie dans des querelles continuelles, qui aviliffent l'ame autant qu'elles l'aigriffent.

Je plains encore davantage le curé à portion congrue, à qui des moines, nommés *gros décimateurs*, ofent donner un falaire de quarante ducats, pour aller faire, pendant toute l'année, à deux ou trois milles de fa maifon, le jour, la nuit, au foleil, à la pluïe, dans les neiges, au milieu des glaces, les fonctions les plus défagréables, & fouvent les plus inutiles. Cependant l'abbé, gros décimateur, boit fon vin de Volney, de Baune, de Chambertin, de Silleri, mange fes perdrix, & fes faifans, dort fur le duvet avec fa voifine, & fait bâtir un palais. La difproportion eft trop grande.

On imagina du tems de *Charlemagne* que le clergé, outre fes terres, devait poffér la dixme des terres d'autrui : & cette dixme eft au moins le quart en comptant les frais de culture. Pour affurer ce payement, on ftipula qu'il était de droit divin. Et comment était-il de droit divin? DIEU était-il defcendu fur la terre pour donner le quart de mon bien à l'abbé du Mont-Caffin, à l'abbé de St. Denis, à l'abbé de Foulde? non pas, que je fache. Mais on trouva qu'autrefois dans le défert d'Ethan, d'Oreb, de Cadés-Barné, on avait donné aux lévites quarante-huit villes, & la dixme de tout ce que la terre produifait.

Eh bien, gros décimateurs, allez à Cadés-Barné; habitez les quarante-huit villes qui font dans ce défert inhabitable; prenez la dixme des cailloux que la terre y produit; & grand bien vous faffe.

Dans un pays chrétien de douze cent mille lieues quarrées, dans tout le Nord, dans la moitié de l'Allemagne, dans la Hollande, dans la Suisse, on paye le clergé de l'argent du tréfor royal. Les tribunaux n'y retentissent point des procès mùs entre les feigneurs & les curés, entre le gros & le petit décimateur, entre le pasteur demandeur, & l'ouaille intimée, en conféquence du troisiéme concile de Latran dont l'ouaille n'a jamais entendu parler.

Les prêtres Egyptiens, dit-on, ne prenaient point la dixme. Non; mais on nous affure qu'ils avaient le tiers de toute l'Egypte en propre. O miracle! ô chofe du moins difficile à croire! ils avaient le tiers du pays, & ils n'eurent pas bientôt les deux autres!

Ne croyez pas, mon cher lecteur, que les Juifs, qui étaient un peuple de col roide, ne fe foient jamais plaints de l'impôt de la dixme.

Donnez-vous la peine de lire le Talmud de Babilone; & fi vous n'entendez pas le caldaïque, lifez la traduction faite par *Gilbert Gaumin*, avec les notes, le tout imprimé par les foins de *Fabricius*. Vous y verrez l'avanture d'une pauvre veuve avec le grand-prêtre *Aaron*, & comment le malheur de cette veuve fut la caufe de la querelle entre *Dathan*, *Coré* & *Abiron* d'un côté, & *Aaron* de l'autre.

Pag. 165. „ Une veuve n'avait qu'une seule brebis,
N°. 297. „ elle voulut la tondre : *Aaron* vient qui
„ prend la laine pour lui ; elle m'appartient,
„ dit-il, selon la loi, *Tu donneras les pré-*
„ *mices de la laine à* DIEU. La veuve im-
„ plore en pleurant la protection de *Coré*.
„ *Coré* va trouver *Aaron*. Ses prières sont
„ inutiles ; *Aaron* répond que par la loi la
„ laine est à lui. *Coré* donne quelque argent
„ à la femme & s'en retourne plein d'in-
„ dignation.

„ Quelque tems après la brebis fait un
„ agneau, *Aaron* revient & s'empare de l'a-
„ gneau. La veuve vient encor pleurer au-
„ près de *Coré* qui veut en vain fléchir *Aaron*.
„ Le grand-prêtre lui répond, il est écrit
„ dans la loi, *Tout mâle premier né de ton*
„ *troupeau appartiendra à ton* DIEU ; il
„ mangea l'agneau, & *Coré* s'en alla en
„ fureur.

„ La veuve au désespoir tue sa brebis.
„ *Aaron* arrive encor, il en prend l'épaule
„ & le ventre ; *Coré* vient encor se plain-
„ dre. *Aaron* lui répond, il est écrit, *Tu*
„ *donneras le ventre & l'épaule aux prê-*
„ *tres*.

„ La veuve ne pouvant plus contenir sa
„ douleur, dit *anathême* à sa brebis. *Aaron*
„ alors dit à la veuve, il est écrit, *Tout ce*
„ *qui sera anathême dans Israël sera à toi*,
„ & il emporta la brebis toute entière. "

Ce qui n'est pas si plaisant, mais qui est fort singulier, c'est que dans un procès entre le clergé de Rheims & les bourgeois, cet exemple tiré du Talmud fut cité par l'avocat des citoyens. *Gaumin* assure qu'il en fut témoin. Cependant, on peut lui répondre que les décimateurs ne prennent pas tout au peuple; les commis des fermes ne le souffriraient pas. Chacun partage, comme il est bien juste.

Au reste, nous pensons que ni *Aaron*, ni aucun de nos curés ne se sont appropriés les brebis & les agneaux des veuves de notre pauvre pays.

Nous ne pouvons mieux finir cet article honnête du *Curé de campagne* que par ce dialogue, dont une partie a déjà été imprimée.

SECTION SECONDE.

DIALOGUE.

ARISTON.

Eh bien, mon cher Téotime, vous allez donc être curé de campagne?

TEOTIME.

Oui; on me donne une petite paroisse, & je l'aime mieux qu'une grande. Je n'ai qu'une portion limitée d'intelligence & d'activité; je ne pourais certainement pas diriger soixante & dix mille ames, attendu que je n'en ai qu'une ; un grand troupeau m'effraye, mais je pourai faire quelque bien à un petit. J'ai étudié assez de jurisprudence pour empêcher, autant que je le pourai, mes pauvres paroissiens de se ruiner en procès. Je sais assez de connaissance de l'agriculture pour leur donner quelquefois des conseils utiles. Le seigneur du lieu & sa femme sont d'honnêtes gens qui ne sont point dévots, & qui m'aideront à faire du bien. Je me flatte que je vivrai assez heureux, & qu'on ne sera pas malheureux avec moi.

ARISTON.

N'êtes-vous pas fâché de n'avoir point de femme ? ce serait une grande consolation ; il serait doux après avoir prôné, chanté, confessé, communié, batisé, enterré, consolé des malades, appaisé des querelles, consumé votre journée au service du prochain, de trouver dans votre logis une femme douce, agréable & honnête, qui aurait soin de votre linge & de votre personne, qui vous égayerait dans la santé, qui vous soignerait dans la maladie, qui vous ferait de jolis enfans, dont la bonne éducation serait utile à l'état. Je vous plains vous qui servez les hommes, d'être privé d'une consolation si nécessaire aux hommes.

TEOTIME.

L'église grecque a grand soin d'encourager

les curés au mariage ; l'églife anglicane & les proteftans ont la même fageffe ; l'églife latine a une fageffe contraire ; il faut m'y foumettre. Peut-être aujourd'hui que l'efprit philofophique a fait tant de progrès, un concile ferait des loix plus favorables à l'humanité. Mais en attendant, je dois me conformer aux loix préfentes ; il en coûte beaucoup, je le fais, mais tant de gens qui valaient mieux que moi s'y font foumis, que je ne dois pas murmurer.

ARISTON.

Vous êtes favant, & vous avez une éloquence fage ; comment comptez-vous prêcher devant des gens de campagne ?

TEOTIME.

Comme je prècherais devant les rois ; je parlerai toûjours de morale, & jamais de controverfe ; DIEU me préferve d'approfondir la grace concomitante, la grace efficace, à laquelle on réfifte, la fuffifante qui ne fuffit pas ; d'examiner fi les anges qui mangèrent avec *Abraham* & avec *Loth* avaient un corps, ou s'ils firent femblant de manger ; il y a mille chofes que mon auditoire n'entendrait pas, ni moi non plus. Je tâcherai de faire des gens de bien, & de l'être, mais je ne ferai point de théologiens, & je le ferai le moins que je pourai.

ARISTON.

O le bon curé ! Je veux acheter une maiſon de campagne dans votre paroiſſe. Dites-moi, je vous prie, comment vous en uſerez dans la confeſſion ?

TEOTIME.

La confeſſion eſt une choſe excellente, un frein aux crimes, inventé dans l'antiquité la plus reculée ; on ſe confeſſait dans la célébration de tous les anciens myſtères ; nous avons imité & ſanctifié cette ſage pratique ; elle eſt très bonne pour engager les cœurs ulcérés de haine à pardonner, & pour faire rendre par les petits voleurs ce qu'ils peuvent avoir dérobé à leur prochain. Elle a quelques inconvéniens. Il y a beaucoup de confeſſeurs indiſcrets, ſurtout parmi les moines, qui apprennent quelquefois plus de ſotiſes aux filles que tous les garçons d'un village ne pouraient leur en faire. Point de détails dans la confeſſion ; ce n'eſt point un interrogatoire juridique, c'eſt l'aveu de ſes fautes qu'un pécheur fait à l'Etre-ſuprême entre les mains d'une autre pécheur qui va s'accuſer à ſon tour. Cet aveu ſalutaire n'eſt point fait pour contenter la curioſité d'un homme.

ARISTON.

Et des excommunications, en uſerez-vous ?

TEOTIME.

Non ; il y a des rituels où l'on excommunie les fauterelles, les forciers & les comédiens. Je n'interdirai point l'entrée de l'église aux fauterelles, attendu qu'elles n'y vont jamais. Je n'excommunierai point les forciers, parce qu'il n'y a point de forciers : & à l'égard des comédiens, comme ils font penfionnés par le roi, & autorifés par le magiftrat, je me garderai bien de les diffamer. Je vous avouerai même comme à mon ami, que j'ai du goût pour la comédie, quand elle ne choque point les mœurs. J'aime paffionnément le *Mifantrope*, & toutes les tragédies où il y a des mœurs. Le feigneur de mon village fait jouer dans fon château quelques-unes de ces piéces, par de jeunes perfonnes qui ont du talent : ces repréfentations infpirent la vertu par l'attrait du plaifir ; elles forment le goût, elles apprennent à bien parler & à bien prononcer. Je ne vois rien là que de très innocent, & même de très utile ; je compte bien affifter quelquefois à ces fpectacles pour mon inftruction, mais dans une loge grillée, pour ne point fcandalifer les faibles.

ARISTON.

Plus vous me découvrez vos fentimens, & plus j'ai envie de devenir votre paroiffien. Il y a un point bien important qui m'embarrasse. Comment ferez-vous pour empêcher les paysans de s'enyvrer les jours de fêtes ? c'est là leur grande manière de les célébrer. Vous voyez les uns accablés d'un poison liquide, la tête penchée vers les genoux, les mains pendantes, ne voyant point, n'entendant rien, réduits à un état fort au dessous de celui des brutes, reconduits chez eux en chancelant par leurs femmes éplorées, incapables de travail le lendemain, souvent malades & abrutis pour le reste de leur vie. Vous en voyez d'autres devenus furieux par le vin, exciter des querelles sanglantes, frapper & être frappés, & quelquefois finir par le meurtre ces scènes affreuses, qui font la honte de l'espèce humaine. Il le faut avouer, l'état perd plus de sujets par les fêtes que par les batailles ; comment pourez-vous diminuer dans votre paroisse un abus si exécrable ?

TEOTIME.

Mon parti est pris ; je leur permettrai, je les presserai même de cultiver leurs champs les jours de fêtes après le service divin que je ferai de très bonne heure. C'est l'oisiveté de la férie qui les conduit au cabaret. Les jours ouvrables ne sont point les jours de la débauche & du meurtre. Le travail modéré contribue à la santé du corps est à celle de l'ame : de plus, ce travail est nécessaire à l'état. Supposons cinq millions d'hommes qui font

par

par jour pour dix sous d'ouvrage l'un portant l'autre, & ce compte est bien modéré ; vous rendez ces cinq millions d'hommes inutiles trente jours de l'année. C'est donc trente fois cinq millions de piéces de dix sous que l'état perd en main d'œuvre. Or certainement, DIEU n'a jamais ordonné, ni cette perte, ni l'yvrognerie.

ARISTON.

Ainsi vous concilierez la prière & le travail ; DIEU ordonne l'un & l'autre. Vous servirez DIEU & le prochain ; mais dans les disputes ecclésiastiques, quel parti prendrez-vous ?

TEOTIME.

Aucun. On ne dispute jamais sur la vertu, parce qu'elle vient de DIEU : on se querelle sur des opinions qui viennent des hommes.

ARISTON.

Oh le bon curé ! le bon curé !

CURIOSITÉ.

Suave mari magno turbantibus æquora ventis,
E terra magnum alterius spectare laborem ;
Non quia vexari quemquam est jucunda voluptas,
Sed quibus ipse malis careas, quia cernere suave est.

Quatriéme partie.

Suave etiam belli certamina magna tueri .
Per campos instructa tuâ sine parte periali ;
Sed nil dulcius est , bene quam munita tenere
Edita doctrinâ sapientum templa serenâ ,
Despicere undè queas alios , passimque videre
Errare atque viam palantes quærere vitæ
Certare ingenio , contendere nobilitate ,
Noctes atque dies niti præstante labore
Ad summas emergere opes rerumque potiri.
O miseras hominum mentes ! ô pectora cæca !

On voit avec plaisir dans le sein du repos ,
Des mortels malheureux lutter contre les flots ;
On aime à voir de loin deux terribles armées
Dans les champs de la mort au combat animées ;
Non que le mal d'autrui soit un plaisir si doux ;
Mais son danger nous plait quand il est loin de nous.
Heureux qui retiré dans le temple des sages
Voit en paix sous ses pieds se former les orages ,
Qui rit en contemplant les mortels insensés
De leur joug volontaire esclaves empressés ,
Inquiets , incertains du chemin qu'il faut suivre ,
Sans penser , sans jouïr , ignorans l'art de vivre ,
Dans l'agitation consumant leurs beaux jours ,
Poursuivant la fortune , & rempant dans les cours.
O vanité de l'homme ! ô faiblesse ! ô misère !

Pardon , *Lucrèce* , je soupçonne que vous vous trompez ici en morale comme vous vous trompez toûjours en physique. C'est, à mon avis, la curiosité seule qui fait courir sur le rivage pour voir un vaisseau que la tempête va submerger. Cela m'est arrivé; & je vous jure que mon plaisir mêlé d'inquiétude & de mal-aise, n'était point du tout le fruit de ma réflexion; il ne venait point d'une comparaison secrette entre ma sécurité & le danger de ces infortunés; j'étais curieux & sensible.

A la bataille de Fontenoi les petits garçons & les petites filles montaient sur les arbres d'alentour pour voir tuer du monde.

Les dames se firent apporter des siéges sur un bastion de la ville de Liége, pour joüir du spectacle à la bataille de Rocou.

Quand j'ai dit, *heureux qui voit en paix se former les orages*, mon bonheur était d'être tranquille & de chercher le vrai; & non pas de voir souffrir des êtres pensans persécutés pour l'avoir cherché, opprimés par des fanatiques, ou par des hypocrites.

Si l'on pouvait supposer un ange volant sur six belles aîles du haut de l'empirée, s'en allant regarder par un soupirail de l'enfer les tourmens & les contorsions des damnés, & se réjouissant de ne rien sentir de leurs inconcevables douleurs, cet ange tiendrait beaucoup du caractère de *Belzébuth*.

Je ne connais point la nature des anges parce que je ne suis qu'homme; il n'y a que les théologiens qui la connaissent. Mais en qualité d'homme, je pense par ma propre expérience & par celle de tous les badauts mes confrères, qu'on ne court à aucun spectacle de quelque genre qu'il puisse être, que par pure curiosité.

Cela me semble si vrai, que le spectacle a beau être admirable, on s'en lasse à la fin. Le public de Paris ne va plus guères au *Tartuffe* qui est le chef-d'œuvre des chefs-d'œuvre de *Molière*; pourquoi? c'est qu'il y est allé souvent; c'est qu'il le sait par cœur. Il en est ainsi d'*Andromaque*.

Perrin Dandin a bien malheureusement raison quand il propose à la jeune *Isabelle* de la mener voir comment on donne la question; cela fait, dit-il, passer une heure ou deux. Si cette anticipation du dernier supplice, plus cruelle souvent que le supplice même, était un spectacle public, toute la ville de Toulouse aurait volé en foule pour contempler le vénérable *Calas* souffrant à deux reprises ces tourmens abominables sur les conclusions du procureur-général. Pénitens blancs, pénitens gris & noirs, femmes, filles, maîtres des jeux floraux, étudians, laquais, servantes, filles de joie, docteurs en droit-canon, tout se serait pressé. On se serait étouffé à Paris pour voir passer dans un tombereau le malheureux général *Lalli* avec un bâillon de six doigts dans la bouche.

CURIOSITÉ.

Mais si ces tragédies de Cannibales qu'on repréfente quelquefois chez la plus frivole des nations & la plus ignorante en général, dans les principes de la jurifprudence & de l'équité; si les fpectacles donnés par quelques tigres à des finges, comme ceux de la St. Barthelemi & fes diminutifs, fe renouvellaient tous les jours; on déferterait bientôt un tel pays; on le fuirait avec horreur; on abandonnerait fans retour la terre infernale où ces barbaries feraient fréquentes.

Quand les petits garçons & les petites filles déplument leurs moineaux, c'eft purement par efprit de curiofité, comme lorfqu'elles mettent en piéces les jupes de leurs poupées. C'eft cette paffion feule qui conduit tant de monde aux exécutions publiques, comme nous l'avons vu. *Etrange empreffement de voir des miférables!* a dit l'auteur d'une tragédie.

Je me fouviens, qu'étant à Paris lorfqu'on fit fouffrir à *Damiens* une mort des plus recherchées & des plus affreufes qu'on puiffe imaginer, toutes les fenêtres qui donnaient fur la place furent louées chérement par les dames; aucune d'elles affurément ne fefait la réflexion confolante qu'on ne la tenaillerait point aux mammelles, qu'on ne verferait point du plomb fondu & de la poix réfine bouillante dans fes playes, & que quatre chevaux ne tireraient point fes membres difloqués & fanglans. Un des bourreaux jugea plus sainement que *Lucrèce* ; car lorsqu'un des académiciens de Paris voulut entrer dans l'enceinte pour examiner la chose de plus près, & qu'il fut repoussé par les archers ; *laissez entrer, Monsieur*, dit-il, *c'est un amateur*. C'est-à-dire, c'est un curieux ; ce n'est pas par méchanceté qu'il vient ici, ce n'est pas par un retour sur soi-même, pour goûter le plaisir de n'être pas écartelé : c'est uniquement par curiosité comme on va voir des expériences de physique.

La curiosité est naturelle à l'homme, aux singes & aux petits chiens. Menez avec vous un petit chien dans votre carrosse, il mettra continuellement ses pattes à la portière pour voir ce qui se passe. Un singe fouille partout, il a l'air de tout considérer. Pour l'homme, vous savez comme il est fait ; Rome, Londre, Paris, passent leur tems à demander ce qu'il y a de nouveau.

DAVID.

Nous devons révérer *David* comme un prophète, comme un roi, comme un ancêtre du saint époux de *Marie*, comme un homme qui a mérité la miséricorde de DIEU par sa pénitence.

Je dirai hardiment que l'article *David* qui suscita tant d'ennemis à *Bayle*, premier auteur d'un dictionnaire de faits & de raisonnemens, ne méritait pas le bruit étrange que l'on fit alors. Ce n'était pas *David* qu'on voulait défendre, c'était *Bayle* qu'on voulait perdre. Quelques prédicans de Hollande ses ennemis mortels, furent aveuglés par leur haine, au point de le reprendre d'avoir donné des louanges à des papes qu'il en croyait dignes, & d'avoir réfuté les calomnies débitées contre eux.

Cette ridicule & honteuse injustice fut signée de douze théologiens le 20 Décembre 1698, dans le même consistoire où ils feignaient de prendre la défense du roi *David*. Comment osaient-ils manifester hautement une passion lâche que le reste des hommes s'efforce toûjours de cacher ? Ce n'était pas seulement le comble de l'injustice & du mépris de toutes les sciences ; c'était le comble du ridicule que de défendre à un historien d'être impartial, & à un philosophe d'être raisonnable. Un homme seul n'oserait être insolent & injuste à ce point : mais dix ou douze personnes rassemblées avec quelque espèce d'autorité, sont capables des injustices les plus absurdes. C'est qu'elles sont soutenues les unes par les autres, & qu'aucune n'est chargée en son propre nom de la honte de la compagnie.

Une grande preuve que cette condamnation de *Bayle* fut personnelle, est ce qui arriva en 1761 à Mr. *Hutte* membre du parlement d'Angleterre. Les docteurs *Chandler* & *Palmer* avaient prononcé l'oraison funèbre du roi *George II*, & l'avaient, dans leurs discours, comparé au roi *David*, selon l'usage de la plûpart des prédicateurs qui croyent flatter les rois.

Mr. *Hutte* ne regarda point cette comparaison comme une louange ; il publia la fameuse dissertation *The Man after God's own heart*. Dans cet écrit il veut faire voir que *George II*, roi beaucoup plus puissant que *David*, n'étant pas tombé dans les fautes du melk Juif, & n'ayant pu par conséquent faire la même pénitence, ne pouvait lui être comparé.

Il suit pas-à-pas les livres des Rois. Il examine toute la conduite de *David* beaucoup plus sévèrement que *Bayle*; & il fonde son opinion sur ce que le St. Esprit ne donne aucune louange aux actions qu'on peut reprocher à *David*. L'auteur Anglais juge le roi de Judée uniquement sur les notions que nous avons aujourd'hui du juste & de l'injuste.

Il ne peut approuver que *David* rassemble une bande de voleurs au nombre de quatre cent, qu'il se fasse armer par le grand-prêtre *Abimelec* de l'épée de *Goliat*, & qu'il en reçoive les pains confacrés. Livre I. des Rois, chap. XXI & XXII.

Qu'il defcende chez l'agriculteur *Nabal* pour mettre chez lui tout à feu & à fang, parce que *Nabal* a refufé des contributions à fa troupe rebelle; que *Nabal* meure peu de jours après, & que *David* époufe la veuve. Chap. XXV.

Il réprouve fa conduite avec le roi *Achis*, poffeffeur de cinq ou fix villages dans le canton de Geth. *David* était alors à la tête de fix cent bandits, allait faire des courfes chez les alliés de fon bienfaicteur *Achis*; il pillait tout, vieillards, femmes, enfans à la mammelle. Et pourquoi égorgeait-il les enfans à la mammelle ? *C'eft*, dit le texte, *de peur que ces enfans n'en portaffent la nouvelle au roi Achis*. Chap. XXVII.

Cependant *Saül* perd une bataille contre les Philiftins, & il fe fait tuer par fon écuyer. Un juif en apporte la nouvelle à *David* qui lui donne la mort pour fa récompenfe. Livre II. des Rois, chap. I.

Isbofeth fuccède à fon père *Saül*; *David* eft affez fort pour lui faire la guerre. Enfin, *Isbofeth* eft affaffiné.

David s'empare de tout le royaume; il furprend la petite ville ou le village de Raba, & il fait mourir tous les habitans par des fupplices affez extraordinaires; on les fcie en deux, on les déchire avec des herfes de fer, on les brûle dans des fours à briques. Livre II. des Rois, chap. XII.

Après ces expéditions, il y a une famine de trois ans dans le pays. En effet, à la manière dont on fesait la guerre, les terres devaient être mal ensemencées. On consulte le Seigneur, & on lui demande pourquoi il y a famine ? La réponse était fort aisée ; c'était assurément parce que dans un pays qui à peine produit du blé, quand on a fait cuire les laboureurs dans des fours à briques, & qu'on les a sciés en deux, il reste peu de gens pour cultiver la terre : mais le Seigneur répond que c'est parce que *Saül* avait tué autrefois des Gabaonites.

Que fait aussi-tôt *David* ? il assemble les Gabaonites, il leur dit que *Saül* a eu grand tort de leur faire la guerre ; que *Saül* n'était point comme lui, selon le cœur de Dieu, qu'il est juste de punir sa race ; & il leur donne sept petits-fils de *Saül* à pendre, lesquels furent pendus, parce qu'il y avait eu famine. Livre II. des Rois, chap. XXI.

Mr. *Hutte* a la justice de ne point insister sur l'adultère avec *Betzabée* & sur le meurtre d'*Urie*, puisque ce crime fut pardonné à *David* lorsqu'il se repentit.

Personne ne murmura en Angleterre contre l'auteur ; son livre fut réimprimé avec l'approbation publique : la voix de l'équité se fait entendre tôt ou tard chez les hommes. Ce qui paraissait téméraire il y a quatre-vingt ans, ne paraît aujourd'hui que simple & raisonnable, pourvu qu'on se tienne dans les bornes d'une critique sage & du respect qu'on doit aux livres divins.

Rendons justice à *Dom Calmet* ; il n'a point passé ces bornes dans son Dictionnaire de la Bible à l'article David. *Nous ne prétendons point*, dit-il, *approuver la conduite de David ; il est croyable qu'il ne tomba dans ces excès de cruauté qu'avant qu'il eût reconnu le crime qu'il avait commis avec Betzabée.* Nous ajouterons que probablement il les reconnut tous ; car ils sont assez nombreux.

Fesons ici une question qui nous paraît très importante. Ne s'est-on pas souvent mépris sur l'article *David* ? S'agit-il de sa personne, de sa gloire, du respect dû aux livres canoniques ? Ce qui intéresse le genre-humain n'est-ce pas que l'on ne consacre jamais le crime ? Qu'importe le nom de celui qui égorgeait les femmes & les enfans de ses alliés, qui fesait pendre les petits-fils de son roi, qui fesait scier en deux, brûler dans des fours, déchirer sous des herses des citoyens malheureux ? Ce sont ces actions que nous jugeons, & non les lettres qui composent le nom du coupable ; le nom n'augmente ni ne diminue le crime.

Plus on révère *David* comme réconcilié avec DIEU par son repentir, & plus on condamne les cruautés dont il s'est rendu coupable.

DÉFLORATION.

IL semble que le Dictionnaire encyclopédique, a l'article *Défloration*, fasse entendre qu'il n'était pas permis par les loix romaines de faire mourir une fille, à moins qu'auparavant on ne lui ôtât sa virginité. On donne pour exemple la fille de *Séjan*, que le bourreau viola dans la prison avant de l'étrangler, pour n'avoir pas à se reprocher d'avoir étranglé une pucelle, & pour satisfaire à la loi.

Premiérement, *Tacite* ne dit point que la loi ordonnât qu'on ne fît jamais mourir les pucelles. Une telle loi n'a jamais existé; & si une fille de vingt ans, vierge ou non, avait commis un crime capital, elle aurait été punie comme une vieille mariée; mais la loi portait qu'on ne punirait pas de mort les enfans, parce qu'on les croyait incapables de crimes.

La fille de *Séjan* était enfant aussi bien que son frère; & si la barbarie de *Tibère*, & la lâcheté du sénat les abandonnèrent au bourreau, ce fut contre toutes les loix. De telles horreurs ne se feraient pas commises du tems des *Scipions* & de *Caton* le censeur. *Cicéron* n'aurait pas fait mourir une fille de *Catilina* âgée de sept à huit ans. Il n'y avait que *Tibère* & le sénat de *Tibère* qui pussent outrager ainsi la nature. Le bourreau qui commit les deux crimes abominables de déflorer une fille de huit ans, & de l'étrangler ensuite, méritait d'être un des favoris de *Tibère*.

Heureusement *Tacite* ne dit point que cette exécrable exécution soit vraie ; il dit qu'on l'a rapportée, *tradunt* ; & ce qu'il faut bien observer, c'est qu'il ne dit point que la loi défendît d'infliger le dernier supplice à une vierge ; il dit seulement que la chose était inouïe, *inauditum*. Quel livre immense on composerait de tous les faits qu'on a crus, & dont il falait douter !

DÉLUGE UNIVERSEL.

Nous commençons par déclarer que nous croyons le déluge universel, parce qu'il est rapporté dans les saintes Ecritures hébraïques transmises aux chrétiens.

Nous le regardons comme un miracle, 1°. Parce que tous les faits où DIEU daigne intervenir dans les sacrés cayers sont autant de miracles.

2°. Parce que l'Océan n'aurait pu s'élever de quinze coudées, ou vingt & un pieds & demi de roi au-dessus des plus hautes montagnes, sans laisser son lit à sec, & sans violer en même tems toutes les loix de la pesanteur & de l'équilibre des liqueurs; ce qui exigeait évidemment un miracle.

3°. Parce que quand même il aurait pu parvenir à la hauteur proposée, l'arche n'aurait pu contenir, selon les loix de la physique, toutes les bêtes de l'univers & leur nourriture pendant si longtems, attendu que les lions, les tigres, les panthères, les léopards, les onces, les rinocerots, les ours, les loups, les hiennes, les aigles, les éperviers, les milans, les vautours, les faucons, & tous les animaux carnassiers, qui ne se nourrissent que de chair, seraient morts de faim, même après avoir mangé toutes les autres espèces.

On imprima autrefois à la suite des *Pensées* de *Pascal* une dissertation d'un marchand de Rouen nommé *Pelletier*, dans laquelle il propose la manière de bâtir un vaisseau où l'on puisse faire entrer tous les animaux, & les nourrir pendant un an. On voit bien que ce marchand n'avait jamais gouverné de bassecour. Nous sommes obligés d'envisager Mr. *le Pelletier* architecte de l'arche, comme un visionnaire qui ne se connaissait pas en ménagerie, & le déluge comme un miracle adorable, terrible, & incompréhensible à la faible raison du Sr. *le Pelletier*, tout comme à la nôtre.

4°. Parce que l'impossibilité physique d'un déluge universel par des voies naturelles, est démontrée en rigueur; en voici la démonstration.

Toutes les mers couvrent la moitié du globe; en prenant une mesure commune de leur profondeur vers les rivages & en haute mer, on compte cinq cent pieds.

Pour qu'elles couvrissent les deux hémisphères seulement de cinq cent pieds, il faudrait non-seulement un océan de cinq cent pieds de profondeur sur toute la terre habitable; mais il faudrait encor une nouvelle mer pour envelopper notre Océan actuel; sans quoi les loix de la pesanteur & des fluides feraient écouler ce nouvel amas d'eau profond de cinq cent pieds, que la terre supporterait.

Voilà donc deux nouveaux océans pour couvrir seulement de cinq cent pieds le globe terraquée.

En ne donnant aux montagnes que vingt mille pieds de hauteur, ce serait donc quarante océans de cinq cent pieds de hauteur chacun, qu'il serait nécessaire d'établir les uns sur les autres pour égaler seulement la cime des hautes montagnes. Chaque océan supérieur contiendrait tous les autres, & le dernier de tous ces océans serait d'une circonférence qui contiendrait quarante fois celle du premier.

Pour former cette maſſe d'eau, il aurait falu la créer du néant. Pour la retirer, il aurait falu l'anéantir.

Donc l'événement du déluge eſt un double miracle, & le plus grand qui ait jamais maniſeſté la puiſſance de l'Eternel ſouverain de tous les globes.

Nous ſommes très ſurpris que des ſavans ayent attribué à ce déluge quelques coquilles répandues çà & là ſur notre continent; & que d'autres ſavans ayent prétendu que des couches régulières de coquilles (qui n'exiſtent point) ſont des marques certaines du ſéjour de la mer pendant des millions de ſiécles ſur la terre que nous habitons. (Voyez *Coquilles*.)

Nous ſommes encor plus ſurpris de ce que nous liſons à l'article *Déluge* du grand Dictionnaire encyclopédique; on y cite un auteur qui dit des choſes ſi profondes, qu'on les prendrait pour creuſes. C'eſt toûjours *Pluche*; il prouve l'univerſité du déluge par l'hiſtoire des géans qui firent la guerre aux Dieux.

Hiſt. du ciel, tom. I. depuis la page 105.

Briarée, ſelon lui, eſt viſiblement le déluge, car il ſignifie la *perte de la ſérénité*; & en quelle langue ſignifie-t-il cette perte ? En hébreu. Mais *briarée* eſt un mot grec qui veut dire

dire *robuſte*. Ce n'eſt point un mot hébreu. Quand par hazard il le ſerait, gardons-nous d'imiter *Bochard* qui fait dériver tant de mots grecs, latins, français même, de l'idiome hébraïque. Il eſt certain que les Grecs ne connaiſſaient pas plus l'idiome juif que la langue chinoiſe.

Le géant *Othus* eſt auſſi en hébreu, ſelon Pluche, le *dérangement des ſaiſons*. Mais c'eſt encor un mot grec qui ne ſignifie rien, du moins que je ſache; & quand il ſignifierait quelque choſe, quel rapport s'il vous plait avec l'hébreu?

Porphirion eſt un *tremblement de terre* en hébreu; mais en grec c'eſt du *porphire*. Le déluge n'a que faire là.

Mimas, c'eſt une *grande pluye*; pour le coup en voilà une qui peut avoir quelque rapport au déluge. Mais en grec *mimas* veut dire *imitateur*, *comédien*; & il n'y a pas moyen de donner au déluge une telle origine.

Encelade, autre preuve du déluge en hébreu; car, ſelon *Pluche*, c'eſt la *fontaine du tems*; mais malheureuſement en grec c'eſt du *bruit*.

Ephialtes, autre démonſtration du déluge en hébreu; car *éphialtes* qui ſignifie *ſauteur*, *oppreſſeur*, *incube* en grec, eſt, ſelon *Pluche*, un *grand amas de nuées*.

Or les Grecs ayant tout pris chez les Hébreux qu'ils ne connaiſſaient pas, ont évidemment donné à leurs géans tous ces noms

Quatriéme partie. P

que *Pluche* tire de l'hébreu comme il peut ; le tout en mémoire du déluge.

Deucalion, selon lui, signifie l'*affaiblissement du soleil*. Cela n'est pas vrai ; mais n'importe.

C'est ainsi que raisonne *Pluche* ; c'est lui que cite l'auteur de l'article *Déluge* sans le réfuter. Parle-t-il sérieusement ? se moque-t-il ? je n'en sais rien. Tout ce que je sais c'est qu'il n'y a guères de système dont on puisse parler sans rire.

J'ai peur que cet article du grand Dictionnaire, attribué à Mr. *Boulanger* ne soit sérieux ; en ce cas nous demandons si ce morceau est philosophique ? La philosophie se trompe si souvent, que nous n'osons prononcer contre Mr. *Boulanger*.

Commentaire sur la Genèse page 197. &c.

Nous osons encor moins demander ce que c'est que l'abîme qui se rompit, & les cataractes du ciel qui s'ouvrirent. *Isaac Vossius* nie l'universalité du déluge ; il dit, *hoc est pie nugari*. Calmet la soutient en assurant que les corps ne pèsent dans l'air que par la raison que l'air les comprime. *Calmet* n'était pas physicien, & la pesanteur de l'air n'a rien à faire avec le déluge. Contentons-nous de lire & de respecter tout ce qui est dans la Bible sans le comprendre.

DÉMOCRATIE.

LE pire des états c'est l'état populaire.

Cinna s'en explique ainsi à *Auguste*. Mais aussi *Maxime* soutient que

Le pire des états c'est l'état monarchique.

Bayle ayant plus d'une fois, dans son Dictionnaire, soutenu le pour & le contre, fait à l'article de *Périclès* un portrait fort hideux de la démocratie, & surtout de celle d'Athènes.

Un républicain, grand amateur de la démocratie, qui est l'un de nos feseurs de questions, nous envoye sa réfutation de *Bayle* & son apologie d'Athènes. Nous exposerons ses raisons. C'est le privilège de quiconque écrit de juger les vivans & les morts ; mais on est jugé soi-même par d'autres, qui le feront à leur tour ; & de siécle en siécle toutes les sentences sont réformées.

Bayle donc, après quelques lieux communs, dit ces propres mots ; *Qu'on chercherait en vain, dans l'histoire de Macédoine, autant de tyrannie que l'histoire d'Athènes nous en présente.*

Peut-être *Bayle* était-il mécontent de la Hollande quand il écrivait ainsi, & probablement mon républicain qui le réfute est content de sa petite ville démocratique, *quant à présent*.

Il est difficile de peser dans une balance bien juste les iniquités de la république d'Athènes, & celles de la cour de Macédoine. Nous reprochons encor aujourd'hui aux Athéniens le bannissement de *Cimon*, d'*Aristide*, de *Thémistocle*, d'*Alcibiade*, les jugemens à mort portés contre *Phocion* & contre *Socrate*, jugemens qui ressemblent à ceux de quelques-uns de nos tribunaux absurdes & cruels.

Enfin, ce qu'on ne pardonne point aux Athéniens, c'est la mort de leurs six généraux victorieux, condamnés pour n'avoir pas eu le tems d'enterrer leurs morts après la victoire, & d'en avoir été empêchés par une tempête. Cet arrêt est à la fois si ridicule & si barbare, il porte un tel caractère de superstition & d'ingratitude, que ceux de l'inquisition, ceux qui furent rendus contre *Urbain Grandier*, & contre la marechale d'*Ancre*, contre *Morin*, contre tant de sorciers, &c. ne sont pas des inepties plus atroces.

On a beau dire pour excuser les Athéniens, qu'ils croyaient d'après *Homère*, que les ames des morts étaient toûjours errantes, à moins qu'elles n'eussent reçu les honneurs de la sépulture ou du bucher. Une sotise n'excuse point une barbarie.

Le grand mal que les ames de quelques Grecs se fussent promenées une semaine ou deux au bord de la mer ! Le mal est de livrer des vivans aux bourreaux, & des vivans qui vous ont gagné une bataille, des vivans que vous deviez remercier à genoux.

Voilà donc les Athéniens convaincus d'avoir été les plus fots & les plus barbares juges de la terre.

Mais il faut mettre à prefent dans la balance les crimes de la cour de Macédoine; on verra que cette cour l'emporte prodigieufement fur Athènes en fait de tyrannie & de fcélératefle.

Il n'y a d'ordinaire nulle comparaifon à faire entre les crimes des grands qui font toûjours ambitieux, & les crimes du peuple qui ne veut jamais, & qui ne peut vouloir que la liberté & l'égalité. Ces deux fentimens *liberté & égalité*, ne conduifent point droit à la calomnie, à la rapine, à l'affaffinat, à l'empoifonnement, à la dévaftation des terres de fes voifins, &c.; mais la grandeur ambitieufe, & la rage du pouvoir précipitent dans tous ces crimes en tout tems & en tous lieux.

On ne voit dans cette Macédoine, dont *Bayle* oppofe la vertu à celle d'Athènes, qu'un tiffu de crimes épouvantables, pendant deux cent années de fuite.

C'eft *Ptolomée* oncle d'*Alexandre le grand*, qui affaffine fon frère *Alexandre*, pour ufurper le royaume.

C'eft *Philippe* fon frère, qui paffe fa vie à

tromper & à violer, & qui finit par être poignardé par *Paufanias*.

Olimpias fait jetter la reine *Cléopatre* & fon fils dans une cuve d'airain brûlante. Elle affaffine *Aridée*.

Antigone affaffine *Eumènes*.

Antigone Gonathas fon fils empoifonne le gouverneur de la citadelle de Corinthe; époufe fa veuve, la chaffe, & s'empare de la citadelle.

Philippe fon petit-fils empoifonne *Démétrius*, & fouille toute la Macédoine de meurtres.

Perfée tue fa femme de fa propre main, & empoifonne fon frère.

Ces perfidies & ces barbaries font fameufes dans l'hiftoire.

Ainfi donc pendant deux fiécles la fureur du defpotifme fait de la Macédoine le théâtre de tous les crimes; & dans le même efpace de tems vous ne voyez le gouvernement populaire d'Athènes fouillé que de cinq ou fix iniquités judiciaires, de cinq ou fix jugemens atroces, dont le peuple s'eft toûjours repenti, & dont il a fait amende honorable. Il demanda pardon à *Socrate* après fa mort, & lui érigea le petit temple du *Socrateion*. Il demanda pardon à *Phocion*, & lui éleva une ftatue. Il demanda pardon aux fix généraux condamnés avec tant de ridicule, & fi indignement exécutés. Ils mirent aux fers le principal accufateur, qui n'échappa qu'à peine à la vengeance publique. Le peuple Athénien était donc naturellement aussi bon que leger. Dans quel état despotique a-t-on jamais pleuré ainsi l'injustice de ses arrêts précipités ?

Bayle a donc tort cette fois ; mon républicain a donc raison. Le gouvernement populaire est donc par lui-même moins inique, moins abominable que le pouvoir tyrannique.

Le grand vice de la démocratie n'est certainement pas la tyrannie & la cruauté ; il y eut des républicains montagnards, sauvages & féroces ; mais ce n'est pas l'esprit républicain qui les fit tels, c'est la nature. L'Amérique septentrionale était toute en républiques. C'étaient des ours.

Le véritable vice d'une république civilisée est dans la fable turque du dragon à plusieurs têtes, & du dragon à plusieurs queues. La multitude des têtes se nuit, & la multitude des queues obéit à une seule tête qui veut tout dévorer.

La démocratie ne semble convenir qu'à un très petit pays, encor faut-il qu'il soit heureusement situé. Tout petit qu'il sera il fera beaucoup de fautes, parce qu'il sera composé d'hommes. La discorde y régnera comme dans un couvent de moines ; mais il n'y aura ni St. Barthelemi, ni massacres d'Irlande, ni vèpres siciliennes, ni inquisition, ni condamnation aux galères pour avoir pris de l'eau dans la mer sans payer, à moins qu'on ne suppose cette république composée de diables dans un coin de l'enfer.

Après avoir pris le parti de mon Suisse contre l'ambidextre *Bayle*; j'ajouterai

Que les Athéniens furent guerriers comme les Suisses, & polis comme les Parisiens l'ont été sous *Louïs XIV*.

Qu'ils ont réussi dans tous les arts qui demandent le génie & la main, comme les Florentins du tems de *Médicis*.

Qu'ils ont été les maîtres des Romains dans les sciences & dans l'éloquence, du tems même de *Cicéron*.

Que ce petit peuple qui avait à peine un territoire, & qui n'est aujourd'hui qu'une troupe d'esclaves ignorans, cent fois moins nombreux que les Juifs, & ayant perdu jusqu'à son nom, l'emporte pourtant sur l'empire Romain par son antique réputation qui triomphe des siécles & de l'esclavage.

L'Europe a vu une république dix fois plus petite encor qu'Athènes, attirer pendant cent cinquante ans les regards de l'Europe, & son nom placé à côté du nom de Rome, dans le tems que Rome commandait encor aux rois; qu'elle condamnait un *Henri* souverain de la France, & qu'elle absolvait & fouettait un autre *Henri* le premier homme de son siécle, dans le tems même que Venise conservait son ancienne splendeur, & que la nouvelle république des sept Provinces-Unies étonnait l'Europe & les Indes par son établissement & par son commerce.

Cette fourmillière imperceptible ne put être écrasée par le roi démon du Midi & dominateur des deux mondes, ni par les intrigues du Vatican qui fesaient mouvoir les ressorts de la moitié de l'Europe. Elle résista par la parole & par les armes ; & à l'aide d'un Picard qui écrivait, & d'un petit nombre de Suisses qui combattit, elle s'affermit, elle triompha ; elle put dire, *Rome & moi*. Elle tint tous les esprits partagés entre les riches pontifes successeurs des Scipions, *Romanos rerum dominos*, & les pauvres habitans d'un coin de terre longtems ignoré dans le pays de la pauvreté & des goîtres.

Il s'agissait alors de savoir comment l'Europe penserait sur des questions que personne n'entendait. C'était la guerre de l'esprit humain. On eut des *Calvin*, des *Bèze*, des *Turrettins* pour ses *Démosthènes*, ses *Platons* & ses *Aristotes*.

L'absurdité de la plûpart des questions de controverse qui tenaient l'Europe attentive ayant été enfin reconnue, la petite république se tourna vers ce qui parait solide, l'acquisition des richesses. Le système de *Lass* plus chimérique & non moins funeste que ceux des supralapsaires & des infralapsaires, engagea dans l'arithmétique ceux qui ne pouvaient plus se faire un nom en théo-morianique. Ils devinrent riches, & ne furent plus rien.

On croit qu'il n'y a aujourd'hui de républiques qu'en Europe. Ou je me trompe, ou je l'ai dit aussi quelque part ; mais c'eût été une très grande inadvertence. Les Espagnols trouvèrent en Amerique la république de Tlascala très bien établie. Tout ce qui n'a pas été subjugué dans cette partie du monde est encor républicain. Il n'y avait dans tout ce continent que deux royaumes lorsqu'il fut découvert ; & cela pourait bien prouver que le gouvernement républicain est le plus naturel. Il faut s'être bien rafiné, & avoir passé par bien des épreuves pour se soumettre au gouvernement d'un seul.

En Afrique les Hottentots, les Cafres & plusieurs peuplades de Nègres sont des démocraties. On prétend que les pays où l'on vend le plus de Negres sont gouvernés par des rois. Tripoli, Tunis, Alger sont des républiques de soldats & de pirates. Il y en a aujourd'hui de pareilles dans l'Inde : les Marates, plusieurs hordes de Patanes, les Seiks n'ont point de rois ; ils élisent des chefs quand ils vont piller.

Telles sont encor plusieurs sociétés de Tartares. L'empire Turc même a été très longtems une république de janissaires qui étranglaient souvent leur sultan, quand leur sultan ne les fesait pas décimer.

On demande tous les jours fi un gouvernement républicain eſt préférable à celui d'un roi? La difpute finit toûjours par convenir qu'il eſt fort difficile de gouverner les hommes. Les Juifs eurent pour maître Dieu même ; voyez ce qui leur en eſt arrivé : ils ont été preſque toûjours battus & eſclaves ; & aujourd'hui ne trouvez-vous pas qu'ils font une belle figure?

DÉMONIAQUES,
POSSEDÉS DU DÉMON, ÉNERGUMÈNES, EXORCISÉS,

ou plutôt,

MALADES DE LA MATRICE, DES PALES COULEURS, HYPOCONDRIAQUES, ÉPILEPTIQUES, CATALEPTIQUES, GUERIS PAR LES ÉMOLLIENS DE Mr. POMME GRAND EXORCISTE.

Les vaporeux, les épileptiques, les femmes travaillées de l'uterus, paſſèrent toûjours pour être les victimes des eſprits malins, des démons malfeſans, des vengeances des Dieux. Nous avons vu que ce mal s'appellait le *mal ſacré*, & que les prêtres de l'antiquité s'emparèrent partout de ces maladies, attendu que les médecins étaient de grands ignorans.

Quand les simptomes étaient fort compliqués, c'est qu'on avait plusieurs démons dans le corps ; un démon de fureur, un de luxure, un de contraction, un de roideur, un d'éblouissement, un de *surdité* ; & l'exorciseur avait à coup sûr un démon d'*absurdité* joint à un de friponnerie.

On a voulu renouveller dépuis peu l'histoire de *St. Paulin*. Ce saint vit à la voûte d'une église un pauvre démoniaque qui marchait sous cette voûte ou sur cette voûte, la tête en bas & les pieds en haut, à-peu-près comme une mouche. *St. Paulin* vit bien que cet homme était possédé ; il envoya vîte chercher à quelques lieues de là des reliques de *St. Felix de Nole* : on les appliqua au patient comme des vessicatoires. Le démon qui soutenait cet homme contre la voûte s'enfuit aussitôt, & le démoniaque tomba sur le pavé.

Nous pouvons douter de cette histoire en conservant le plus profond respect pour les vrais miracles ; & il nous sera permis de dire que ce n'est pas ainsi que nous guérissons aujourd'hui les démoniaques. Nous les saignons, nous les baignons, nous les purgeons doucement, nous leur donnons des émolliens ; voilà comme Mr. *Pomme* les traite ; & il a opéré plus de cures que les prêtres d'*Isis*

& de *Diane* ou autres, n'ont jamais fait de miracles.

Quant aux démoniaques qui se disent possédés pour gagner de l'argent, au-lieu de les baigner on les fouette.

Il arrivait souvent que des épileptiques ayant les fibres & les muscles desséchés, pesaient moins qu'un pareil volume d'eau, & surnageaient quand on les mettait dans le bain. On criait miracle ; on disait, c'est un possédé ou un sorcier ; on allait chercher de l'eau bénite ou un bourreau. C'était une preuve indubitable, ou que le démon s'était rendu maître du corps de la personne surnageante, ou qu'elle s'était donnée à lui. Dans le premier cas elle était exorcisée ; dans le second elle était brûlée.

C'est ainsi que nous avons raisonné & agi pendant quinze ou seize cent ans ; & nous avons osé nous moquer des Cafres ! c'est une exclamation qui peut souvent échapper.

DE St. DENIS L'ARÉOPAGITE,
ET DE LA FAMEUSE ÉCLIPSE.

L'Auteur de l'article *Apocryphe* a négligé une centaine d'ouvrages reconnus pour tels, & qui étant entiérement oubliés, semblaient ne pas mériter d'entrer dans sa liste. Nous avons cru devoir ne pas omettre *St. Denis* surnommé l'*aréopagite*, qu'on a prétendu longtems avoir été disciple de *St. Paul* & d'un *Hierothée* compagnon de *St. Paul*, qu'on n'a jamais connu. Il fut, dit-on, sacré évêque d'Athènes par *St. Paul* lui-même. Il est dit dans sa vie, qu'il alla rendre une visite dans Jérusalem à la Ste. Vierge, & qu'il la trouva si belle & si majestueuse, qu'il fut tenté de l'adorer.

Après avoir longtems gouverné l'église d'Athènes, il alla conférer avec *St. Jean* l'évangeliste à Ephèse, ensuite à Rome avec le pape *Clément*; de là il alla exercer son apostolat en France; *& sachant*, dit l'histoire, *que Paris était une ville riche, peuplée, abondante, & comme la capitale des autres, il vint y planter une citadelle pour battre l'enfer & l'infidélité en ruine.*

On le regarda très longtems comme le premier évêque de Paris. *Harduinus*, l'un de ses historiens, ajoute qu'à Paris on l'exposa aux bêtes; mais qu'ayant fait le signe de la croix sur elles, les bêtes se prosternèrent à ses pieds. Les payens Parisiens le jettèrent alors dans un four chaud; il en sortit frais & en parfaite santé. On le crucifia; quand il fut crucifié il se mit à prêcher du haut de la potence.

On le ramena en prison avec *Rustique* & *Eleuthère* ses compagnons. Il y dit la messe; *St. Rustique* servit de diacre, & *Eleuthère* de sous-diacre. Enfin on les mena tous trois à Montmartre, & on leur trancha la tête, après quoi ils ne dirent plus de messe.

Mais, selon *Harduinus*, il arriva un bien plus grand miracle; le corps de *St. Denis* se leva debout, prit sa tête entre ses mains, les anges l'accompagnaient en chantant: *Gloria tibi Domine, alleluia*. Il porta sa tête jusqu'à l'endroit où on lui bâtit une église, qui est la fameuse église de St. Denis.

Metaphraste, *Harduinus*, *Hincmar* évêque de Rheims, disent qu'il fut martirisé à l'âge de quatre-vingt onze ans; mais le cardinal *Baronius* prouve qu'il en avait cent dix, en quoi il est suivi par *Ribadeneyra* savant auteur de la *Fleur des saints*. *Baron. tom. II. pag. 37.*

On lui attribue dix-sept ouvrages, dont malheureusement nous avons perdu six. Les onze qui nous restent, ont été traduits du grec par *Jean Scot*, *Hugues de St. Victor*, *Albert* dit *le grand*, & plusieurs autres savans illustres.

Il est vrai que depuis que la saine critique s'est introduite dans le monde, on est convenu que tous les livres qu'on attribue à *Denis* furent écrits par un imposteur l'an 362 de notre ere, & il ne reste plus sur cela de difficultés. *Voyez Cave.*

DE LA GRANDE ÉCLIPSE OBSERVÉE PAR DENIS.

Ce qui a surtout excité une grande querelle entre les savans, c'est ce que rapporte un des auteurs inconnus de la vie de *St. Denis*. On a prétendu que ce premier évêque de Paris étant en Egypte dans la ville de Diospolis ou No-Ammon, à l'âge de vingt-cinq ans, & n'étant pas encor chrétien, il y fut témoin avec un de ses amis de la fameuse éclipse du soleil arrivée dans la pleine lune à la mort de JESUS-CHRIST, & qu'il s'écria en grec ; *Ou* DIEU *pâtit, ou il s'afflige avec le patient.*

Ces paroles ont été diversement rapportées par divers auteurs ; mais dès le tems d'*Eusèbe* de Césarée on prétendait que deux historiens, l'un nommé *Phlegon* & l'autre *Thallus*, avaient fait mention de cette éclipse miraculeuse. *Eusèbe* de Césarée cite *Phlegon*, mais nous n'avons plus ses ouvrages. Il disait, à ce qu'on prétend, que cette éclipse arriva la quatriéme année de la deux cent deuxiéme olimpiade, qui serait la dix-huitiéme année de *Tibère*. Il y a sur cette anecdote plusieurs leçons, & on peut se défier de toutes, d'autant plus qu'il reste à savoir si on comptait encor par olimpiades du tems de *Phlegon* ; ce qui est fort douteux.

Ce calcul important intéressa tous les astronomes; *Hodgson*, *Wiston*, *Gale*, *Maurice* & le fameux *Halley* ont démontré qu'il n'y avait point eu d'éclipse de soleil cette année; mais que dans la première année de la deux cent deuxième olimpiade, le 24 Novembre, il en arriva une qui obscurcit le soleil pendant deux minutes à une heure & un quart à Jérusalem.

On a été encor plus loin; un jésuite nommé *Greston* prétendit que les Chinois avaient conservé dans leurs annales la mémoire d'une éclipse arrivée à-peu-près dans ce tems-là, contre l'ordre de la nature. On pria les mathématiciens d'Europe d'en faire le calcul. Il était assez plaisant de prier des astronomes de calculer une éclipse qui n'était pas naturelle. Enfin, il fut avéré que les annales de la Chine ne parlent en aucune manière de cette éclipse.

Il résulte de l'histoire de *St. Denis* l'aréopagite, & du passage de *Phlegon*, & de la lettre du jésuite *Greston*, que les hommes aiment fort à en imposer. Mais cette prodigieuse multitude de mensonges, loin de faire du tort à la religion chrétienne, ne sert au contraire qu'à en prouver la divinité, puis qu'elle s'est affermie de jour en jour malgré eux.

Quatriéme partie.

DÉNOMBREMENT.

Les plus anciens dénombremens que l'his-toire nous ait laissés, sont ceux des Israélites. Ceux-là sont indubitables puis qu'ils sont tirés des livres juifs.

On ne croit pas qu'il faille compter pour un dénombrement la fuite des Israelites au nombre de six cent mille hommes de pied, parce que le texte ne les spécifie pas tribu par tribu ; il ajoute qu'une troupe innombrable de gens ramassés se joignit à eux ; ce n'est qu'un récit.

Exod. ch. XII. ℣. 37 & 38.

Le premier dénombrement circonstancié est celui qu'on voit dans le livre du Vaiedaber, & que nous nommons les *Nombres*. Par le recensement que *Moïse* & *Aaron* firent du peuple dans le désert, on trouva en comptant toutes les tribus, excepté celle de Lévi, six cent trois mille cinq cent cinquante hommes en état de porter les armes ; & si vous y joignez la tribu de Lévi supposée égale en nombre aux autres tribus, le fort portant le faible, vous aurez six cent cinquante-trois mille neuf cent trente-cinq hommes, auxquels il faut ajouter un nombre égal de vieillards, de femmes & d'enfans, ce qui composera deux millions six cent quinze mille sept

Nomb. ch. I.

cent quarante-deux perfonnes parties de l'E-
gypte.

 Lorfque *David*, à l'exemple de *Moïfe*, or- Liv. II.
donna le recenfement de tout le peuple, il fe des Rois,
trouva huit cent mille guerriers des tribus ch. XXIV.
d'Ifrael, & cinq cent mille de celle de Juda,
felon le livre des Rois ; mais, felon les Para- Liv. I. des
lipomènes, on compta onze cent mille guer- Paralip.
riers dans Ifrael, & moins de cinq cent mille ch. XXI.
dans Juda. ℣. 5.

 Le livre des Rois exclut formellement Lévi
& Benjamin; & les Paralipomènes ne les comptent pas. Si donc on joint ces deux tribus aux
autres, proportion gardée, le total des guerriers fera de dix-neuf cent vingt mille.

 Ce n'eft pas à nous d'entrer dans les raifons pour lefquelles le fouverain arbitre des
rois & des peuples punit *David* de cette opération qu'il avait commandée lui-même à
Moïfe. Il nous appartient encor moins de rechercher pourquoi Dieu étant irrité contre
David, c'eft le peuple qui fut puni pour avoir
été dénombré. Le prophète *Gad* ordonna au
roi de la part de Dieu de choifir la guerre,
la famine ou la pefte ; *David* accepta la pefte, & il en mourut foixante & dix mille juifs
en trois jours.

 St. Ambroife dans fon livre de la *pénitence*,
& *St. Auguftin* dans fon livre contre *Faufte*,
reconnaiffent que l'orgueil & l'ambition

avaient déterminé *David* à faire cette revue. Leur opinion est d'un grand poids, & nous ne pouvons que nous soumettre à leur décision, en éteignant toutes les lumières trompeuses de notre esprit.

Livre I. d'*Esdras* ch. II. ℣. 64.
Livre II. d'*Esdras* qui est l'hist. de *Néhémie* ch. VII. ℣. 66.

L'Ecriture rapporte un nouveau dénombrement du tems d'*Esdras*, lorsque la nation juive revint de la captivité. *Toute cette multitude*, disent également Esdras & Néhémie, *étant comme un seul homme, se montoit à quarante-deux mille trois cent soixante personnes.* Ils les nomment toutes par familles, & ils comptent le nombre des Juifs de chaque famille & le nombre des prêtres. Mais non-seulement il y a dans ces deux auteurs des différences entre les nombres & les noms des familles ; on voit encor une erreur de calcul dans l'un & dans l'autre. Par le calcul d'*Esdras*, au-lieu de quarante deux mille hommes, on n'en trouve, après avoir tout additionné, que vingt neuf mille huit cent dix-huit ; & par celui de *Néhémie* on en trouve trente & un mille quatre-vingt neuf.

Il faut sur cette méprise apparente, consulter les commentateurs, & surtout *Dom Calmet*, qui ajoutant à un de ces deux comptes ce qui manque à l'autre, & ajoutant encor ce qui leur manque à tout deux, résout toute la difficulté. Il manque à la supputation d'*Esdras* & de *Néhémie*, rapprochées par *Calmet*, dix mille sept cent soixante & dix-sept personnes ; mais on les retrouve dans les familles qui n'ont pu donner leur généalogie : d'ailleurs s'il y avait quelque faute de copiste, elle ne pourait nuire à la véracité du texte divinement inspiré.

Il est à croire que les grands rois voisins de la Palestine, avaient fait les dénombremens de leurs peuples autant qu'il est possible. Hérodote nous donne le calcul de tous ceux qui suivirent *Xerxès*, sans y faire entrer son armée navale ; il compte dix-sept cent mille hommes, & il prétend que pour parvenir à cette supputation, on les fesait passer en divisions de dix mille dans une enceinte qui ne pouvait tenir que ce nombre d'hommes très pressés. Cette méthode est bien fautive ; car en se pressant un peu moins, il se pouvait aisément que chaque division de dix mille ne fût en effet que de huit à neuf. De plus, cette méthode n'est nullement guerrière ; & il eût été beaucoup plus aisé de voir le complet, en fesant marcher les soldats par rangs & par files.

Hérodote liv. VII, ou Polimnie.

Il faut encor observer combien il était difficile de nourrir dix-sept cent mille hommes dans le pays de la Grèce qu'il allait conquérir. On pourait bien douter & de ce nombre & de la manière de le compter, & du fouet donné à l'Hellespont, & du sacrifice de mille bœufs fait à *Minerve* par un roi Perſan qui ne la connaiſſait pas, & qui ne vénérait que le ſoleil comme l'unique ſymbole de la Divinité.

Le dénombrement des dix-ſept cent mille hommes n'eſt pas d'ailleurs complet, de l'aveu même d'*Hérodote*, puis que *Xerxès* mena encor avec lui tous les peuples de la Thrace & de la Macédoine, qu'il força, dit-il, chemin feſant de le ſuivre, apparemment pour affamer plus vite ſon armée. On doit donc faire ici ce que les hommes ſages font à la lecture de toutes les hiſtoires anciennes, & même modernes, ſuſpendre ſon jugement & douter beaucoup.

Le premier dénombrement que nous ayons d'une nation prophane, eſt celui que fit *Servius Tullius* ſixiéme roi de Rome. Il ſe trouva, dit *Tite-Live*, quatre-vingt mille combattans, tous citoyens Romains. Cela ſuppoſe trois cent quarante mille citoyens au moins, tant vieillards que femmes & enfans ; à quoi il faut ajouter au moins vingt mille domeſtiques tant eſclaves que libres.

Or on peut raiſonnablement douter que le petit état Romain contînt cette multitude. *Romulus* n'avait régné (ſuppoſé qu'on puiſſe l'appeller *roi*) que ſur environ trois mille bandits raſſemblés dans un petit bourg entre des montagnes. Ce bourg était le plus mauvais terrain de l'Italie. Tout fon pays n'avait pas trois mille pas de circuit. *Servius* était le fixiéme chef ou roi de cette peuplade naiffante. La règle de *Newton*, qui eft indubitable pour les royaumes électifs, donne à chaque roi vingt & un ans de règne, & contredit par-là tous les anciens hiftoriens qui n'ont jamais obfervé l'ordre des tems, & qui n'ont donné aucune date précife. Les cinq rois de Rome doivent avoir régné environ cent ans.

Il n'eft certainement pas dans l'ordre de la nature qu'un terrain ingrat qui n'avait pas cinq lieués en long & trois en large, & qui devait avoir perdu beaucoup d'habitans dans fes petites guerres prefque continuelles, pût être peuplé de trois cent quarante mille ames. Il n'y en a pas la moitié dans le même territoire où Rome aujourd'hui eft la métropole du monde chrétien, où l'affluence des étrangers & des ambaffadeurs de tant de nations, doit fervir à peupler la ville, où l'or coule de la Pologne, de la Hongrie, de la moitié de l'Allemagne, de l'Efpagne, de la France, par mille canaux dans la bourfe de la daterie, & doit faciliter encor la population, fi d'autres caufes ne l'interceptent.

L'hiftoire de Rome ne fut écrite que plus de cinq cent ans après fa fondation. Il ne ferait point du tout furprenant que les hiftoriens euffent donné libéralement quatre-vingt mille guerriers à *Servius Tullius* au-lieu de huit mille, par un faux zèle pour la patrie. Le zèle eût été plus grand & plus vrai, s'ils avaient avoué les faibles commencemens de leur république. Il est plus beau de s'être élevé d'une si petite origine à tant de grandeur, que d'avoir eu le double des soldats d'*Alexandre* pour conquérir environ quinze lieues de pays en quatre cent années.

Le cens ne s'est jamais fait que des citoyens Romains. On prétend que sous *Auguste* il était de quatre millions soixante-trois mille l'an 29 avant notre ère vulgaire, selon *Tillemont* qui est assez exact ; mais il cite *Dion Cassius* qui ne l'est guères.

Laurent Echard n'admet qu'un dénombrement de quatre millions cent trente-sept mille hommes l'an 14 de notre ère. Le même *Echard* parle d'un dénombrement général de l'empire pour la première année de la même ère ; mais il ne cite aucun auteur Romain, & ne spécifie aucun calcul du nombre des citoyens. *Tillemont* ne parle en aucune manière de ce dénombrement.

On a cité *Tacite* & *Suétone* ; mais c'est très mal-à-propos. Le cens dont parle *Suétone* n'est point un dénombrement de citoyens, ce n'est qu'une liste de ceux auxquels le public fournissait du blé.

DÉNOMBREMENT.

Tacite ne parle au livre II. que d'un cens établi dans les seules Gaules pour y lever plus de tributs par têtes. Jamais *Auguste* ne fit un dénombrement des autres sujets de son empire, parce que l'on ne payait point ailleurs la capitation qu'il voulut établir en Gaule.

Tacite dit qu'*Auguste avait un mémoire écrit de sa main, qui contenait les revenus de l'empire, les flottes, les royaumes tributaires.* Il ne parle point d'un dénombrement. *Annales livre* I.

Dion Cassius spécifie un cens, mais il n'articule aucun nombre. L. XLIII.

Joseph, dans ses *Antiquités*, dit que l'an 759 de Rome (tems qui répond à l'onziéme année de notre ère) *Cirénius* établi alors gouverneur de Syrie, se fit donner une liste de tous les biens des Juifs, ce qui causa une révolte. Cela n'a aucun rapport à un dénombrement général, & prouve seulement que ce *Cirénius* ne fut gouverneur de la Judée (qui était alors une petite province de Syrie) que dix ans après la naissance de notre Sauveur, & non pas au tems de sa naissance. *Joseph. L. XVIII. chap. I.*

Voilà, ce me semble, ce qu'on peut recueillir de principal dans les prophanes touchant les dénombremens attribués à *Auguste*. Si nous nous en rapportions à eux, JESUS-CHRIST serait né sous le gouvernement de *Varus* & non sous celui de *Cirénius* ; il n'y aurait point eu de dénombrement universel. Mais *St. Luc* dont l'autorité doit prévaloir sur *Joseph*, *Suétone*, *Tacite*, *Dion Cassius* & tous les écrivains de Rome, *St. Luc* affirme positivement qu'il y eut un dénombrement universel de toute la terre, & que *Cirénius* était gouverneur de Judée. Il faut donc s'en rapporter uniquement à lui, sans même chercher à le concilier avec *Flavien Joseph*, ni avec aucun autre historien.

Au reste, ni le nouveau Testament, ni l'ancien ne nous ont été donnés pour éclaircir des points d'histoire, mais pour nous annoncer des vérités salutaires, devant lesquelles tous les événemens & toutes les opinions doivent disparaître.

DÉNOMBREMENT.
SECTION SECONDE.

A l'égard du dénombrement des peuples modernes, les rois n'ont point à craindre aujourd'hui qu'un docteur *Gad* vienne leur proposer, de la part de Dieu, la famine, la guerre ou la peste, pour les punir d'avoir voulu savoir leur compte. Aucun d'eux ne le fait.

On conjecture, on devine, & toûjours à quelques millions d'hommes près.

J'ai porté le nombre d'habitans qui composent l'empire de Russie, à vingt-quatre millions, sur les mémoires qui m'ont été envoyés ; mais je n'ai point garanti cette évaluation, car je connais très peu de choses qui je vouluſſe garantir.

J'ai cru que l'Allemagne poſſède autant de monde en comptant les Hongrois. Si je me ſuis trompé d'un million ou deux, on ſait que c'eſt une bagatelle en pareil cas.

Je demande pardon au roi d'Eſpagne ſi je ne lui accorde que ſept millions de ſujets dans notre continent. C'eſt bien peu de choſe; mais *Don Uſtaris* employé dans le miniſtère, ne lui en donne pas davantage.

On compte environ neuf à dix millions d'êtres libres dans les trois royaumes de la Grande-Bretagne.

On balance en France entre ſeize & vingt millions. C'eſt une preuve que le docteur *Gad* n'a rien à reprocher au miniſtère de France. Quant aux villes capitales, les opinions ſont encor partagées. Paris, ſelon quelques calculateurs a ſept cent mille habitans; &, ſelon d'autres, cinq cent. Il en eſt ainſi de Londres, de Conſtantinople, du grand Caire.

Pour les ſujets du pape, ils feront la foule en paradis ; mais la foule eſt médiocre ſur terre. Pourquoi cela ? C'eſt qu'ils ſont ſujets du pape. *Caton* le cenſeur aurait-il jamais cru que les Romains en viendraient là ? Voyez *Population*.

DESTIN.

DE tous les livres de l'occident, qui sont parvenus jusqu'à nous, le plus ancien est *Homère*; c'est là qu'on trouve les mœurs de l'antiquité prophane, des héros grossiers, des Dieux grossiers, faits à l'image de l'homme. Mais c'est là que parmi les rêveries & les inconséquences on trouve aussi les semences de la philosophie, & surtout l'idée du destin qui est maître des Dieux, comme les Dieux sont les maîtres du monde.

Quand le magnanime *Hector* veut absolument combattre le magnanime *Achille*, & que pour cet effet il se met à fuir de toutes ses forces & fait trois fois le tour de la ville avant de combattre, afin d'avoir plus de vigueur; quand *Homère* compare *Achille* aux-pieds-legers qui le poursuit à un homme qui dort; quand madame *Dacier* s'extasie d'admiration sur l'art & le grand sens de ce passage; alors *Jupiter* veut sauver le grand *Hector* qui lui a fait tant de sacrifices : & il consulte les destinées ; il pèse dans une balance les destins d'*Hector* & d'*Achille* ; il trouve que le Troyen doit absolument être tué par le Grec; il ne peut s'y opposer; & dès ce moment *Apollon*, le génie gardien d'*Hector*, est

Iliade liv. XXII.

obligé de l'abandonner. Ce n'est pas qu'*Homère* ne prodigue souvent, & surtout en ce même endroit, des idées toutes contraires, suivant le privilège de l'antiquité ; mais enfin, il est le premier chez qui on trouve la notion du destin. Elle était donc très en vogue de son tems.

Les pharisiens, chez le petit peuple Juif, n'adoptèrent le destin que plusieurs siécles après. Car ces pharisiens eux-mêmes, qui furent les premiers lettrés d'entre les Juifs, étaient très nouveaux. Ils mêlèrent dans Aléxandrie une partie des dogmes des stoïciens, aux anciennes idées juives. *St. Jérôme* prétend même que leur secte n'est pas de beaucoup antérieure à notre ère vulgaire.

Les philosophes n'eurent jamais besoin ni d'*Homère*, ni des pharisiens, pour se persuâder que tout se fait par des loix immuables, que tout est arrangé, que tout est un effet nécessaire. Voici comme ils raisonnaient.

Ou le monde subsiste par sa propre nature, par ses loix physiques, ou un Être suprême l'a formé selon ses loix suprêmes ; dans l'un & l'autre cas ces loix sont immuables ; dans l'un & l'autre cas, tout est nécessaire ; les corps graves tendent vers le centre de la terre, sans pouvoir tendre à se reposer en l'air. Les poiriers ne peuvent jamais porter d'ananas. L'instinct d'un épagneul ne peut être l'instinct d'une autruche ; tout est arrangé, engrené & limité.

L'homme ne peut avoir qu'un certain nombre de dents, de cheveux & d'idées ; il vient un tems où il perd nécessairement ses dents, ses cheveux & ses idées.

Il est contradictoire que ce qui fut hier n'ait pas été, que ce qui est aujourd'hui ne soit pas ; il est aussi contradictoire que ce qui doit être, puisse ne pas devoir être.

Si tu pouvais déranger la destinée d'une mouche, il n'y aurait nulle raison qui pût t'empêcher de faire le destin de toutes les autres mouches, de tous les autres animaux, de tous les hommes, de toute la nature ; tu te trouverais au bout du compte plus puissant que Dieu.

Des imbécilles disent, Mon médecin a tiré ma tante d'une maladie mortelle, il a fait vivre ma tante dix ans de plus qu'elle ne devait vivre ; d'autres qui font les capables disent, L'homme prudent fait lui-même son destin.

Nullum numen abest si sit prudentia, sed nos
Te facimus fortuna Deam cœloque locamus.

La fortune n'est rien ; c'est en vain qu'on l'adore.
La prudence est le Dieu qu'on doit seul implorer.

Mais souvent le prudent succombe sous sa destinée, loin de la faire ; c'est le destin qui fait les prudens.

De profonds politiques aſſurent que ſi on avait aſſaſſiné *Cromwell*, *Ludlow*, *Ireton*, & une douzaine d'autres parlementaires, huit jours avant qu'on coupât la tête à *Charles I*, ce roi aurait pu vivre encor & mourir dans ſon lit ; ils ont raiſon ; ils peuvent ajouter encor que ſi toute l'Angleterre avait été engloutie dans la mer, ce monarque n'aurait pas péri ſur un échaffaut auprès de *Whitehall la ſalle blanche* : mais les choſes étaient arrangées de façon que *Charles* devait avoir le cou coupé.

Le cardinal d'*Oſſat* était ſans doute plus prudent qu'un fou des petites maiſons ; mais n'eſt-il pas évident que les organes du ſage d'*Oſſat* étaient autrement faits que ceux de cet écervelé ? de même que les organes d'un renard ſont différens de ceux d'une grüe & d'une alouette.

Ton médecin a ſauvé ta tante ; mais certainement il n'a pas en cela contredit l'ordre de la nature, il l'a ſuivi. Il eſt clair que ta tante ne pouvait pas s'empêcher de naître dans une telle ville, qu'elle ne pouvait pas s'empêcher d'avoir dans un tel tems une certaine maladie, que le médecin ne pouvait pas être ailleurs que dans la ville où il était, que ta tante devait l'appeller, qu'il devait lui preſcrire les drogues qui l'ont guérie.

Un payſan croit qu'il a grêlé par hazard ſur ſon champ, mais le philoſophe ſait qu'il n'y a point de hazard, & qu'il était impossible, dans la constitution de ce monde, qu'il ne grêlât pas ce jour-là en cet endroit.

Il y a des gens qui étant effrayés de cette vérité en accordent la moitié, comme des débiteurs qui offrent moitié à leurs créanciers, & demandent répit pour le reste. Il y a, disent-ils, des événemens nécessaires, & d'autres qui ne le sont pas. Il serait plaisant qu'une partie de ce monde fût arrangée, & que l'autre ne le fût point; qu'une partie de ce qui arrive dût arriver, & qu'une autre partie de ce qui arrive ne dût pas arriver. Quand on y regarde de près, on voit que la doctrine contraire à celle du destin est absurde; mais il y a beaucoup de gens destinés à raisonner mal, d'autres à ne point raisonner du tout, d'autres à persécuter ceux qui raisonnent.

Quelques-uns vous disent, Ne croyez pas au fatalisme; car alors tout vous paraissant inévitable vous ne travaillerez à rien, vous croupirez dans l'indifférence, vous n'aimerez ni les richesses ni les honneurs, ni les louanges; vous ne voudrez rien acquérir, vous vous croirez sans mérite comme sans pouvoir; aucun talent ne sera cultivé, tout périra par l'apathie.

Ne craignez rien, messieurs, nous aurons toûjours des passions & des préjugés, puisque c'est notre destinée d'être soumis aux préjugés & aux passions : nous saurons bien qu'il ne dépend

dépend pas plus de nous d'avoir beaucoup de mérite & de grands talens, que d'avoir les cheveux bien plantés & la main belle : nous ferons convaincus qu'il ne faut tirer vanité de rien, & cependant nous aurons toûjours de la vanité.

J'ai néceſſairement la paſſion d'écrire ceci, & toi tu as la paſſion de me condamner ; nous ſommes tout deux également ſots, également les jouets de la deſtinée. Ta nature eſt de faire du mal, la mienne eſt d'aimer la vérité, & de la publier malgré toi.

Le hibou qui ſe nourrit de ſouris dans ſa maſure, a dit au roſſignol, Ceſſe de chanter ſous tes beaux ombrages, viens dans mon trou, afin que je t'y dévore ; & le roſſignol a répondu, Je ſuis né pour chanter ici, & pour me moquer de toi.

Vous me demandez ce que deviendra la liberté ? Je ne vous entends pas: Je ne ſais ce que c'eſt que cette liberté dont vous parlez ; il y a ſi longtems que vous diſputez ſur ſa nature, qu'aſſurément vous ne la connaiſſez pas. Si vous voulez, ou plutôt, ſi vous pouvez examiner paiſiblement avec moi ce que c'eſt, paſſez à la lettre L.

Quatrième partie.   R

DICTIONNAIRE.

La méthode des dictionnaires inconnue à l'antiquité, est d'une utilité qu'on ne peut contester ; & l'Encyclopédie imaginée par Mrs. *d'Alembert* & *Diderot*, achevée par eux & par leurs associés avec tant de succès, en est un assez bon témoignage. Ce qu'on y trouve à l'article *Dictionnaire* doit suffire ; il est fait de main de maitre.

Je ne veux parler ici que d'une nouvelle espèce de dictionnaires historiques qui renferment des mensonges & des satyres par ordre alphabétique ; tel est le *Dictionnaire historique, littéraire & critique, contenant une idée abrégée de la vie des hommes illustres en tous genre*, & imprimé en 1758 en six volumes 8°. sans nom d'auteur.

Les compilateurs de cet ouvrage commencent par déclarer qu'il a été entrepris *sur les avis de l'auteur de la Gazette ecclésiastique, écrivain redoutable*, disent-ils, *dont la flêche déja comparée à celle de Jonathas, n'est jamais retournée en arrière, & est toûjours teinte du sang des morts, du carnage des plus vaillans: A sanguine interfectorum, ab adipe fortium sagitta Jonathæ nunquam rediit retrorsum.*

On conviendra sans peine que *Jonathas* fils de *Saül*, tué à la bataille de Gelboé, a un rapport immédiat avec un convulsionnaire de Paris qui barbouillait les nouvelles ecclésiastiques dans un grenier en 1758.

L'auteur de cette préface y parle du grand *Colbert*. On croit d'abord que c'est du ministre d'état qui a rendu de si grands services à la France ; point du tout, c'est d'un évêque de Montpellier. Il se plaint qu'un autre dictionnaire n'ait pas assez loué le célèbre abbé d'*Asfeld*, l'illustre *Boursier*, le fameux *Gennes*, l'immortel *la Borde*, & qu'on n'ait pas dit assez d'injures à l'archevêque de Sens *Languet* & à un nommé *Fillot*, tous gens connus, à ce qu'il prétend, des colomnes d'Hercule à la mer Glaciale. Il promet qu'il sera *vif, fort & piquant par principe de religion ; qu'il rendra son visage plus ferme que le visage de ses ennemis, & son front plus dur que leur front, selon la parole d'Ezéchiel*.

Il déclare qu'il a mis à contribution tous les journaux & tous les ana, & il finit par espérer que le ciel répandra ses bénédictions sur son travail.

Dans ces espèces de dictionnaires qui ne sont que des ouvrages de parti, on trouve rarement ce qu'on cherche, & souvent ce qu'on ne cherche pas. Au mot *Adonis*, par exemple, on apprend que *Vénus* fut amoureuse de lui ; mais pas un mot du culte d'*Adonis*, ou *Adonaï* chez les Phéniciens ; rien sur ces fêtes si antiques & si célèbres, sur les lamentations suivies de réjouissances, qui étaient des allégories manifestes, ainsi que les fêtes de *Cérès*, celles d'*Isis* & tous les mystères de l'antiquité. Mais en récompense on trouve la religieuse *Adkichomia* qui traduisit en vers les pseaumes de *David* au seiziéme siécle, & *Adkichomius* qui était apparemment son parent & qui fit la *Vie de* JESUS-CHRIST en bas-allemand.

On peut bien penser que tous ceux de la faction dont était le rédacteur sont accablés de louanges, & les autres d'injures. L'auteur, ou la petite horde d'auteurs qui ont broché ce vocabulaire d'inepties, dit de *Nicolas Boindin* procureur-général des tréforiers de France, de l'académie des belles-lettres, qu'il était *poëte & athée*.

Ce magistrat n'a pourtant fait jamais imprimer de vers ; & n'a rien écrit sur la métaphysique ni sur la religion.

Il ajoute que *Boindin* sera mis par la postérité au rang des *Vanini*, des *Spinosa* & des *Hobbes*. Il ignore qu'*Hobbes* n'a jamais professé l'athéïsme, qu'il a seulement soumis la religion à la puissance souveraine, qu'il appelle le *Léviathan*. Il ignore que *Vanini* ne fut point athée. Que le mot d'*athée* même ne se trouve pas dans l'arrêt qui le condamna ; qu'il fut accusé d'impiété pour s'être élevé fortement contre la philosophie d'*Aristote*, & pour avoir disputé aigrement & sans retenue contre un conseiller au parlement de Toulouse nommé *Francon* ou *Franconi*, qui eut le crédit de le faire brûler, parce qu'on fait brûler qui on veut, témoin la *Pucelle d'Orléans*, *Michel Servet*, le conseiller *Du Bourg*, la maréchale d'*Ancre*, *Urbain Grandier*, *Morin* & les livres des jansénistes. Voyez d'ailleurs l'apologie de *Vanini* par le savant *La Crose*; & à l'article *Athéïsme*.

Le vocabuliste traite Boindin de *scélérat*; ses parens voulaient attaquer en justice & faire punir un auteur qui mérite si bien le nom qu'il ose donner à un magistrat, à un savant estimable. Mais le calomniateur se cachait sous un nom supposé comme la plûpart des libellistes.

Immédiatement après avoir parlé si indignement d'un homme respectable pour lui, il le regarde comme un témoin irréfragable, parce que *Boindin* dont la mauvaise humeur était connue, a laissé un mémoire très mal fait & très téméraire, dans lequel il accuse *La Mothe* le plus honnète homme du monde, un géomètre & un marchand quincaillier d'avoir fait les vers infâmes qui firent condamner *Jean-Batiste Rousseau*. Enfin, dans la liste des ouvrages de *Boindin*, il omet exprès ses excellentes dissertations imprimées dans le *Recueil de l'académie de belles-lettres*, dont il était un membre très distingué.

L'article *Fontenelle* n'eſt qu'une ſatyre de cet ingénieux & ſavant académicien dont l'Europe littéraire eſtime la ſcience & les talens. L'auteur a l'impudence de dire que *ſon Hiſtoire des oracles ne fait pas honneur à ſa religion*. Si Vandale auteur de l'*Hiſtoire des oracles*, & ſon rédacteur Fontenelle avaient vécu du tems des Grecs & de la république Romaine, on pourait dire avec raiſon, qu'ils étaient plutôt de bons philoſophes que de bons payens ; mais, en bonne foi, quel tort font-ils à la religion chrétienne en feſant voir que les prêtres payens étaient des fripons ? Ne voit-on pas que les auteurs de ce libelle intitulé *Dictionnaire*, plaident leur propre cauſe ? *Jam proximus ardet Ucalegon.* Mais ſerait-ce inſulter à la religion chrétienne que de prouver la friponnerie des convulſionnaires ? Le gouvernement a fait plus ; il les a punis ſans être accuſés d'irréligion.

Le libelliſte ajoute, qu'il ſoupçonne *Fontenelle* de n'avoir rempli ſes devoirs de chrétien que par mépris pour le chriſtianiſme même. C'eſt une étrange démence dans ces fanatiques de crier toûjours qu'un philoſophe ne peut être chrétien ; il faudrait les excommunier & les punir pour cela ſeul : car c'eſt aſſûrément vouloir détruire le chriſtianiſme, que d'aſſurer qu'il eſt impoſſible de bien raisonner & de croire une religion si raisonnable & si sainte.

Des-Ivetaux précepteur de *Loüis XIII*, est accusé d'avoir vécu & d'être mort sans religion. Il semble que les compilateurs n'en ayent aucune, ou du moins qu'en violant tous les préceptes de la véritable, ils cherchent partout des complices.

Le galant homme auteur de ces articles, se complait à rapporter tous les mauvais vers contre l'académie française, des anecdotes aussi ridicules que fausses. C'est apparemment encor par zèle de religion.

Je ne dois pas perdre une occasion de réfuter le conte absurde qui a tant couru, & qu'il répète fort mal-à-propos à l'article de l'abbé *Gédouin*, sur lequel il se fait un plaisir de tomber, parce qu'il avait été jésuite dans sa jeunesse ; faiblesse passagère dont je l'ai vu se repentir toute sa vie.

Le dévot & scandaleux rédacteur du dictionnaire, prétend que l'abbé *Gédouin* coucha avec la célèbre *Ninon l'Enclos*, le jour même quelle eut quatre-vingt ans accomplis. Ce n'était pas assurément à un prêtre de conter cette avanture dans un prétendu *Dictionnaire des hommes illustres*. Une telle sotise n'est nullement vraisemblable ; & je puis certifier que rien n'est plus faux. On mettait autrefois cette anecdote sur le compte de l'abbé de *Châteauneuf*, qui n'était pas difficile en amour, & qui, difait-on, avait eu les faveurs de *Ninon* âgée de foixante ans, ou plutôt lui avait donné les fiennes. J'ai beaucoup vu dans mon enfance l'abbé de *Gédouin*, l'abbé de *Châteauneuf* & Mdlle. *l'Enclos* ; je puis affurer qu'à l'âge de quatre-vingt ans fon vifage portait les marques les plus hideufes de la vieilleffe ; que fon corps en avait toutes les infirmités, & qu'elle avait dans l'efprit les maximes d'un philofophe auftère.

A l'article *Deshoulières*, le rédacteur prétend que c'eft elle qui eft défignée fous le nom de *précieufe* dans la fatyre de *Boileau* contre les femmes. Jamais perfonne n'eut moins ce défaut que madame *Deshoulières*; elle paffa toûjours pour la femme du meilleur commerce ; elle était très fimple & très agréable dans la converfation.

L'article *La Mothe* eft plein d'injures atroces contre cet académicien ; homme très aimable, poète-philofophe qui a fait des ouvrages eftimables dans tous les genres. Enfin l'auteur, pour vendre fon livre en fix volumes, en a fait un libelle diffamatoire.

Son héros eft *Carré de Montgeron* qui préfenta au roi un recueil des miracles opérés par les convulfionnaires dans le cimetière de St. Médard ; & fon héros était un fot qui eft mort fou.

L'intérêt du public, de la littérature & de

la raifon, exigeait qu'on livrât à l'indignation publique ces libelliftes à qui l'avidité d'un gain fordide pourait fufciter des imitateurs ; d'autant plus que rien n'eft fi aifé que de copier des livres par ordre alphabétique, & d'y ajouter des platitudes, des calomnies & des injures.

Extrait des reflexions d'un académicien, sur le dictionnaire de l'académie.

J'aurais voulu rapporter l'étymologie naturelle & inconteftable de chaque mot, comparer l'emploi, les diverfes fignifications, l'énergie de ce mot avec l'emploi, les acceptions diverfes, la force ou la faibleffe du terme qui répond à ce mot dans les langues étrangères ; enfin, citer les meilleurs auteurs qui ont fait ufage de ce mot ; faire voir le plus ou moins d'étendue qu'ils lui ont donné, remarquer s'il eft plus propre à la poéfie qu'à la profe.

Par exemple, j'obfervais que l'*inclémence* des airs eft ridicule dans une hiftoire, parce que ce terme d'*inclémence* a fon origine dans la colère du ciel qu'on fuppofe manifeftée par l'intempérie, les dérangemens, les rigueurs des faifons, la violence du froid, la corruption de l'air, les tempêtes, les orages, les vapeurs peftilentielles, &c. Ainfi donc *inclé-*

mence étant une métaphore, est consacrée à la poésie.

Je donnais au mot *impuissance* toutes les acceptions qu'il reçoit. Je fesais voir dans quelle faute est tombé un historien qui parle de l'impuissance du roi *Alphonse*, en n'exprimant pas si c'était celle de résister à son frère, ou celle dont sa femme l'accusait.

Je tâchais de faire voir que les épithètes *irrésistible*, *incurable*, exigeaient un grand ménagement. Le premier qui a dit, *l'impulsion irresistible du génie*, a très bien rencontré, parce qu'en effet il s'agissait d'un grand génie qui s'était livré à son talent malgré tous les obstacles. Les imitateurs qui ont employé cette expression pour des hommes médiocres, sont des plagiaires qui ne savent pas placer ce qu'ils dérobent.

Le mot *incurable* n'a été encor enchâssé dans un vers que par l'industrieux Racine.

D'un incurable amour remèdes impuissans.

Voilà ce que Boileau appelle *des mots trouvés*.

Dès qu'un homme de génie a fait un usage nouveau d'un terme de la langue, les copistes ne manquent pas d'employer cette même expression mal-à-propos en vingt endroits, & n'en font jamais honneur à l'inventeur.

Je ne crois pas qu'il y ait un seul de ces mots trouvés, une seule expression neuve de génie dans aucun auteur tragique depuis *Racine*, excepté ces années. Ce sont pour l'ordinaire des termes lâches, oiseux, rebattus, si mal mis en place qu'il en résulte un stile barbare ; & à la honte de la nation, ces ouvrages visigoths & vandales, furent quelque tems prônés, célébrés, admirés dans les journaux, dans les mercures, surtout quand ils furent protégés par je ne sais quelle dame qui ne s'y connaissait point du tout. On en est revenu aujourd'hui ; & à un ou deux près, ils sont pour jamais anéantis.

Je ne prétendais pas faire toutes ces réflexions, mais mettre le lecteur en état de les faire.

Je fesais voir à la lettre E que nos *e* muets qui nous sont reprochés par un Italien, sont précisément ce qui forme la délicieuse harmonie de notre langue. *Empire, couronne, diadême, épouvantable, sensible* ; cet *e* muet qu'on fait sentir, sans l'articuler, laisse dans l'oreille un son mélodieux, comme celui d'un timbre qui résonne encor quand il n'est plus frappé. C'est ce que nous avons déja répondu à un Italien homme de lettres, qui était venu à Paris pour enseigner sa langue, & qui ne devait pas y décrier la nôtre.

Il ne sentait pas la beauté & la nécessité de nos rimes féminines ; elles ne sont que des *e* muets. Cet entrelassement de rimes masculines & féminines fait le charme de nos vers.

De semblables observations sur l'alphabet & sur les mots, auraient pu être de quelque utilité; mais l'ouvrage eût été trop long.

DIEU. DIEUX.

SECTION PREMIÈRE.

JE crains toûjours de me tromper; mais tous les monumens me font voir avec évidence que les anciens peuples policés reconnaissaient un DIEU suprême. Il n'y a pas un seul livre, une médaille, un bas relief, une inscription où il soit parlé de *Junon*, de *Minerve*, de *Neptune*, de *Mars* & des autres Dieux, comme d'un Etre formateur, souverain de toute la nature. Au contraire, les plus anciens livres prophanes que nous ayons, *Héſiode* & *Homère*, repréſentent leur *Zeus* comme ſeul lançant la foudre, comme ſeul maître des Dieux & des hommes; il punit même les autres Dieux; il attache *Junon* à une chaîne, il chaſſe *Apollon* du ciel.

L'ancienne religion des bracmanes, la première qui admit des créatures céleſtes, la première qui parla de leur rébellion, s'explique d'une manière ſublime ſur l'unité & la puiſſance de DIEU, comme nous l'avons vu à l'article *Ange*.

Les Chinois, tout anciens qu'ils font, ne viennent qu'après les Indiens; ils ont reconnu un feul Dieu de tems immémorial, point de Dieux fubalternes, point de génies ou daimons médiateurs entre Dieu & les hommes, point d'oracles, point de dogmes abftraits, point de difputes théologiques chez les lettrés; l'empereur fut toûjours le premier pontife, la religion fut toûjours augufte & fimple: c'eft ainfi que ce vafte empire, quoique fubjugué deux fois, s'eft toûjours confervé dans fon intégrité, qu'il a foumis fes vainqueurs à fes loix, & que malgré les crimes & les malheurs attachés à la race humaine, il eft encor l'état le plus floriffant de la terre.

Les mages de Caldée, les Sabéens ne reconnaiffaient qu'un feul Dieu fuprême, & l'adoraient dans les étoiles qui font fon ouvrage.

Les Perfans l'adoraient dans le foleil. La fphère pofée fur le frontifpice du temple de Memphis, était l'emblême d'un Dieu unique & parfait, nommé *Knef* par les Egyptiens.

Le titre de *Deus optimus maximus*, n'a jamais été donné par les Romains qu'au feul Jupiter, *Hominum fator atque Deorum*. On ne peut trop répéter cette grande vérité que nous indiquons ailleurs. *a*)

a) Le prétendu *Jupiter* né en Crète, n'était qu'une fable hiftorique ou poëtique, comme celles des autres Dieux. *Jovis*, depuis *Jupiter*, était la traduction du mot grec *Zeus*; & *Zeus* était la traduction du mot phénicien *Jeova*.

Cette adoration d'un DIEU suprême est confirmée depuis *Romulus* jusqu'à la destruction entière de l'empire, & à celle de sa religion. Malgré toutes les folies du peuple qui vénérait des Dieux sécondaires & ridicules, & malgré les épicuriens qui au fonds n'en reconnaissaient aucun, il est avéré que les magistrats & les sages adorèrent dans tous les tems un DIEU souverain.

Dans le grand nombre de témoignages qui nous restent de cette vérité, je choisirai d'abord celui de *Maxime* de Tyr qui florissait sous les *Antonins*, ces modèles de la vraie piété, puisqu'ils l'étaient de l'humanité. Voici ses paroles dans son discours intitulé, *De* DIEU *selon Platon*. Le lecteur qui veut s'instruire est prié de les bien peser.

Les hommes ont eu la faiblesse de donner à DIEU *une figure humaine, parce qu'ils n'avaient rien vu au-dessus de l'homme. Mais il est ridicule de s'imaginer avec Homère, que Jupiter ou la suprême Divinité, a les sourcils noirs & les cheveux d'or, & qu'il ne peut les secouer sans ébranler le ciel.*

Quand on interroge les hommes sur la nature de la Divinité, toutes leurs réponses sont différentes. Cependant, au milieu de cette prodigieuse variété d'opinions, vous trouverez un même sentiment par toute la terre, c'est qu'il n'y a qu'un seul DIEU *qui est le père de tous, &c.*

Dieux.

Que deviendront après cet aveu formel & après les discours immortels des *Cicérons*, des *Antonins*, des *Epictètes*, que deviendront, dis-je, les déclamations que tant de pédans ignorans répètent encor aujourd'hui ? A quoi serviront ces éternels reproches d'un politéisme grossier & d'une idolâtrie puérile, qu'à nous convaincre que ceux qui les font n'ont pas la plus légère connaissance de la saine antiquité ? Ils ont pris les rêveries d'*Homère* pour la doctrine des sages.

Faut-il un témoignage encor plus fort & plus expressif ? vous le trouverez dans la lettre de *Maxime* de Madaure à *St. Augustin*; tout deux étaient philosophes & orateurs; du moins ils s'en piquaient, ils s'écrivaient librement; ils étaient amis autant que peuvent l'être un homme de l'ancienne religion & de la nouvelle.

Lisez la lettre de *Maxime* de Madaure, & la réponse de l'évêque d'Hippone.

Lettre de Maxime de Madaure.

,, Or qu'il y ait un Dieu souverain qui
,, soit sans commencement, & qui sans avoir
,, rien engendré de semblable à lui, soit
,, néanmoins le père & le formateur de toutes
,, choses, quel homme est assez grossier, as-
,, sez stupide pour en douter ? C'est celui
,, dont nous adorons sous des noms divers

„ l'éternelle puiſſance, répandue dans toutes
„ les parties du monde; ainſi honorant ſé-
„ parément par diverſes ſortes de cultes, ce
„ qui eſt comme ſes divers membres, nous
„ l'adorons tout entier.... qu'ils vous con-
„ ſervent ces Dieux *ſubalternes*, ſous les
„ noms deſquels, & par leſquels tout au-
„ tant de mortels que nous ſommes ſur la
„ terre, nous adorons le *Père commun des*
„ *Dieux & des hommes*, par différentes ſortes
„ de cultes, à la vérité, mais qui s'accordent
„ tous dans leur variété même, & ne ten-
„ dent qu'à la même fin. "

Qui écrivait cette lettre ? Un Numide, un homme du pays d'Alger.

ÉPONSE D'AUGUSTIN.

„ Il y a dans votre place publique deux
„ ſtatues de *Mars*, nud dans l'une & armé
„ dans l'autre, & tout auprès la figure d'un
„ homme qui avec trois doigts qu'il avance
„ vers *Mars*, tient en bride cette divinité
„ dangereuſe à toute la ville. Sur ce que vous
„ me dites que de pareils Dieux ſont comme
„ les membres du ſeul véritable DIEU, je
„ vous avertis avec toute la liberté que vous
„ me donnez, de ne pas tomber dans de pa-
„ reils ſacrilèges; car ce ſeul DIEU dont vous
„ parlez, eſt ſans doute celui qui eſt re-
„ connu de tout le monde, & ſur lequel les
„ igno-

DIEUX. 273

„ ignorans conviennent avec les favans,
„ comme quelques anciens ont dit. Or, direz-
„ vous que celui dont la force, pour ne pas
„ dire la cruauté, eft réprimée par un hom-
„ me mort foit un membre de celui-là ?
„ Il me ferait aifé de vous pouffer fur ce fu-
„ jet ; car vous voyez bien ce qu'on pou-
„ rait dire fur cela ; mais je me retiens de
„ peur que vous ne difiez que ce font les
„ armes de la rhétorique que j'employe con-
„ tre vous plutôt que celles de la vérité. "

Traduct. de Dubois, précepteur du dernier duc de Guife.

Nous ne favons pas ce que fignifiaient ces deux ftatues dont il ne refte aucun veftige ; mais toutes les ftatues dont Rome était remplie, le Panthéon & tous les temples confacrés à tous les Dieux fubalternes, & même aux douze grands Dieux, n'empêchèrent jamais que *Deus optimus maximus*, DIEU *très bon & très grand*, ne fût reconnu dans tout l'empire.

Le malheur des Romains était donc d'avoir ignoré la loi mofaïque, & enfuite d'ignorer la loi des difciples de notre Sauveur JESUS-CHRIST, de n'avoir pas eu la foi, d'avoir mêlé au culte d'un DIEU fuprême le culte de *Mars*, de *Vénus*, de *Minerve*, d'*Apollon* qui n'exiftaient pas, & d'avoir confervé cette religion jufqu'au tems des *Théodofes*. Heureufement les Goths, les Huns, les Vandales, les Hérules, les Lombards, les Francs qui dé-

Quatriéme partie. S

truifirent cet empire, fe foumirent à la vérité, & jouïrent d'un bonheur qui fut refufé aux *Scipions*, aux *Catons*, aux *Metellus*, aux *Emiles*, aux *Cicérons*, aux *Varrons*, aux *Virgiles* & aux *Horaces*. (Voyez l'article *Idolâtrie*.)

Tous ces grands-hommes ont ignoré JESUS-CHRIST qu'ils ne pouvaient connaître; mais ils n'ont point adoré le diable, comme le répètent tous les jours tant de pédants. Comment auraient-ils adoré le diable puifqu'ils n'en avaient jamais entendu parler ?

D'UNE CALOMNIE DE WARBURTON CONTRE CICÉRON, AU SUJET D'UN DIEU SUPRÊME.

Préface de la II. partie du tome II. de la légation de Moïfe, p. 59.

Warburton a calomnié *Cicéron* & l'ancienne Rome, ainfi que fes contemporains. Il fuppofe hardiment que *Cicéron* a prononcé ces paroles dans fon oraifon pour *Flaccus* : IL EST INDIGNE DE LA MAJESTÉ DE L'EMPIRE D'ADORER UN SEUL DIEU. *Majeftatem imperii non decuit ut unus tantum* DEUS *colatur*.

Qui le croirait ? il n'y a pas un mot de cela dans l'oraifon pour *Flaccus*, ni dans aucun ouvrage de *Cicéron*. Il s'agit de quelques vexations dont on accufait *Flaccus*, qui avait exercé la prêture dans l'Afie mineure. Il était fecrétement pourfuivi par les juifs, dont Rome était alors inondée; car ils avaient obtenu à force d'argent des privilèges à Rome, dans le tems même que *Pompée* après *Crassus* ayant pris Jérusalem, avait fait pendre leur roitelet *Alexandre* fils d'*Aristobule*. *Flaccus* avait défendu qu'on fît passer des espèces d'or & d'argent à Jérusalem, parce que ces monnoies en revenaient altérées, & que le commerce en souffrait; il avait fait saisir l'or qu'on y portait en fraude. Cet or, dit *Cicéron*, est encor dans le tréfor; *Flaccus* s'est conduit avec autant de désintéressement que *Pompée*.

Ensuite *Cicéron* avec son ironie ordinaire prononce ces paroles. ,, Chaque pays a sa re-
,, ligion, nous avons la nôtre. Lorsque Jé-
,, rusalem était encor libre, & que les juifs
,, étaient en paix, ces juifs n'avaient pas
,, moins en horreur la splendeur de cet em-
,, pire, la dignité du nom romain, les insti-
,, tutions de nos ancêtres. Aujourd'hui cette
,, nation a fait voir plus que jamais par la
,, force de ses armes ce qu'elle doit penser de
,, l'empire Romain. Elle nous a montré par
,, sa valeur combien elle est chère aux Dieux
,, immortels; elle nous l'a prouvé en étant
,, vaincue, dispersée, tributaire. "

Stantibus hierosolimis, pacatisque Judæis, tamen istorum religio sacrorum à splendore hujus imperii, gravitate nominis nostri, majorum institutis abhorrebat: nunc verò hoc magis, qud illa gens , quid de imperio nostro sentiret, ostendit armis : quam cara Diis immortalibus esset, docuit, quòd est victa, quòd elocata, quòd servata.

Il est donc très faux que jamais ni *Cicéron*, ni aucun Romain ait dit, qu'il ne convenait pas à la majesté de l'empire de reconnaître un D i e u suprême. Leur *Jupiter* ce *Zeus* des Grecs, ce *Jehova* des Phéniciens, fut toûjours regardé comme le maître des Dieux sécondaires. On ne peut trop inculquer cette grande vérité.

Les Romains ont-ils pris tous leurs Dieux des Grecs?

Les Romains n'auraient-ils pas eu plusieurs Dieux qu'ils ne tenaient pas des Grecs?

Par exemple, ils ne pouvaient avoir été plagiaires en adorant *Cælum*, quand les Grecs adoraient *Ouranon*; en s'adressant à *Saturnus* & à *Tellus* quand les Grecs s'adressaient à *Gé* & à *Cronos*.

Ils appellaient *Cérès* celle que les Grecs nommaient *Deo* & *Demiter*.

Leur Neptune était *Poseidon*; leur Vénus était *Aphrodite*; leur Junon s'appellait en grec *Era*; leur Proserpine *Coré*; enfin, leur favori Mars, *Ares*; & leur favorite Bellone *Enio*. Il n'y a pas là un nom qui se ressemble.

Les beaux esprits grecs & romains s'étaient-ils rencontrés, ou les uns avaient-ils pris des autres, la chose dont ils déguisaient le nom ?

Il est assez naturel que les Romains, sans consulter les Grecs, se soient faits des Dieux du ciel, du tems, d'un être qui préside à la guerre, à la génération, aux moissons, sans aller demander des Dieux en Grèce, comme ensuite ils allèrent leur demander des loix. Quand vous trouvez un nom qui ne ressemble à rien, il paraît juste de le croire originaire du pays.

Mais *Jupiter* le maître de tous les Dieux, n'est-il pas un mot appartenant à toutes les nations, depuis l'Euphrate jusqu'au Tibre ? C'était *Jov*, *Jovis* chez les premiers Romains, *Zeus* chez les Grecs, *Jehova* chez les Phéniciens, les Syriens, les Egyptiens.

Cette ressemblance ne paraît-elle pas servir à confirmer que tous ces peuples avaient la connaissance de l'Etre suprème ? connaissance confuse à la vérité ; mais quel homme peut l'avoir distincte ?

SECTION SECONDE.
Examen de Spinosa.

Spinosa ne put s'empêcher d'admettre une intelligence agissante dans la matière, & fesant un tout avec elle.

Page 13, édition de Foppens. *Je dois conclure*, dit-il, *que l'être absolu n'est ni pensée, ni étendue exclusivement l'un de l'autre, mais que l'étendue & la pensée sont les attributs nécessaires de l'être absolu.*

C'est en quoi il paraît différer de tous les athées de l'antiquité, *Ocellus Lucanus*, *Héraclite*, *Démocrite*, *Leucipe*, *Straton*, *Epicure*, *Pythagore*, *Diagore*, *Zenon* d'Elée, *Anaximandre* & tant d'autres. Il en diffère surtout par sa méthode qu'il avait entièrement puisée dans la lecture de *Descartes*, dont il a imité jusqu'au stile.

Spinosa dit qu'il aime Dieu. Ce qui étonnera surtout la foule de ceux qui crient *Spinosa*, *Spinosa*, & qui ne l'ont jamais lu, c'est sa déclaration suivante. Il ne la fait pas pour éblouir les hommes, pour appaiser des théologiens, pour se donner des protecteurs, pour désarmer un parti; il parle en philosophe sans se nommer, sans s'afficher; il s'exprime en latin pour être entendu d'un très petit nombre. Voici sa profession de foi.

PROFESSION DE FOI DE SPINOSA.

Page 44. „ Si je concluais aussi que l'idée de Dieu
„ comprise sous celle de l'infinité de l'univers,
„ me dispense de l'obéissance, de l'amour &
„ du culte, je ferais encor un plus pernicieux
„ usage de ma raison; car il m'est évident
„ que les loix que j'ai reçues, non par le

„ rapport ou l'entremife des autres hommes,
„ mais immédiatement de lui, font celles que
„ la lumière naturelle me fait connaître pour
„ véritables guides d'une conduite raifon-
„ nable. Si je manquais d'obéiffance à cet
„ égard, je pécherais non-feulement contre
„ le principe de mon être & contre la fociété
„ de mes pareils, mais contre moi-même,
„ en me privant du plus folide avantage de
„ de mon exiftence. Il eft vrai que cette
„ obéiffance ne m'engage qu'aux devoirs de
„ mon état, & qu'elle me fait envifager tout
„ le refte comme des pratiques frivoles, in-
„ ventées fuperftitieufement, ou par l'utilité
„ de ceux qui les ont inftituées.

„ A l'égard de l'amour de DIEU, loin que
„ cette idée le puiffe affaiblir, j'eftime qu'au-
„ cun autre n'eft plus propre à l'augmenter,
„ puifqu'elle me fait connaître que DIEU eft
„ intime à mon être; qu'il me donne l'exif-
„ tence & toutes mes proprietés; mais qu'il
„ me les donne libéralement fans reproche,
„ fans intérèt, fans m'affujettir à autre chofe
„ qu'à ma propre nature. Elle bannit la crain-
„ te, l'inquiétude, la défiance, & tous les
„ défauts d'un amour vulgaire ou inté-
„ reffé. Elle me fait fentir que c'eft un bien
„ que je ne puis perdre, & que je poffède
„ d'autant mieux que je le connais & que je
„ l'aime. "

Eſt-ce le vertueux & tendre *Fenelon*; eſt-ce *Spinoſa* qui a écrit ces penſées ? Comment deux hommes ſi oppoſés l'un à l'autre ont-ils pu ſe rencontrer dans l'idée d'aimer DIEU pour lui-même, avec des notions de DIEU ſi différentes ? (Voyez *Amour de* DIEU.)

Il le faut avouer ; ils allaient tout deux au même but, l'un en chrétien, l'autre en homme qui avait le malheur de ne le pas être. Le ſaint archevêque en philoſophe perſuadé que DIEU eſt diſtingué de la nature, l'autre en diſciple très égaré de *Deſcartes*, qui s'imaginait que DIEU eſt la nature entière.

Le premier était orthodoxe ; le ſecond ſe trompait, j'en dois convenir : mais tout deux étaient dans la bonne foi ; tout deux eſtimables dans leur ſincérité comme dans leurs mœurs douces & ſimples ; quoi qu'il n'y ait en d'ailleurs nul rapport entre l'imitateur de l'*Odyſſée* & un carteſien ſec, hériſſé d'argumens ; entre un très bel eſprit de la cour de *Louis XIV*, revêtu de ce qu'on nomme une *grande dignité*, & un pauvre juif déjudaïſé, vivant avec trois cent florins *b*) dans l'obſcurité la plus profonde.

S'il eſt entre eux quelque reſſemblance, c'eſt que *Fenelon* fut accuſé devant le ſanhedrin

---

b) On vit après ſa mort, par ſes comptes, qu'il n'avait quelquefois dépenſé que quatre ſous & demi en un jour pour ſa nourriture. Ce n'eſt pas là un repas de moines aſſemblés en chapitre.

de la nouvelle loi , & l'autre devant une synagogue fans pouvoir comme fans raifon ; mais l'un fe foumit & l'autre fe révolta.

DU FONDEMENT DE LA PHILOSOPHIE DE SPINOSA.

Le grand dialecticien *Bayle* a réfuté *Spinofa*. Ce fyftème n'eft donc pas démontré comme une propofition d'*Euclide* ; s'il l'était , on ne faurait le combattre. Il eft donc au moins obfcur.

Voyez l'article Spinofa Dictionnaire de Bayle.

J'ai toûjours eu quelque foupçon que *Spinofa* avec fa fubftance univerfelle, fes modes & fes accidens , avait entendu autre chofe que ce que *Bayle* entend ; & que par conféquent *Bayle* peut avoir eu raifon, fans avoir confondu *Spinofa*. J'ai toûjours cru furtout que *Spinofa* ne s'entendait pas fouvent lui-même, & que c'eft la principale raifon pour laquelle on ne l'a pas entendu.

Il me femble qu'on pourait battre les remparts du fpinofifme par un côté que *Bayle* a négligé. *Spinofa* penfe qu'il ne peut exifter qu'une feule fubftance ; & il y paraît partout fon livre qu'il fe fonde fur la méprife de Defcartes *que tout eft plein*. Or , il eft auffi faux que tout foit plein , qu'il eft faux que tout foit vide. Il eft démontré aujourd'hui que le mouvement eft auffi impoffible dans le plein abfolu , qu'il eft impoffible que dans une

Spinofa croit que DIEU *eft tout & qu'il n'y a qu'une feule fubftance.*

balance égale un poids de deux livres élève un poids de quatre.

Or si tous les mouvemens exigent abſolument des eſpaces vides, que deviendra la ſubſtance unique de *Spinoſa* ? Comment la ſubſtance d'une étoile entre laquelle & nous eſt un eſpace vide ſi immenſe, ſera-t-elle préciſément la ſubſtance de notre terre, la ſubſtance de moi-même, *c*) la ſubſtance d'une mouche mangée par une araignée ?

Je me trompe peut-être ; mais je n'ai jamais conçu comment *Spinoſa* admettant une ſubſtance infinie dont la penſée & la matière ſont les deux modalités, admettant la ſubſtance qu'il appelle *Dieu*, & dont tout ce que nous voyons eſt mode ou accident, a pu cependant rejetter les cauſes finales ? Si cet être infini, univerſel, penſe, comment n'aurait-il pas des deſſeins ? s'il a des deſſeins, comment n'aurait-il pas une volonté ? Nous ſommes, dit *Spinoſa*, des modes de cet Etre abſolu, néceſſaire, infini. Je dis à *Spinoſa*, nous voulons, nous avons des deſſeins, nous qui ne ſommes que des modes ; donc cet Etre infini, néceſſaire, abſolu ne peut en être privé ; donc il a volonté, deſſeins, puiſſance.

c) Ce qui fait que *Bayle* n'a pas preſſé cet argument, c'eſt qu'il n'était pas inſtruit des démonſtrations de *Newton*, de *Keil*, de *Grégori*, de *Halley*, que le vide eſt néceſſaire pour le mouvement.

DIEUX. 283

Je fais bien que plusieurs philosophes, & Causes fi-
surtout *Lucrèce*, ont nié les causes finales; & nales.
je sais que *Lucrèce*, quoique peu châtié, est un
très grand poëte dans ses descriptions & dans
sa morale; mais en philosophie il me paraît, je
l'avoue, fort au-dessous d'un portier de collège & d'un bedaut de paroisse. Affirmer que
ni l'œil n'est fait pour voir, ni l'oreille pour
entendre, ni l'estomac pour digérer, n'est-ce
pas là la plus énorme absurdité, la plus révol-
tante folie qui soit jamais tombée dans l'esprit
humain? Tout douteur que je suis, cette démence me paraît évidente, & je le dis.

Pour moi je ne vois dans la nature comme
dans les arts, que des causes finales; & je crois
un pommier fait pour porter des pommes
comme je crois une montre faite pour marquer l'heure.

Je dois avertir ici que si *Spinosa* dans
plusieurs endroits de ses ouvrages se moque
des causes finales, il les reconnait plus expressément que personne dans sa première partie de l'*Etre en général & en particulier*.

Voici ses paroles.

„ Qu'il me soit permis de m'arrêter ici Causes fi-
„ quelque instant, pour admirer la merveil- nales ad-
„ leuse dispensation de la nature, laquelle mises par
„ ayant enrichi la constitution de l'homme *Spinosa*,
„ de tous les ressorts nécessaires pour prolon- pag. 14.
„ ger jusqu'à certain terme la durée de sa fra-
„ gile existence, & pour animer la connaissance

„ qu'il a de lui-même par celle d'une infi-
„ nité de choses éloignées, semble avoir ex-
„ près négligé de lui donner des moyens
„ pour bien connaître celle dont il est obligé
„ de faire un usage plus ordinaire, & même
„ les individus de sa propre espèce. Cepen-
„ dant, à le bien prendre, c'est moins l'effet
„ d'un refus que celui d'une extrême libé-
„ ralité ; puisque s'il y avait quelque être
„ intelligent qui en pût pénétrer un autre
„ contre son gré, il jouïrait d'un tel avanta-
„ ge au-dessus de lui, que par cela même il
„ ferait exclus de sa société, au-lieu que dans
„ l'état présent, chaque individu jouïssant de
„ lui-même avec une pleine indépendance,
„ ne se communique qu'autant qu'il lui
„ convient. "

Spinosa se contredit. Que conclurai-je de là? que *Spinosa* se contredisait souvent, qu'il n'avait pas toûjours des idées nettes, que dans le grand naufrage des systèmes il se sauvait tantôt sur une planche, tantôt sur une autre ; qu'il ressemblait par cette faiblesse à *Mallebranche*, à *Arnaud*, à *Bossuet*, à *Claude*, qui se sont contredits quelquefois dans leurs disputes ; qu'il était comme tant de métaphysiciens & de théologiens. Je conclurai que je dois me défier à plus forte raison de toutes mes idées en métaphysique, que je suis un animal très faible, marchant sur des sables mouvans qui se dérobent continuellement sous moi, &

qu'il n'y a peut-être rien de si fou que de croire avoir toûjours raison.

Vous êtes très confus, *Baruc* d) *Spinofa*; mais êtes-vous auſſi dangereux qu'on le dit ? je ſoutiens que non ; & ma raiſon, c'eſt que vous êtes confus, que vous avez écrit en mauvais latin, & qu'il n'y a pas dix perſonnes en Europe qui vous liſent d'un bout à l'autre, quoi qu'on vous ait traduit en français. Quel eſt l'auteur dangereux ? c'eſt celui qui eſt lu par les oiſifs de la cour & par les dames.

SECTION TROISIÉME.

Du Syſtême de la nature.

L'auteur du *Syſtême de la nature* a eu l'avantage de ſe faire lire des ſavans, des ignorans, des femmes ; il a donc dans le ſtile des mérites que n'avait pas *Spinofa*. Souvent de la clarté, quelquefois de l'éloquence, quoi qu'on puiſſe lui reprocher de répéter, de déclamer, & de ſe contredire comme tous les autres. Pour le fonds des choſes, il faut s'en défier très ſouvent en phyſique & en morale. Il s'agit ici de l'intérêt du genre-humain. Examinons donc ſi ſa doctrine eſt vraie & utile, & ſoyons courts ſi nous pouvons.

---

d) Il s'appellait *Baruc* & non *Benoit*, car il ne fut jamais batiſé.

Ire. Partie
page 60.

L'ordre & le désordre n'existent point, &c.

Quoi ! en physique un enfant né aveugle ou privé de ses jambes, un monstre n'est pas contraire à la nature de l'espèce ? N'est-ce pas la régularité ordinaire de la nature qui fait l'ordre, & l'irrégularité qui est le désordre ? N'est-ce pas un très grand dérangement, un désordre funeste qu'un enfant à qui la nature a donné la faim, & a bouché l'œsophage ? Les évacuations de toute espèce sont nécessaires, & souvent les conduits manquent d'orifices ; on est obligé d'y remédier : ce désordre a sa cause sans doute. Point d'effet sans cause ; mais c'est un effet très désordonné.

L'assassinat de son ami, de son frère, n'est-il pas un désordre horrible en morale ? Ce crime a sa cause dans des passions, mais l'effet est exécrable ; la cause est fatale ; ce désordre fait frémir. Reste à découvrir, si l'on peut, l'origine de ce désordre ; mais il existe.

Page 69.

L'expérience prouve que les matières que nous regardons comme inertes & mortes, prennent de l'action, de l'intelligence, de la vie, quand elles sont combinées d'une certaine façon.

C'est-là précisément la difficulté. Comment un germe parvient-il à la vie ? l'auteur & le lecteur n'en savent rien. Dès-là les deux volumes du *Système*, & tous les systèmes du monde, ne sont-ils pas des rêves ?

Il faudrait définir la vie, & c'est ce que Page 78. *j'estime impossible.*

Cette définition n'est-elle pas très aisée, très commune ? la vie n'est-elle pas organisation avec sentiment ? Mais de savoir si vous tenez ces deux propriétés du mouvement seul de la matière, c'est ce dont il est impossible de donner une preuve : & si on ne peut le prouver, pourquoi l'affirmer ? pourquoi dire tout haut, *je sais*, quand on se dit tout bas, *j'ignore ?*

L'on demandera ce que c'est que l'homme, &c. Page 80.
Cet article n'est pas assurément plus clair que les plus obscurs de *Spinosa*, & bien des lecteurs s'indigneront de ce ton si décisif que l'on prend sans rien expliquer.

La matière est éternelle & nécessaire, mais Page 82. *ses formes & ses combinaisons sont passagères & contingentes*, &c.

Il est difficile de comprendre comment la matière étant nécessaire, & aucun être libre n'existant, selon l'auteur, il y aurait quelque chose de contingent. On entend par contingence ce qui peut être & ne pas être. Mais tout devant être d'une nécessité absolue, toute manière d'être qu'il appelle ici mal-à-propos *contingent*, est d'une nécessité aussi absolue que l'être même. C'est-là où l'on se trouve encor plongé dans un labyrinthe où l'on ne voit point d'issue.

Lorfqu'on ofe affûrer qu'il n'y a point de DIEU, que la matière agit par elle-même par une néceffité éternelle, il faut le démontrer comme une propofition d'*Euclide*; fans quoi vous n'appuiez votre fyftème que fur un peut-être. Quel fondement pour la chofe qui intéreffe le plus le genre-humain !

Page 152. *Si l'homme d'après fa nature eft forcé d'aimer fon bien-être, il eft forcé d'en aimer les moyens. Il ferait inutile & peut-être injufte de demander à un homme d'être vertueux s'il ne peut l'être fans fe rendre malheureux. Dès que le vice le rend heureux, il doit aimer le vice.*

Cette maxime eft encor plus exécrable en morale que les autres ne font fauffes en phyfique. Quand il ferait vrai qu'un homme ne pourait être vertueux fans fouffrir, il faudrait l'encourager à l'être. La propofition de l'auteur ferait vifiblement la ruine de la fociété. D'ailleurs, comment faura-t-il qu'on ne peut être heureux fans avoir des vices? n'eft-il pas au contraire prouvé par l'expérience, que la fatisfaction de les avoir domptés eft cent fois plus grande que le plaifir d'y avoir fuccombé ; plaifir toûjours empoifonné, plaifir qui mène au malheur. On acquiert en domptant fes vices la tranquillité, le témoignage confolant de fa confcience ; on perd en s'y livrant fon repos, fa fanté ; on rifque tout. L'auteur lui-même en vingt endroits

endroits veut qu'on facrifie tout à la vertu. Qu'eft-ce donc qu'un fyftème rempli de ces contradictions ?

Ceux qui rejettent avec tant de raifon les Page 167, *idées innées, auraient dû fentir que cette intelligence ineffable que l'on place au gouvernail du monde, & dont nos fens ne peuvent conftater ni l'exiftence ni les qualités, eft un être de raifon.*

En vérité, de ce que nous n'avons point d'idées innées, comment s'enfuit-il qu'il n'y a point de DIEU ? cette conféquence n'eft-elle pas abfurde ? y a-t-il quelque contradiction à dire que DIEU nous donne des idées par nos fens ? n'eft-il pas au contraire de la plus grande évidence que s'il eft un Etre tout puiffant dont nous tenons la vie, nous lui devons nos idées & nos fens comme tout le refte ? Il faudrait avoir prouvé auparavant que DIEU n'exifte pas ; & c'eft ce que l'auteur n'a point fait ; c'eft même ce qu'il n'a pas encor tenté de faire jufqu'à cette page du chapitre X.

Dans la crainte de fatiguer les lecteurs par l'examen de tous ces morceaux détachés, je viens au fondement du livre, à l'erreur étonnante fur laquelle il a élevé fon fyftème. Je dois abfolument répéter ici ce qu'on a dit ailleurs.

Quatriéme partie. T

HISTOIRE DES ANGUILLES SUR LESQUELLES EST FONDÉ LE SYSTÊME.

Voyez l'article Anguilles

Il y avait en France vers l'an 1750 un jésuite Anglais nommé *Néedham*, déguisé en séculier, qui servait alors de précepteur au neveu de Mr. *Dillon* archevêque de Toulouse. Cet homme fesait des expériences de physique, & surtout de chimie.

Après avoir mis de la farine de seigle ergoté dans des bouteilles bien bouchées, & du jus de mouton bouilli dans d'autres bouteilles, il crut que son jus de mouton & son seigle avaient fait naître des anguilles, lesquelles même en reproduisaient bientôt d'autres ; & qu'ainsi une race d'anguilles se formait indifféremment d'un jus de viande, ou d'un grain de seigle.

Page 7.

Un physicien qui avait de la réputation, ne douta pas que ce *Néedham* ne fût un profond athée. Il conclut que puisque l'on fesait des anguilles avec de la farine de seigle, on pouvait faire des hommes avec de la farine de froment, que la nature & la chimie produisaient tout ; & qu'il était démontré qu'on peut se passer d'un DIEU formateur de toutes choses.

Cette propriété de la farine trompa aisément un homme malheureusement égaré alors dans des idées qui doivent faire trembler pour la faiblesse de l'esprit humain. Il voulait creuser un trou jusqu'au centre de la terre pour voir le feu central, disséquer des Patagons pour connaître la nature de l'ame ; enduire les malades de poix résine pour les empêcher de transpirer ; exalter son ame pour prédire l'avenir. Si on ajoutait qu'il fut encor plus malheureux en cherchant à opprimer deux de ses confrères, cela ne ferait pas d'honneur à l'athéisme, & servirait seulement à nous faire rentrer en nous-mêmes avec confusion.

Il est bien étrange que des hommes en niant un créateur, se soient attribués le pouvoir de créer des anguilles.

Ce qu'il y a de plus déplorable, c'est que des physiciens plus instruits adoptèrent le ridicule système du jésuite *Néedham*, & le joignirent à celui de *Maillet*, qui prétendait que l'Océan avait formé les Pyrénées & les Alpes, & que les hommes étaient orginairement des marsouins, dont la queue fourchue se changea en cuisses & en jambes dans la suite des tems. De telles imaginations peuvent être mises avec les anguilles formées par de la farine.

Il n'y a pas longtems qu'on assura qu'à Bruxelles un lapin avait fait une demi-douzaine de lapreaux à une poule.

Cette transmutation de farine & de jus de mouton en anguilles fut démontrée aussi fausse

T ij

& aussi ridicule qu'elle l'est en effet, par Mr. *Spalanzani* un peu meilleur observateur que *Néedham*.

On n'avait pas besoin même de ces observations pour démontrer l'extravagance d'une illusion si palpable. Bientôt les anguilles de *Néedham* allèrent trouver la poule de Bruxelles.

Cependant, en 1768, le traducteur exact, élégant & judicieux de *Lucrèce*, se laissa surprendre au point que non-seulement il rapporte dans ses notes du livre VIII. pag. 361, les prétendues expériences de *Néedham*, mais qu'il fait ce qu'il peut pour en constater la validité.

Voilà donc le nouveau fondement du *Système de la nature*. L'auteur dès le second chapitre s'exprime ainsi.

Ire. partie page 23.
En humectant de la farine avec de l'eau, & en renfermant ce mélange, on trouve au bout de quelque tems à l'aide du microscope, qu'il a produit des êtres organisés dont on croyait la farine & l'eau incapables. C'est ainsi que la nature inanimée peut passer à la vie, qui n'est elle-même qu'un assemblage de mouvemens.

Quand cette sotise inouïe serait vraie, je ne vois pas, à raisonner rigoureusement, qu'elle prouvât qu'il n'y a point de Dieu; car il se pourrait très bien qu'il y eût un Etre suprême intelligent & puissant, qui ayant formé le soleil & tous les astres, daigna former aussi des animalcules sans germe. Il n y a point là de contradiction dans les termes. Il faudrait chercher ailleurs une preuve démonstrative que Dieu n'existe pas, & c'est ce qu'assurément personne n'a trouvé ni ne trouvera.

L'auteur traite avec mépris les causes finales, parce que c'est un argument rebattu. Mais cet argument si méprisé est de *Cicéron* & de *Newton*. Il pourait par cela seul faire entrer les athées en quelque défiance d'eux-mêmes. Le nombre est assez grand des sages qui en observant le cours des astres, & l'art prodigieux qui règne dans la structure des animaux & des végétaux, reconnaissent une main puissante qui opère ces continuelles merveilles.

L'auteur prétend que la matière aveugle & sans choix produit des animaux intelligens. Produire sans intelligence des êtres qui en ont ! cela est-il concevable ? ce système est-il appuié sur la moindre vraisemblance ? Une opinion si contradictoire exigerait des preuves aussi étonnantes qu'elle même. L'auteur n'en donne aucune ; il ne prouve jamais rien, & il affirme tout ce qu'il avance. Quel chaos, quelle confusion, mais quelle témérité !

Spinosa du moins avouait une intelligence agissante dans ce grand tout, qui constituait la nature ; il y avait là de la philosophie. Mais je suis forcé de dire que je n'en trouve aucune dans le nouveau système.

La matière est étendue, solide, gravitante, divisible ; j'ai tout cela aussi bien que cette pierre. Mais a-t-on jamais vu une pierre sentante & pensante ? Si je suis étendu, solide, divisible, je le dois à la matière. Mais j'ai sensations & pensées ; à qui le dois-je ? ce n'est pas à de l'eau, à de la fange ; il est vraisemblable que c'est à quelque chose de plus puissant que moi. C'est à la combinaison seule des élémens, me dites-vous. Prouvez-le-moi donc ; faites moi donc voir nettement qu'une cause intelligente ne peut m'avoir donné l'intelligence. Voilà où vous êtes réduit.

L'auteur combat avec succès le Dieu des scolastiques, un Dieu composé de qualités discordantes, un Dieu auquel on donne, comme à ceux d'*Homère*, les passions des hommes ; mais il ne peut combattre le DIEU des sages. Les sages en contemplant la nature admettent un pouvoir intelligent & suprême. Il est peut-être impossible à la raison humaine destituée du secours divin de faire un pas plus avant.

L'auteur demande où réside cet Etre ? & de ce que personne sans être infini ne peut dire où il réside, il conclut qu'il n'existe pas. Cela n'est pas philosophique ; car de ce que nous ne pouvons dire où eſt la cauſe d'un effet, nous ne devons pas conclure qu'il n'y a point de cauſe. Si vous n'aviez jamais vu de canonnier, & que vous viſſiez l'effet d'une batterie de canon, vous ne devriez pas dire, elle agit toute ſeule par ſa propre vertu.

Ne tient-il donc qu'à dire, il n'y a point de Dieu, pour qu'on vous en croye ſur votre parole ?

Enfin, ſa grande objection eſt dans les malheurs & dans les crimes du genre-humain, objection auſſi ancienne que philoſophique ; objection commune, mais fatale & terrible, à laquelle on ne trouve de réponſe que dans l'eſpérance d'une vie meilleure. Et quelle eſt encor cette eſpérance ? nous n'en pouvons avoir aucune certitude par la raiſon. Mais j'oſe dire que quand il nous eſt prouvé qu'un vaſte édifice conſtruit avec le plus grand art eſt bâti par un architecte quel qu'il ſoit, nous devons croire à cet architecte quand même l'édifice ſerait teint de notre ſang, ſouillé de nos crimes, & qu'il nous écraſerait par ſa chute. Je n'examine pas encor ſi l'architecte eſt bon, ſi je dois être ſatiſfait de ſon édifice, ſi je dois en ſortir plutôt que d'y demeurer ; ſi ceux qui ſont logés comme moi dans cette maiſon pour quelques jours, en ſont contens ; j'examine ſeulement s'il eſt vrai qu'il y ait un architecte, ou ſi cette maiſon remplie de

T iiij

tant de beaux appartemens, & de vilains galetas s'est bâtie toute seule.

SECTION QUATRIÉME.

De la néceſſité de croire un Etre ſuprême.

Le grand objet, le grand intérêt, ce me ſemble, n'eſt pas d'argumenter en métaphyſique, mais de peſer s'il faut pour le bien commun de nous autres animaux miſérables & penſans, admettre un DIEU rémunérateur & vengeur, qui nous ſerve à la fois de frein & de conſolation, ou rejetter cette idée en nous abandonnant à nos calamités ſans eſpérances, & à nos crimes ſans remords?

Hobbes dit, que ſi dans une republique où l'on ne reconnaîtrait point de DIEU, quelque citoyen en propoſait un, il le ferait pendre.

Il entendait apparemment par cette étrange exagération, un citoyen qui voudrait dominer au nom de DIEU; un charlatan qui voudrait ſe faire tyran. Nous entendons des citoyens qui ſentant la faibleſſe humaine, ſa perverſité & ſa miſère, cherchent un point fixe pour aſſurer leur morale, & un appui qui les ſoutienne dans les langueurs & dans les horreurs de cette vie.

Depuis *Job* juſqu'à nous, un très grand nombre d'hommes a maudit ſon exiſtence;

nous avons donc un besoin perpétuel de consolation & d'espoir. Votre philosophie nous en prive. La fable de *Pandore* valait mieux, elle nous laissait l'espérance ; & vous nous la ravissez ! La philosophie, selon vous, ne fournit aucune preuve d'un bonheur à venir. Non ; mais vous n'avez aucune démonstration du contraire. Il se peut qu'il y ait en nous une monade indestructible qui sente & qui pense, sans que nous sachions le moins du monde comment cette monade est faite. La raison ne s'oppose point à cette idée, quoique la raison seule ne la prouve pas. Cette opinion n'a-t-elle pas un prodigieux avantage sur la vôtre ? La mienne est utile au genre-humain, la vôtre est funeste ; elle peut (quoique vous en disiez) encourager les *Néron*, les *Alexandre VI* & les *Cartouche*; la mienne peut les réprimer.

Marc-Antonin, *Epictète*, croyaient que leur monade (de quelque espèce qu'elle fût) se rejoindrait à la monade du grand Etre ; & ils furent les plus vertueux des hommes.

Dans le doute où nous sommes tout deux, je ne vous dis pas avec Pascal, *prenez le plus sûr*. Il n'y a rien de sûr dans l'incertitude. Il ne s'agit pas ici de parier, mais d'examiner ; il faut juger, & notre volonté ne détermine pas notre jugement. Je ne vous propose pas de croire des choses extravagantes pour vous tirer d'embarras ; je ne vous dis pas, Allez à la Mecque baiſer la pierre noire pour vous inſtruire; tenez une queue de vache à la main; affublez-vous d'un ſcapulaire, ſoyez imbécille & fanatique pour acquérir la faveur de l'Etre des êtres. Je vous dis, Continuez à cultiver la vertu, à être bienfaiſant, à regarder toute ſuperſtition avec horreur ou avec pitié; mais adorez avec moi le deſſein qui ſe manifeſte dans toute la nature, & par conſéquent l'auteur de ce deſſein, la cauſe primordiale & finale de tout; eſpérez avec moi que notre monade qui raiſonne ſur le grand Etre éternel, poura être heureuſe par ce grand Etre même. Il n'y a point là de contradiction. Vous ne m'en démontrerez pas l'impoſſibilité; de même que je ne puis vous démontrer mathématiquement que la choſe eſt ainſi. Nous ne raiſonnons guères en métaphyſique que ſur des probabilités : nous nageons tous dans une mer dont nous n'avons jamais vu le rivage. Malheur à ceux qui ſe battent en nageant. Abordera qui poura; mais celui qui me crie, Vous nagez en vain, il n'y a point de port, me décourage & m'ôte toutes mes forces.

De quoi s'agit-il dans notre diſpute? de conſoler notre malheureuſe exiſtence. Qui la conſole? vous ou moi?

Vous avouez vous-même dans quelques endroits de votre ouvrage, que la croyance d'un DIEU a retenu quelques hommes ſur le

DIEUX.

bord du crime : cet aveu me fuffit. Quand cette opinion n'aurait prévenu que dix affaffinats, dix calomnies, dix jugemens iniques fur la terre, je tiens que la terre entière doit l'embraffer.

La religion, dites-vous, a produit des milliaffes de forfaits ; dites la fuperftition, qui règne fur notre trifte globe ; elle eft la plus cruelle ennemie de l'adoration pure qu'on doit à l'Etre fuprême. Déteftons ce monftre qui a toûjours déchiré le fein de fa mère ; ceux qui le combattent font les bienfaicteurs du genre-humain ; c'eft un ferpent qui entoure la religion de fes replis, il faut lui écrafer la tête fans bleffer celle qu'il infecte & qu'il dévore.

Vous craignez qu'*en adorant* DIEU *on ne redevienne bientôt fuperftitieux & fanatique*. Mais n'eft-il pas à craindre qu'en le niant on ne s'abandonne aux paffions les plus atroces, & aux crimes les plus affreux ? Entre ces deux excès, n'y a-t-il pas un milieu très raifonnable ? Où eft l'afyle entre ces deux écueils ? le voici. DIEU, & des loix fages.

Vous affirmez qu'il n'y a qu'un pas de l'adoration à la fuperftition. Il y a l'infini pour les efprits bienfaits : & ils font aujourd'hui en grand nombre ; ils font à la tête des nations, ils influent fur les mœurs publiques ;

& d'année en année le fanatisme qui couvrait la terre se voit enlever ses détestables usurpations.

Je répondrai encor un mot à vos paroles de la page 223. *Si l'on présume des rapports entre l'homme & cet Etre incroyable, il faudra lui élever des autels, lui faire des présens, &c., si l'on ne conçoit rien à cet Etre, il faudra s'en rapporter à des prêtres qui......* &c. &c. &c. Le grand mal de s'assembler aux tems des moissons pour remercier Dieu du pain qu'il nous a donné! qui vous dit de faire des présens à Dieu! l'idée en est ridicule : mais où est le mal de charger un citoyen qu'on appellera *vieillard* ou *prêtre*, de rendre des actions de grace à la Divinité au nom des autres citoyens, pourvu que ce prêtre ne soit pas un *Grégoire VII* qui marche sur la tête des rois, ou un *Alexandre VI* souillant par un inceste le sein de sa fille qu'il a engendrée par un stupre, & assassinant, empoisonnant, à l'aide de son bâtard, presque tous les princes ses voisins ; pourvu que dans une paroisse ce prêtre ne soit pas un fripon volant dans la poche des pénitens qu'il confesse, & employant cet argent à séduire les petites filles qu'il catéchise ; pourvu que ce prêtre ne soit pas un *le Tellier*, qui met tout un royaume en combustion par des fourberies dignes du pilori ; un *Warburton* qui viole les loix de la fociété en manifeſtant les papiers fecrets d'un membre du parlement pour le perdre, & qui calomnie quiconque n'eſt pas de fon avis ? Ces derniers cas font rares. L'état du facerdoce eſt un frein qui force à la bienféance.

Un fot prêtre excite le mépris ; un mauvais prêtre infpire l'horreur : un bon prêtre, doux, pieux, fans fuperſtition, charitable, tolérant, eſt un homme qu'on doit chérir & refpecter. Vous craignez l'abus, & moi auſſi. Uniſſons-nous pour le prévenir ; mais ne condamnons pas l'ufage quand il eſt utile à la fociété, quand il n'eſt pas perverti par le fanatifme ou par la méchanceté frauduleufe.

J'ai une chofe très importante à vous dire. Je fuis perfuadé que vous êtes dans une grande erreur ; mais je fuis également convaincu que vous vous trompez en honnête homme. Vous voulez qu'on foit vertueux, même fans DIEU, quoique vous ayez dit malheureufement que *dès que le vice rend l'homme heureux, il doit aimer le vice*. Propofition affreufe que vos amis auraient dû vous faire effacer. Partout ailleurs vous infpirez la probité. Cette difpute philofophique ne fera qu'entre vous & quelques philofophes répandus dans l'Europe ; le reſte de la terre n'en entendra pas parler. Le peuple ne nous lit point. Si quelque théologien voulait vous persécuter, il ferait un méchant, il ferait un imprudent qui ne servirait qu'à vous affermir, & à faire de nouveaux athées.

Vous avez tort ; mais les Grecs n'ont point persécuté *Epicure*, les Romains n'ont point persécuté *Lucrèce*. Vous avez tort ; mais il faut respecter votre génie & votre vertu en vous réfutant de toutes ses forces.

Le plus bel hommage, à mon gré, qu'on puisse rendre à DIEU, c'est de prendre sa défense sans colère ; comme le plus indigne portrait qu'on puisse faire de lui est de le peindre vindicatif & furieux. Il est la vérité même : la vérité est sans passion. C'est être disciple de DIEU que de l'annoncer d'un cœur doux, & d'un esprit inaltérable.

Je pense avec vous que le fanatisme est un monstre mille fois plus dangereux que l'athéisme philosophique. *Spinosa* n'a pas commis une seule mauvaise action. *Châtel* & *Ravaillac*, tout deux dévots, assassinèrent *Henri IV*.

L'athée de cabinet est presque toûjours un philosophe tranquille ; le fanatique est toûjours turbulent ; mais l'athée de cour, le prince athée pourait être le fléau du genre-humain. *Borgia* & ses semblables ont fait presqu'autant de mal que les fanatiques de Munster & des Cévennes : je dis les fanatiques des deux partis. Le malheur des athées de cabinet est de faire des athées de cour. C'est

DIEUX. 303

Chiron qui élève *Achille* : il le nourrit de moëlle de lion. Un jour *Achille* trainera le corps d'*Hector* autour des murailles de Troye, & immolera douze captifs innocens à fa vengeance.

Dieu nous garde d'un abominable prêtre qui hâche un roi en morceaux avec fon couperet facré, ou de celui qui, le cafque en tête & la cuiraffe fur le dos, à l'âge de foixante & dix ans, ofe figner de fes trois doigts enfanglantés la ridicule excommunication d'un roi de France, ou de... ou de... ou de....

Mais que Dieu nous préferve auffi d'un defpote colère & barbare, qui ne croyant point un Dieu, ferait fon Dieu à lui-même ; qui fe rendrait indigne de fa place facrée en foulant aux pieds les devoirs que cette place impofe ; qui facrifierait fans remords fes amis, fes parens, fes ferviteurs, fon peuple à fes paffions. Ces deux tigres, l'un tondu, l'autre couronné, font également à craindre. Par quel frein pourons-nous les retenir ? &c. &c.

Si l'idée d'un Dieu, auquel nos ames peuvent fe rejoindre, a fait des *Titus*, des *Trajans*, des *Antonins*, des *Marc-Aurèles*, & ces grands empereurs Chinois, dont la mémoire eft fi précieufe dans le fecond des plus anciens & des plus vaftes empires du monde ; ces exemples fuffifent pour ma caufe. Et ma caufe eft celle de tous les hommes.

Je ne crois pas que dans toute l'Europe il y ait un seul homme d'état, un seul homme un peu versé dans les affaires du monde, qui n'ait le plus profond mépris pour toutes les légendes dont nous avons été inondés plus que nous le sommes aujourd'hui de brochures. Si la religion n'enfante plus de guerres civiles, c'est à la philosophie seule qu'on en est redevable ; les disputes théologiques commencent à être regardées du même œil que les querelles de *Gilles* & de *Pierrot* à la foire. Une usurpation également odieuse & ridicule, fondée d'un côté sur la fraude & de l'autre sur la bêtise, est minée chaque instant par la raison qui établit son règne. La bulle *in Cœna Domini*, le chef-d'œuvre de l'insolence & de la folie, n'ose plus paraître dans Rome même. Si un régiment de moines fait la moindre évolution contre les loix de l'état, il est cassé sur le champ. Mais quoi ! parce qu'on a chassé les jésuites, faut-il chasser Dieu ? au contraire, il faut l'en aimer davantage.

AMOUR DE DIEU.

Les disputes sur l'amour de Dieu ont allumé autant de haines qu'aucune querelle théologique. Les jésuites & les jansénistes se sont battus pendant cent ans, à qui aimerait Dieu

AMOUR DE DIEU.

DIEU d'une façon plus convenable, & à qui défolerait plus fon prochain.

Dès que l'auteur du *Télémaque* qui commençait à jouïr d'un grand crédit à la cour de *Louis XIV*, voulut qu'on aimât DIEU d'une manière qui n'était pas celle de l'auteur des *Oraifons funèbres*; celui-ci qui était un grand ferrailleur, lui déclara la guerre, & le fit condamner dans l'ancienne ville de *Romulus*, où DIEU était ce qu'on aimait le mieux après la domination, les richeffes, l'oifiveté, le plaifir & l'argent.

Si madame *Guion* avait fu le conte de la bonne vieille qui apportait un réchaut pour brûler le paradis, & une cruche d'eau pour éteindre l'enfer, afin qu'on n'aimât DIEU que pour lui-même, elle n'aurait peut-être pas tant écrit. Elle eût dû fentir qu'elle ne pouvait rien dire de mieux ; mais elle aimait DIEU & le galimatias fi cordialement, qu'elle fut quatre fois en prifon pour fa tendreffe : traitement rigoureux & injufte. Pourquoi punir comme une criminelle une femme qui n'avait d'autre crime que celui de faire des vers dans le ftile de l'abbé *Cotin*, & de la profe dans le goût de *Polichinelle ?* Il eft étrange que l'auteur de *Télémaque* & des froides amours d'*Eucharis* ait dit, dans fes *Maximes des faints*, d'après le bienheureux François de Sales, *Je n'ai prefque point de defirs ; mais fi*

Quatriéme partie.   V

j'étais à renaître je n'en aurais point du tout. Si DIEU *venait à moi, j'irais aussi à lui ; s'il ne voulait pas venir à moi, je me tiendrais là & n'irais pas à lui.*

C'est sur cette proposition que roule tout son livre ; on ne condamna point *St. François de Sales* ; mais on condamna *Fénelon*. Pourquoi ? c'est que *François de Sales* n'avait point un violent ennemi à la cour de Turin, & que *Fénelon* en avait un à Versailles.

Ce qu'on a écrit de plus sensé sur cette controverse mystique, se trouve peut-être dans la satyre de *Boileau*, sur *l'amour de* DIEU, quoique ce ne soit pas assurément son meilleur ouvrage.

Qui fait exactement ce que ma loi commande,
A pour moi, dit ce DIEU, l'amour que je demande.

S'il faut passer des épines de la théologie, à celles de la philosophie qui sont moins longues & moins piquantes, il paraît clair qu'on peut aimer un objet sans aucun retour sur soi-même, sans aucun mélange d'amour-propre, intéressé. Nous ne pouvons comparer les choses divines aux terrestres, l'amour de DIEU à un autre amour. Il manque précisément un infini d'échellons pour nous élever de nos inclinations humaines à cette amour sublime. Cependant, puis qu'il n'y a pour nous d'autre point d'appui que la terre, tirons nos comparaisons de la terre. Nous voyons un chef-d'œuvre de l'art en peinture, en sculpture, en architecture, en poësie, en éloquence, nous entendons une musique qui enchante nos oreilles & notre ame, nous l'admirons, nous l'aimons sans qu'il nous en revienne le plus léger avantage, c'est un sentiment pur; nous allons même jusqu'à sentir quelquefois de la vénération, de l'amitié pour l'auteur; & s'il était là nous l'embrasserions.

C'est à-peu-près la seule manière dont nous puissions expliquer notre profonde admiration & les élans de notre cœur envers l'éternel architecte du monde. Nous voyons l'ouvrage avec un étonnement de respect, & d'anéantissement; & notre cœur s'élève autant qu'il le peut vers l'ouvrier.

Mais quel est ce sentiment? je ne sais quoi de vaste & d'interminé, un saisissement qui ne tient rien de nos affections ordinaires; une ame plus sensible qu'une autre, plus désoccupée, peut être si touchée du spectacle de la nature, qu'elle voudrait s'élancer jusqu'au maître éternel qui l'a formée. Une telle affection de l'esprit, un si puissant attrait peut-il encourir la censure? A-t-on pu condamner le tendre archevêque de Cambrai? Malgré les expressions de *St. François de Sales* que nous avons rapportées, il s'en tenait à cette assertion, qu'on peut aimer l'auteur uniquement pour la beauté de ses ouvrages. Quelle héréſie avait-on à lui reprocher ? les extravagances du ſtile d'une dame de Montargis, & quelques expreſſions peu meſurées de ſa part, lui nuiſirent.

Où était le mal ? on n'en ſait plus rien aujourd'hui. Cette querelle eſt anéantie comme tant d'autres. Si chaque ergoteur voulait bien ſe dire à ſoi-même, Dans quelques années perſonne ne ſe ſouciera de mes ergotiſmes, on ergoterait beaucoup moins. Ah, *Louïs XIV! Louïs XIV!* il falait laiſſer deux hommes de génie ſortir de la ſphère de leurs talens, au point d'écrire ce qu'on a jamais écrit de plus obſcur & de plus ennuieux dans votre royaume.

<blockquote>
Pour finir tous ces débats là,
Tu n'avais qu'à les laiſſer faire.
</blockquote>

Remarquons à tous les articles de morale & d'hiſtoire par quelle chaîne inviſible, par quels reſſorts inconnus toutes les idées qui troublent nos têtes & tous les événemens qui empoiſonnent nos jours ſont liés enſemble, ſe heurtent & forment nos deſtinées. *Fénelon* meurt dans l'exil pour avoir eu deux ou trois converſations myſtiques avec une femme un peu extravagante. Le cardinal de *Bouillon*, le neveu du grand *Turenne*, eſt perſécuté pour n'avoir pas lui-même perſécuté à Rome l'archevêque de Cambrai ſon ami :

il eſt contraint de ſortir de France, & il perd toute ſa fortune.

C'eſt par ce même enchaînement que le fils d'un procureur de Vire trouve, dans une douzaine de phraſes obſcures d'un livre imprimé dans Amſterdam, de quoi remplir de victimes tous les cachots de la France; & à la fin, il ſort de ces cachots mêmes un cri dont le retentiſſement fait tomber par terre toute une ſociété habile & tyrannique fondée par un fou ignorant.

DE DIODORE DE SICILE, ET D'HÉRODOTE.

IL eſt juſte de commencer par *Hérodote* comme le plus ancien.

Quand *Henri Etienne* intitula ſa comique rapſodie, *Apologie d'Hérodote*, on ſait aſſez que ſon deſſein n'était pas de juſtifier les contes de ce père de l'hiſtoire; il ne voulait que ſe moquer de nous, & faire voir que les turpitudes de ſon tems étaient pires que celles des Egyptiens & des Perſes. Il uſa de la liberté que ſe donnait tout proteſtant contre ceux de l'égliſe catholique, apoſtolique & romaine. Il leur reproche aigrement leurs débauches, leur avarice, leurs crimes expiés à prix d'argent, leurs indulgences publiquement vendues dans les cabarets, les fausses reliques supposées par leurs moines ; il les appelle *idolâtres*. Il ose dire que si les Egyptiens adoraient, à ce qu'on dit, des chats & des ognons, les catholiques adoraient des os de morts. Il ose les appeler, dans son discours préliminaire, *théophages*, & même *théokeses*. Nous avons quatorze éditions de ce livre ; car nous aimons les injures qu'on nous dit en commun, autant que nous regimbons contre celles qui s'adressent à nos personnes en notre propre & privé nom.

Henri Etienne ne se servit donc d'*Hérodote* que pour nous rendre exécrables & ridicules. Nous avons un dessein tout contraire ; nous prétendons montrer que les histoires modernes de nos bons auteurs depuis *Guichardin*, sont en général aussi sages, aussi vraies que celles de *Diodore* & d'*Hérodote* sont folles & fabuleuses.

1°. Que veut dire le père de l'histoire dès le commencement de son ouvrage : *Les historiens Perses rapportent que les Phéniciens furent les auteurs de toutes les guerres. De la mer Rouge ils entrèrent dans la nôtre ?* &c. Il semblerait que les Phéniciens se fussent embarqués au golphe de Suez, qu'arrivés au détroit de Babel-Mandel ils eussent côtoié l'Ethiopie, passé la ligne, doublé le cap des Tempêtes appellé depuis le *cap de Bonne-Espérance*, remonté au loin entre l'Afrique & l'Amérique qui est le seul chemin, repassé la ligne, entré de l'Océan dans la Méditerranée par les colomnes d'Hercule, ce qui aurait été un voyage de plus de quatre mille de nos grandes lieues marines, dans un tems où la navigation était dans son enfance.

2°. La première chose que font les Phéniciens c'est d'aller vers Argos enlever la fille du roi *Inachus*, après quoi les Grecs à leur tour vont enlever *Europe* fille du roi de Tyr.

3°. Immédiatement après vient *Candale* roi de Lidie, qui rencontrant un de ses soldats aux gardes nommé *Gigès*, lui dit, Il faut que je te montre ma femme toute nue; il n'y manque pas. La reine l'ayant su, dit au soldat, comme de raison, Il faut que tu meures, ou que tu assassines mon mari, & que tu régnes avec moi; ce qui fut fait sans difficulté.

4°. Suit l'histoire d'*Orion* porté par un marsouin sur la mer du fond de la Calabre jusqu'au cap de Matapan, ce qui fait un voyage assez extraordinaire d'environ cent lieues.

5°. De conte en conte (& qui n'aime pas les contes ?) on arrive à l'oracle infaillible de Delphe, qui tantôt devine que *Crésus* fait cuire un quartier d'agneau & une tortue dans une tourtière de cuivre, & tantôt lui prédit qu'il sera détrôné par un mulet.

6°. Parmi les inconcevables fadaises dont toute l'histoire ancienne regorge, en est-il beaucoup qui approchent de la famine qui tourmenta pendant vingt-huit ans les Lidiens ? Ce peuple qu'*Hérodote* nous peint plus riche en or que les Péruviens, au-lieu d'acheter des vivres chez l'étranger, ne trouva d'autre secret que celui de jouer aux dames de deux jours l'un, sans manger pendant vingt-huit années de suite.

7°. Connaissez-vous rien de plus merveilleux que l'histoire de *Cyrus* ? son grand-père le Mède *Astiage* qui, comme vous voyez, avait un nom grec, rêve une fois que sa fille *Mandane* (autre nom grec) inonde toute l'Asie en pissant ; une autre fois, que de sa matrice il sort une vigne dont toute l'Asie mange les raisins. Et là-dessus, le bon homme *Astiage* ordonne à un *Harpage*, autre Grec, de faire tuer son petit-fils *Cyrus* ; car il n'y a certainement point de grand-père qui n'égorge toute sa race après de tels rêves. *Harpage* n'obéit point. Le bon *Astiage* qui était prudent & juste fait mettre en capilotade le fils d'*Harpage*, & le fait manger à son père, selon l'usage des anciens héros.

a) Remarquez qu'*Hérodote* vivait du tems de *Xerxès*, lorsque Babilone était dans sa plus grande splendeur : les Grecs ignoraient la langue caldéenne. Quelque interprète se moqua de lui, ou *Hérodote* se moqua des Grecs. Lorsque les *Muficos* d'Amster-

8°. *Hérodote*, non moins bon naturaliste qu'historien exact, ne manque pas de vous dire que la terre à froment de vers Babilone, rapporte trois cent pour un. Je connais un petit pays qui rapporte trois pour un. J'ai envie d'aller me transporter dans le Diarbek quand les Turcs en seront chassés par *Catherine II*, qui a de très beaux blés aussi, mais non pas trois cent pour un.

9°. Ce qui m'a toûjours semblé très honnête & très édifiant chez *Hérodote*, c'est la belle coutume religieuse établie dans Babilone, que toutes les femmes mariées allassent se prostituer dans le temple de *Milita* pour de l'argent au premier étranger qui se présentait. On comptait deux millions d'habitans dans cette ville. Il devait y avoir de la presse aux dévotions. Cette loi est surtout très vraisemblable chez les Orientaux qui ont toûjours renfermé leurs femmes, & qui plus de dix siécles avant *Hérodote* imaginèrent de faire des eunuques qui leur répondissent de la chasteté de leurs femmes. *a*) Je m'arrête; si quelqu'un veut suivre l'ordre de ces numeros, il sera bientôt à cent.

dam étaient dans leur plus grande vogue, on aurait bien pu faire accroire à un étranger que les premières dames de la ville venaient se prostituer aux matelots qui revenaient de l'Inde, pour les récompenser de leurs peines. Le plus plaisant de tout ceci, c'est que des pédans Welches ont trouvé la coutume de Babilone très vraisemblable & très honnête.

Tout ce que dit *Diodore* de Sicile, sept siécles après *Hérodote*, est de la même force dans tout ce qui regarde les antiquités & la physique. L'abbé *Terrasson* nous disait, Je traduis le texte de *Diodore* dans toute sa turpitude. Il nous en lisait quelquefois des morceaux chez Mr. de *la Faye*; & quand on riait, il disait, vous verrez bien autre chose. Il était tout le contraire de *Dacier*.

Le plus beau morceau de *Diodore* est la charmante description de l'isle Pancaie, *Panchaica tellus*, célébrée par *Virgile*. Ce sont des allées d'arbres odoriférans, à perte de vue, de la myrrhe & de l'encens pour en fournir au monde entier sans s'épuiser; des fontaines qui forment une infinité de canaux bordés de fleurs; des oiseaux ailleurs inconnus qui chantent sous d'éternels ombrages; un temple de marbre de quatre mille pieds de longueur, orné de colomnes & de statues colossales, &c. &c.

Cela fait souvenir du duc de *la Ferté* qui, pour flatter le goût de l'abbé *Servien*, lui disait un jour, Ah! si vous aviez vu mon fils qui est mort à l'âge de quinze ans! quels yeux! quelle fraicheur de teint! quelle taille admirable! l'Antinoüs du Belvedère n'était auprès de lui qu'un magot de la Chine. Et puis, quelle douceur de mœurs! faut-il que ce qu'il y a jamais eu de plus beau m'ait été enlevé! L'abbé *Servien* s'attendrit; le duc de *la Ferté* s'échauffant par ſes propres paroles, s'attendrit auſſi. Tout deux enfin ſe mirent à pleurer ; après quoi il avoua qu'il n'avait jamais eu de fils.

Un certain abbé *Bazin* avait relevé avec ſa diſcrétion ordinaire un autre conte de *Diodore*. C'était à propos du roi d'Egypte *Séſoſtris*, qui probablement n'a pas plus exiſté que l'iſle Pancaie. Le père de *Séſoſtris* qu'on ne nomme point, imagina, le jour que ſon fils nâquit, de lui faire un jour conquérir toute la terre. C'eſt un beau projet. Pour cet effet, il fit élever auprès de lui tous les garçons qui étaient nés le même jour en Egypte ; & pour en faire des conquérans, on ne leur donnait à déjeûner qu'après leur avoir fait courir cent quatre-vingt ſtades, qui font environ huit de nos grandes lieues.

Quand *Séſoſtris* fut majeur, il partit avec ſes coureurs pour aller conquérir le monde. Ils étaient encor au nombre de dix-ſept cent ; & probablement la moitié était morte, ſelon le train ordinaire de la nature, & ſurtout de la nature de l'Egypte, qui de tout tems fut déſolée par une peſte deſtructive, au moins une fois en dix ans.

Il falait donc qu'il fût né trois mille quatre cent garçons en Egypte le même jour que *Séſoſtris*. Et comme la nature produit preſque autant de filles que de garçons, il nâquit ce jour-là environ ſix mille perſonnes au moins ; mais on accouche tous les jours :

& six mille naissances par jour produisent au bout de l'année deux millions cent quatre-vingt dix mille enfans. Si vous les multipliez par trente-quatre, selon la règle de *Kerseboum*, vous aurez en Egypte plus de soixante & quatorze millions d'habitans, dans un pays qui n'est pas si grand que l'Espagne ou que la France.

Tout cela parut énorme à l'abbé *Bazin* qui avait un peu vu le monde, & qui savait comme il va.

Mais un *Larcher* qui n'était jamais sorti du collège Mazarin, prit violemment le parti de *Séfostris* & de ses coureurs. Il prétendit qu'*Hérodote* en parlant aux Grecs, ne comptait pas par stades de la Grèce, & que les héros de *Séfostris* ne couraient que quatre grandes lieues pour avoir à déjeûner. Il accabla ce pauvre abbé *Bazin* d'injures telles que jamais savant en *us*, ou en *es* n'en avait pas encor dites. Il ne s'en tint pas même aux dix-sept cent petits garçons ; il alla jusqu'à prouver par les prophètes que les femmes, les filles, les nièces des rois de Babilone, toutes les femmes des satrapes & des mages, allaient par dévotion coucher dans les allées du temple de Babilone pour de l'argent, avec tous les chameliers & tous les muletiers de l'Asie. Il traita de mauvais chrétien, de damné, & d'ennemi de l'état, quiconque osait défendre l'honneur des dames de Babilone.

Il prit auſſi le parti des boucs qui avaient communément les faveurs des jeunes Egyptiennes. Sa grande raiſon, diſait-il, c'eſt qu'il était allié par les femmes à un parent de l'évêque de Meaux *Boſſuet* auteur d'un diſcours éloquent ſur l'*Hiſtoire non-univerſelle*; mais ce n'eſt pas là une raiſon péremptoire.

Gardez-vous des contes bleus en tout genre.

Diodore de Sicile fut le plus grand compilateur de ces contes. Ce Sicilien n'avait pas un eſprit de la trempe de ſon compatriote *Archimède* qui chercha & trouva tant de vérités mathématiques.

Diodore examine ſérieuſement l'hiſtoire des Amazones & de leur reine *Mirine*; l'hiſtoire des Gorgones qui combattirent contre les Amazones; celle des Titans, celle de tous les Dieux. Il approfondit l'hiſtoire de *Priape* & d'*Hermaphrodite*. On ne peut donner plus de détails ſur *Hercule* : ce héros parcourt tout l'hémiſphère, tantôt à pied & tout ſeul comme un pélerin, tantôt comme un général d'une grande armée. Tous ſes travaux y ſont fidélement diſcutés; mais ce n'eſt rien en comparaiſon de l'hiſtoire des Dieux de Crète.

Diodore juſtifie *Jupiter* du reproche que d'autres graves hiſtoriens lui ont fait d'avoir détrôné & mutilé ſon père. On voit comment ce *Jupiter* alla combattre des géans, les uns dans ſon iſle, les autres en Phrygie, & enſuite en Macédoine & en Italie.

Aucun des enfans qu'il eut de sa sœur *Junon* & de ses favorites n'est omis.

On voit ensuite comment il devint Dieu, & Dieu suprême.

C'est ainsi que toutes les histoires anciennes ont été écrites. Ce qu'il y a de plus fort, c'est qu'elles étaient sacrées ; & en effet, si elles n'avaient pas été sacrées, elles n'auraient jamais été lues.

Il n'est pas mal d'observer que quoiqu'elles fussent sacrées, elles étaient toutes différentes ; & de province en province, d'isle en isle, chaune avait une histoire des Dieux, des demi-dieux & des héros contradictoire avec celle de ses voisins. Mais aussi, ce qu'il faut bien observer, c'est que les peuples ne se battirent jamais pour cette mythologie.

L'histoire honnête de *Thucidide*, & qui a quelques lueurs de vérité, commence à *Xerxès*: mais avant cette époque que de tems perdu !

DISPUTE.

ON a toûjours disputé, & sur tous les sujets. *Mundum tradidit disputationi eorum.* Il y a eu de violentes querelles pour savoir si le tout est plus grand que sa partie; si un corps peut être en plusieurs endroits à la fois ; fi la matière eft toûjours impénétrable ; fi la blancheur de la neige peut fubfifter fans neige ; fi la douceur du fucre peut fe faire fentir fans fucre, fi on peut penfer fans tête.

Je ne fais aucun doute que dès qu'un janféniste aura fait un livre pour démontrer que deux & un font trois, il ne fe trouve un molinifte qui démontre que deux & un font cinq.

Nous avons cru inftruire le lecteur & lui plaire en mettant fous fes yeux cette piéce de vers fur les difputes. Elle eft fort connue de tous les gens de goût de Paris ; mais elle ne l'eft point des favans qui difputent encor fur la prédeftination gratuite, & fur la grace concomitante, & fur la queftion fi la mer a produit les montagnes.

Lifez les vers fuivans fur les difputes ; voilà comme on en fefait dans le bon tems.

Discours en vers, sur les disputes.

Vingt têtes, vingt avis, nouvel an, nouveau goût ;
Autre ville, autre mœurs, tout change, on détruit tout.
Examine pour toi ce que ton voifin penfe ;
Le plus beau droit de l'homme eft cette indépendance.
Mais ne difpute point ; les deffeins éternels
Cachés au fein de Dieu font trop loin des mortels ;
Le peu que nous favons d'une façon certaine,

Frivole comme nous ne vaut pas tant de peine.
Le monde est plein d'erreurs, mais de-là je conclus
Que prêcher la raison n'est qu'une erreur de plus.

 En parcourans au loin la planète où nous sommes
Que verrons nous? Les torts & les travers des hommes.
Ici c'est un sinode, & là c'est un divan,
Nous verrons le muphti, le derviche, l'iman,
Le bonze, le lama, le talapoin, le Pope,
Les antiques rabins, & les abbés d'Europe,
Nos moines, nos prélats, nos docteurs aggregés ;
Etes-vous disputeurs, mes amis ? Voyagez.

 Qu'un jeune ambitieux ait ravagé la terre,
Qu'un regard de Vénus ait allumé la guerre,
Qu'à Paris, au palais l'honnête citoyen
Plaide pendant vingt ans pour un mur mitoyen,
Qu'au fond d'un diocèse un vieux prêtre gémisse
Quand un abbé de cour enlève un bénéfice,
Et que dans le parterre un poëte envieux
Ait en battant des mains un feu noir dans les yeux,
Tel est le cœur humain : mais l'ardeur insensée
D'asservir ses voisins à sa propre pensée,
Comment la concevoir ? Pourquoi, par quel moyen
Veux-tu que ton esprit soit la règle du mien ?

 Je hais surtout, je hais tout causeur incommode,
Tous ces demi savans gouvernés par la mode,
Ces gens qui pleins de feu, peut-être pleins d'esprit,
Soutiendront contre vous ce que vous aurez dit.
Un peu musiciens, philosophes, poëtes

           Et

DISPUTE.

Et grands-hommes d'état formés par les gazettes ;
Sachant tout, lifant tout, prompts à parler de tout,
Et qui contrediraient *Voltaire* fur le goût,
Montefquieu fur les loix, de *Broglie* fur la guerre,
Ou la jeune d'*Egmont* fur le talent de plaire.

Voyez-les s'emporter fur les moindre fujets ;
Sans ceffe répliquant fans répondre jamais,
» Je ne céderais pas au prix d'une couronne...;
» Je fens.. le fentiment ne confulte perfonne....
» Et le roi ferait là.... je verrais là le feu...,
» Meffieurs, la vérité mîfe une fois en jeu,
» Doit-il nous importer de plaire ou de déplaire?..

C'eft bien dit ; mais pourquoi cette roideur auftère?
Hélas ! c'eft pour juger de quelques nouveaux airs
Ou des deux Poinfinet lequel fait mieux des vers.

Auriez-vous par hazard connu feu monfieur d'Aube,
Qu'une ardeur de difpute éveillait avant l'aube ?
Contiez-vous un combat de votre régiment,
Il favait mieux que vous, où, contre qui, comment.
Vous feul en auriez eu toute la renommée,
N'importe, il vous citait fes lettres de l'armée ;
Et Richelieu préfent il aurait raconté
Ou Gênes défendue, ou Mahon emporté.
D'ailleurs homme de fens, d'efprit & de mérite,
Mais fon meilleur ami redoutait fa vifite.
L'un bientôt rebuté d'une vaine clameur
Gardait en l'écoutant un filence d'humeur.
J'en ai vus dans le feu d'une difpute aigrie,

Quatrième partie.   X

Près de l'injurier le quitter de furie ;
Et rejettant la porte à son double battant,
Ouvrir à leur colère un champ libre en sortant.
Ses neveux qu'à sa suite attachait l'espérance
Avaient vu dérouter toute leur complaisance.
Un voisin asmatique en l'embrassant un soir
Lui dit, Mon médecin me défend de vous voir.
Et parmi cent vertus cette unique faiblesse
Dans un triste abandon réduisit sa vieillesse.
Au sortir d'un sermon la fièvre le saisit
Las d'avoir écouté sans avoir contredit.
Et tout près d'expirer, gardant son caractère,
Il fesait disputer le prêtre & le notaire.

Que la bonté divine arbitre de son sort
Lui donne le repos que nous rendit sa mort !
Si du moins il s'est tû devant ce grand arbitre.

Un jeune bachelier bientôt docteur en titre,
Doit, suivant une affiche, un tel jour, en tel lieu,
Répondre à tout venant sur l'essence de Dieu.
Venez-y, venez voir comme sur un théâtre
Une dispute en règle, un choc opiniâtre,
L'entimême serré, les dilemmes pressans,
Poignards à double lame, & frappant en deux sens,
Et le grand sillogisme en forme régulière,
Et le sophisme vain de sa fausse lumière,
Des moines échauffés vrai fléau de docteurs,
De pauvres Hibernois complaisans disputeurs,
Qui fuyant leur pays pour les saintes promesses

Viennent vivre à Paris d'argumens & de messes ;
Et l'honnête public qui même écoutant bien,
A la saine raison de n'y comprendre rien.
Voilà donc les leçons qu'on prend dans vos écoles !

 Mais tous les argumens sont-ils faux ou frivoles ?
Socrate disputait jusques dans les festins,
Et tout nud quelquefois argumentait aux bains.
Etait-ce dans un sage une folle manie ?
La contrariété fait sortir le génie.
La veine d'un caillou recèle un feu qui dort,
Image de ces gens, froids au premier abord ;
Et qui dans la dispute, à chaque repartie
Sont pleins d'une chaleur qu'on n'avait point sentie.

 C'est un bien, j'y consens. Quant au mal le voici.
Plus on a disputé, moins on s'est éclairci.
On ne redresse point l'esprit faux ni l'œil louche,
Ce mot *j'ai tort*, ce mot nous déchire la bouche.
Nos cris & nos efforts ne frappent que le vent,
Chacun dans son avis demeure comme avant.
C'est mêler seulement aux opinions vaines
Le tumulte insensé des passions humaines.
Le vrai peut quelquefois n'être point de saison ;
Et c'est un très grand tort que d'avoir trop raison.

 Autrefois la justice & la vérité nues,
Chez les premiers humains furent longtems connues ;
Elles régnaient en sœurs : mais on sait que depuis
L'une a fui dans le ciel, & l'autre dans un puits.
La vaine opinion règne sur tous les âges,

Son temple est dans les airs porté sur les nuages ;
Une foule de dieux , de démons , de lutins
Sont au pied de son trône ; & tenant dans leurs mains
Mille riens enfantés par un pouvoir magique ,
Nous les montrent de loin sous des verres d'optique.
Autour d'eux , nos vertus , nos biens , nos maux divers
En boules de savon sont épars dans les airs ;
Et le soufle des vents y promène sans cesse
De climats en climats le temple & la déesse.
Elle fuit & revient. Elle place un mortel
Hier sur un bucher , demain sur un autel.
Le jeune Antinoüs eut autrefois des prêtres.
Nous rions maintenant des mœurs de nos ancêtres ;
Et qui rit de nos mœurs ne fait que prévenir
Ce qu'en doivent penser les siécles à venir.
Une beauté frappante & dont l'éclat étonne ,
Les Français la peindront sous les traits de *Brionne*,
Sans croire qu'autrefois un petit front serré ,
Un front à cheveux d'or fut toûjours adoré ;
Ainsi l'opinion changeante & vagabonde
Soumet la beauté même autre reine du monde.
Ainsi dans l'univers ses magiques effets
Des grands événemens sont les ressorts secrets.
Comment donc espérer qu'un jour aux pieds d'un sage
Nous la voyons tomber du haut de son nuage ,
Et que la vérité se montrant aussi-tôt
Vienne au bord de son puits voir ce qu'on fait en-haut ?

 Il est pour les savans & pour les sages même

DISPUTE.

Une autre illusion : cet esprit de système,
Qui bâtit en rêvant des mondes enchantés,
Et fonde mille erreurs sur quelques vérités.
C'est par lui qu'égarés après de vaines ombres
L'inventeur du calcul chercha Dieu dans les nombres;
L'auteur du *mécanisme* attacha follement
La liberté de l'homme aux loix du mouvement;
L'un du soleil éteint veut composer la terre,
» La terre, dit un autre, est un globe de verre. « *a*)
De-là ces différends soutenus à grand cris
Et sur un tas poudreux d'inutiles écrits,
La dispute s'assied dans l'asile du sage.

La contrariété tient souvent au langage;
On peut s'entendre moins, formant un même son,
Que si l'un parlait basque, & l'autre bas-breton.
C'est-là, qui le croirait ? un fléau redoutable;
Et la pâle famine, & la peste effroiable
N'égalent point les maux & les troubles divers
Que les mal-entendus sèment dans l'univers.

Peindrai-je des dévots les discordes funestes,
Les saints emportemens de ces ames célestes,
Le fanatisme au meurtre excitant les humains,
Des poisons, des poignards, des flambeaux dans les mains,
Nos villages déserts, nos villes embrasées,
Sous nos foyers détruits nos mères écrasées,

a) C'est une des rêveries de *Buffon*.

Dans nos temples sanglans abandonnés du ciel,
Les ministres rivaux égorgés sur l'autel,
Tous les crimes unis, meurtre, inceste, pillage,
Les fureurs du plaisir se mêlant au carnage,
Sur des corps expirans d'infâmes ravisseurs
Dans leurs embrassemens reconnaissant leurs sœurs,
L'étranger dévorant le sein de ma patrie,
Et sous la piété déguisant sa furie,
Les pères conduisant leurs enfans aux bourreaux,
Et les vaincus toûjours traînés aux échaffauts ?...
Dieu puissant ! permettez que ces tems déplorables,
Un jour par nos neveux soient mis au rang des fables.

   Mais je vois s'avancer un fâcheux disputeur,
Son air d'humilité couvre mal sa hauteur;
Et son austérité, pleine de l'Evangile,
Parait offrir à Dieu le venin qu'il distille.
» Monsieur, tout ceci cache un dangereux poison;
» Personne, selon vous, n'a ni tort ni raison;
» Et sur la vérité n'ayant point de mesure,
» Il faut suivre pour loi l'instinct de la nature ! «
   Monsieur, je n'ai pas dit un mot de tout cela....
» Eh ! quoique vous ayez déguisé ce sens là,
» En vous interprétant la chose devient claire. «....
   Mais en termes précis j'ai dit tout le contraire.
Cherchons la vérité ; mais d'un commun accord,
Qui discute a raison, & qui dispute a tort.
Voilà ce que j'ai dit ; & d'ailleurs qu'à la guerre,
A la ville, à la cour, souvent il faut se taire....

» Mon cher monsieur, ceci cache toûjours deux sens ;
» Je distingue... « Monsieur, distinguez, j'y consens.
J'ai dit mon sentiment, je vous laisse les vôtres,
En demandant pour moi ce que j'accorde aux autres....
» Mon fils, nous vous avons défendu de penser ;
» Et pour vous convertir je cours vous dénoncer. «
 Heureux ! ô trop heureux qui loin des fanatiques,
Des causeurs importuns & des jaloux critiques,
En paix sur l'hélicon pourrait cueillir des fleurs !
Tels on voit dans les champs de sages laboureurs,
D'une ruche irritée évitans les blessures,
En dérober le miel à l'abri des piquûres.

DE LA DISTANCE.

UN homme qui connait combien on compte de pas d'un bout de sa maison à l'autre, s'imagine que la nature lui a enseigné tout-d'un-coup cette distance, & qu'il n'a eu besoin que d'un coup d'œil comme lorsqu'il a vu des couleurs. Il se trompe ; on ne peut connaître les différens éloignemens des objets que par expérience, par comparaison, par habitude. C'est ce qui fait qu'un matelot, en voyant sur mer un vaisseau voguer loin du sien, vous dira sans hésiter à quelle distance on est à-peu-près de ce vaisseau ; & le paſſager n'en poura former qu'un doute très confus.

La diſtance n'eſt qu'une ligne de l'objet à nous. Cette ligne ſe termine à un point ; nous ne ſentons donc que ce point ; & ſoit que l'objet exiſte à mille lieues, ou qu'il ſoit a un pied, ce point eſt toûjours le même dans nos yeux.

Nous n'avons donc aucun moyen immédiat pour appercevoir tout-d'un-coup la diſtance, comme nous en avons pour ſentir par l'attouchement, ſi un corps eſt dur ou mou ; par le goût, s'il eſt doux ou amer ; par l'ouie, ſi de deux ſons l'un eſt grave & l'autre aigu. Car, qu'on y prenne bien garde, les parties d'un corps, qui cèdent à mon doigt, ſont la plus prochaine cauſe de ma ſenſation de molleſſe ; & les vibrations de l'air, excitées par le corps ſonore, ſont la plus prochaine cauſe de ma ſenſation du ſon. Or ſi je ne puis avoir ainſi immédiatement une idée de diſtance, il faut donc que je connaiſſe cette diſtance par le moyen d'une autre idée intermédiaire ; mais il faut au moins que j'apperçoive cette idée intermédiaire ; car une idée que je n'aurai point, ne ſervira certainement pas à m'en faire avoir une autre.

On dit, qu'une telle maiſon eſt à un mille d'une telle rivière ; mais ſi je ne ſais pas où eſt cette rivière, je ne ſais certainement pas où eſt cette maiſon. Un corps cède aiſément à l'impreſſion de ma main; je conclus immédiatement ſa molleſſe. Un autre réſiſte; je ſens immédiatement ſa dureté. Il faudrait donc que je ſentiſſe les angles formés dans mon œil, pour en conclure immédiatement les diſtances des objets. Mais la plûpart des hommes ne ſavent pas même ſi ces angles exiſtent: donc il eſt évident que ces angles ne peuvent être la cauſe immédiate de ce que vous connaiſſez les diſtances.

Celui qui, pour la première fois de ſa vie, entendrait le bruit du canon, ou le ſon d'un concert, ne pourait juger, ſi on tire ce canon, ou ſi on exécute ce concert, à une lieuë, ou à trente pas. Il n'y a que l'expérience qui puiſſe l'accoutumer à juger de la diſtance qui eſt entre lui & l'endroit d'où part ce bruit. Les vibrations, les ondulations de l'air portent un ſon à ſes oreilles, ou plutôt à ſon *ſenſorium*; mais ce bruit n'avertit pas plus ſon *ſenſorium* de l'endroit où le bruit commence, qu'il ne lui apprend la forme du canon ou des inſtrumens de muſique. C'eſt la même choſe préciſément par rapport aux rayons de lumière qui partent d'un objet; ils ne nous apprennent point du tout où eſt cet objet.

Ils ne nous font pas connaître davantage les grandeurs, ni même les figures. Je vois de loin une petite tour ronde. J'avance, j'apperçois,

& je touche un grand bâtiment quadrangulaire. Certainement ce que je vois, & ce que je touche, n'est pas ce que je voyais. Ce petit objet rond, qui était dans mes yeux, n'est point ce grand bâtiment quarré. Autre chose est donc, par rapport à nous, l'objet mesurable & tangible, autre chose est l'objet visible. J'entens de ma chambre le bruit d'un carrosse : j'ouvre la fenêtre, & je le vois ; je descens, & j'entre dedans. Or ce carrosse que j'ai entendu, ce carrosse que j'ai vu, ce carrosse que j'ai touché, sont trois objets absolument divers de trois de mes sens, qui n'ont aucun rapport immédiat les uns avec les autres.

Il y a bien plus : il est démontré qu'il se forme dans mon œil un angle une fois plus grand, à très peu de chose près, quand je vois un homme à quatre pieds de moi, que quand je vois le même homme à huit pieds de moi. Cependant je vois toûjours cet homme de la même grandeur. Comment mon sentiment contredit-il ainsi le mécanisme de mes organes ? L'objet est réellement une fois plus petit dans mes yeux, & je le vois une fois plus grand. C'est en vain qu'on veut expliquer ce mystère par le chemin, ou par la forme que prend le cryftallin dans nos yeux. Quelque supposition que l'on fasse, l'angle sous lequel je vois un homme à quatre pieds de moi, est toûjours double de l'angle sous lequel je le vois à huit pieds. La géométrie ne résoudra jamais ce problème : la physique y est également impuissante ; car vous avez beau supposer que l'œil prend une nouvelle conformation, que le cryftallin s'avance, que l'angle s'agrandit ; tout cela s'opérera également pour l'objet qui est à huit pas, & pour l'objet qui est à quatre. La proportion sera toûjours la même ; si vous voyez l'objet à huit pas sous un angle de moitié plus grand, vous voyez aussi l'objet à quatre pas sous un angle de moitié plus grand ou environ. Donc ni la géométrie, ni la physique ne peuvent expliquer cette difficulté.

Ces lignes & ces angles géométriques ne font pas plus réellement la cause de ce que nous voyons les objets à leur place, que de ce que nous les voyons de telles grandeurs, & à telle distance. L'ame ne considère pas si telle partie va se peindre au bas de l'œil ; elle ne rapporte rien à des lignes qu'elle ne voit point. L'œil se baisse seulement, pour voir ce qui est près de la terre, & se relève pour voir ce qui est au-dessus de la terre. Tout cela ne pouvait être éclairci, & mis hors de toute contestation, que par quelque aveugle-né à qui on aurait donné le sens de la vue. Car si cet aveugle, au moment qu'il eût ouvert les yeux, eût jugé des distances, des grandeurs & des situations, il eût été vrai que les angles optiques, formés tout-d'un coup dans sa rétine, eussent été les causes immédiates de ses senti-mens. Aussi le docteur *Berclay* assurait, après Mr. *Locke*, (& allant même en cela plus loin que *Locke*) que ni situation, ni grandeur, ni distance, ni figure, ne serait aucunement discernée par cet aveugle, dont les yeux recevraient tout-d'un-coup la lumière.

On trouva enfin en 1729 l'aveugle-né, dont dépendait la décision indubitable de cette question. Le célebre *Cheselden*, un de ces fameux chirurgiens qui joignent l'adresse de la main aux plus grandes lumières de l'esprit, ayant imaginé qu'on pouvait donner la vue à cet aveugle-né, en lui abaissant ce qu'on appelle des *cataractes*, qu'il soupçonnait formées dans ses yeux presqu'au moment de sa naissance, il proposa l'opération. L'aveugle eut de la peine à y consentir. Il ne concevait pas trop, que le sens de la vue pût beaucoup augmenter ses plaisirs. Sans l'envie qu'on lui inspira d'apprendre à lire & à écrire, il n'eût point désiré de voir. Il vérifiait par cette indifférence, *qu'il est impossible d'être malheureux, par la privation des biens dont on n'a pas d'idée*; vérité bien importante. Quoi qu'il en soit, l'opération fut faite & réussit. Ce jeune homme d'environ quatorze ans vit la lumière pour la première fois. Son expérience confirma tout ce que *Locke* & *Berclay* avaient si bien prévu. Il ne distingua de longtems ni grandeur, ni situation, ni même figure. Un objet d'un pouce, mis devant son œil, & qui lui cachait une maison, lui paraissait aussi grand que la maison. Tout ce qu'il voyait lui semblait d'abord être sur ses yeux, & les toucher comme les objets du tact touchent la peau. Il ne pouvait distinguer d'abord ce qu'il avait jugé rond à l'aide de ses mains, d'avec ce qu'il avait jugé angulaire ; ni discerner avec ses yeux, si ce que ses mains avaient senti être en-haut ou en-bas, était en effet en-haut ou en-bas. Il était si loin de connaître les grandeurs, qu'après avoir enfin conçu par la vuë, que sa maison était plus grande que sa chambre, il ne concevait pas comment la vuë pouvait donner cette idée. Ce ne fut qu'au bout de deux mois d'expérience, qu'il put appercevoir que les tableaux représentaient des corps saillans. Et lorsqu'après ce long tâtonnement d'un sens nouveau en lui, il eut senti que des corps, & non des surfaces seules, étaient peints dans les tableaux, il y porta la main, & fut étonné de ne point trouver avec ses mains ces corps solides, dont il commençait à appercevoir les représentations. Il demandait quel était le trompeur, du sens du toucher, ou du sens de la vuë.

Ce fut donc une décision irrévocable, que la manière dont nous voyons les choses, n'est point du tout la suite immédiate des angles formés dans nos yeux. Car ces angles mathématiques étaient dans les yeux de cet homme, comme dans les nôtres; & ne lui servaient de rien sans le secours de l'expérience & des autres sens.

L'avanture de l'aveugle-né fut connue en France vers l'an 1735. L'auteur des *Elémens de Newton*, qui avait beaucoup vu *Cheselden*, fit mention de cette découverte importante; mais à peine y prit-on garde. Et même lorsqu'on fit ensuite à Paris la même opération de la cataracte sur un jeune homme qu'on prétendait privé de la vue dès son berceau, on négligea de suivre le développement journalier du sens de la vue en lui, & la marche de la nature. Le fruit de cette opération fut perdu pour les philosophes.

Comment nous représentons-nous les grandeurs, & les distances ? De la même façon dont nous imaginons les passions des hommes, par les couleurs qu'elles peignent sur leurs visages, & par l'altération qu'elles portent dans leurs traits. Il n'y a personne, qui ne lise tout-d'un-coup sur le front d'un autre, la douleur, ou la colère. C'est la langue que la nature parle à tous les yeux; mais l'expérience seule apprend ce langage. Aussi l'expérience seule nous apprend, que quand un objet est trop loin, nous le voyons confusément & faiblement. De-là nous formons des idées, qui ensuite accompagnent toûjours la fenfation de la vuë. Ainfi tout homme qui, à dix pas, aura vu fon cheval haut de cinq pieds, s'il voit, quelques minutes après, ce cheval gros comme un mouton, fon ame, par un jugement involontaire, conclut à l'inftant que ce cheval eft très loin.

Il eft bien vrai, que quand je vois mon cheval de la groffeur d'un mouton, il fe forme alors dans mon œil une peinture plus petite, un angle plus aigu; mais c'eft-là ce qui accompagne, non ce qui caufe mon fentiment. De même il fe fait un autre ébranlement dans mon cerveau, quand je vois un homme rougir de honte, que quand je le vois rougir de colère; mais ces différentes impreffions ne m'apprendraient rien de ce qui fe paffe dans l'ame de cet homme, fans l'expérience, dont la voix feule fe fait entendre.

Loin que cet angle foit la caufe immédiate de ce que je juge qu'un grand cheval eft très loin, quand je vois ce cheval fort petit; il arrive au contraire, à tous les momens, que je vois ce même cheval également grand, à dix pas, à vingt, à trente, a quarante pas, quoique l'angle à dix pas foit double, triple, quadruple. Je regarde de fort loin, par un petit trou, un homme pofté fur un toit; le lointain & le peu de rayons m'empêchent d'abord de diftinguer fi c'eft un homme: l'objet me paraît très petit, je crois voir une statue de deux pieds tout au plus : l'objet se remuë, je juge que c'est un homme : & dès ce même instant cet homme me paraît de la grandeur ordinaire. D'où viennent ces deux jugemens si différens ? Quand j'ai cru voir une statue, je l'ai imaginée de deux pieds, parce que je la voyais sous un tel angle : nulle expérience ne pliait mon ame à démentir les traits imprimés dans ma rétine ; mais dès que j'ai jugé que c'était un homme, la liaison mise par l'expérience dans mon cerveau, entre l'idée d'un homme & l'idée de la hauteur de cinq à six pieds, me force, sans que j'y pense, à imaginer, par un jugement soudain, que je vois un homme de telle hauteur, & à voir une telle hauteur en effet.

Il faut absolument conclure de tout ceci, que les distances, les grandeurs, les situations ne sont pas, à proprement parler, des choses visibles, c'est-à-dire, ne sont pas les objets propres & immédiats de la vue. L'objet propre & immédiat de la vuë n'est autre chose que la lumière colorée ; tout le reste, nous ne le sentons qu'à la longue & par expérience. Nous apprenons à voir, précisément comme nous apprenons à parler & à lire. La différence est, que l'art de voir est plus facile, & que la nature est également à tous notre maître.

Les

Distance.

Les jugemens foudains, prefque uniformes, que toutes nos ames, à un certain âge, portent des diftances, des grandeurs, des fituations, nous font penfer, qu'il n'y a qu'à ouvrir les yeux, pour voir de la manière dont nous voyons. On fe trompe; il y faut le fecours des autres fens. Si les hommes n'avaient que le fens de la vuë, ils n'auraient aucun moyen pour connaître l'étendué en longueur, largeur & profondeur; & un pur efprit ne la connaîtrait pas peut-être, à moins que Dieu ne la lui revélât. Il eft très difficile de féparer dans notre entendement l'extenfion d'un objet d'avec les couleurs de cet objet. Nous ne voyons jamais rien que d'étendu, & de-là nous fommes tous portés à croire, que nous voyons en effet l'étendué. Nous ne pouvons guères diftinguer dans notre ame ce jaune, que nous voyons dans un louis-d'or, d'avec ce louis-d'or dont nous voyons le jaune. C'eft comme, lorfque nous entendons prononcer ce mot *louis-d'or*, nous ne pouvons nous empêcher d'attacher malgré nous l'idée de cette monnoie au fon que nous entendons prononcer.

Si tous les hommes parlaient la même langue, nous ferions toûjours prêts à croire qu'il y aurait une connexion néceffaire entre les mots & les idées. Or tous les hommes ont ici le même langage, en fait d'imagination.

Quatriéme partie. Y

La nature leur dit à tous : Quand vous aurez vu des couleurs pendant un certain tems, votre imagination vous repréfentera à tous, de la même façon, les corps auxquels ces couleurs femblent attachées. Ce jugement prompt & involontaire que vous formerez, vous fera utile dans le cours de votre vie ; car s'il falait attendre, pour eftimer les diftances, les grandeurs, les fituations, de tout ce qui vous environne, que vous euffiez examiné des angles & des rayons vifuels, vous feriez morts avant que de favoir fi les chofes dont vous avez befoin font à dix pas de vous, ou à cent millions de lieues, & fi elles font de la groffeur d'un ciron, ou d'une montagne. Il vaudrait beaucoup mieux pour vous être nés aveugles.

Nous avons donc peut-être grand tort, quand nous difons que nos fens nous trompent. Chacun de nos fens fait la fonction à laquelle la nature l'a deftiné. Ils s'aident mutuellement, pour envoyer à notre ame, par les mains de l'expérience, la mefure des connaiffances que notre être comporte. Nous demandons à nos fens ce qu'ils ne font point faits pour nous donner. Nous voudrions que nos yeux nous fiffent connaître la folidité, la grandeur, la diftance, &c. ; mais il faut que le toucher s'accorde en cela avec la vue, & que l'expérience les feconde. Si le père *Mallebranche* avait envifagé la nature par ce côté, il eût attribué peut-être moins d'erreurs à nos fens, qui font les feules fources de toutes nos idées.

Il ne faut pas, fans doute, étendre à tous les cas cette efpèce de métaphyfique que nous venons de voir. Nous ne devons l'appeller au fecours, que quand les mathématiques nous font infuffifantes.

DIVORCE.

IL eft dit dans l'Encyclopédie à l'article *Divorce*, que *l'ufage du divorce ayant été porté dans les Gaules par les Romains, ce fut ainfi que Biffine ou Bazine quitta le roi de Thuringe fon mari, pour fuivre Childéric qui l'époufa.* C'eft comme fi on difait que les Troyens ayant établi le divorce à Sparte, *Hélène* répudia *Menelas* fuivant la loi, pour s'en aller avec *Pâris* en Phrygie.

La fable agréable de *Pâris*, & la fable ridicule de *Childéric* qui n'a jamais été roi de France, & qu'on prétend avoir enlevé *Bazine* femme de *Bazin*, n'ont rien de commun avec la loi du divorce.

On cite encor *Cherébert*, régule de la petite ville de Lutèce pres d'Iffy, *Lutetia Parifiorum*, qui répudia fa femme. L'abbé *Velly*, dans fon *Hiftoire de France*, dit que ce *Cheribert*, ou

Caribert, répudia sa femme *Ingoberge* pour épouser *Mirefleur* fille d'un artisan, & ensuite *Theudegilde* fille d'un berger, qui *fut élevée sur le premier trône de l'empire Français*.

Il n'y avait alors ni premier, ni second trône chez ces barbares, que l'empire Romain ne reconnut jamais pour rois. Il n'y avait point d'empire *Français*.

L'empire des Francs ne commença que par *Charlemagne*. Il est fort douteux que le mot *Mirefleur* fût en usage dans la langue welche ou gauloise, qui était un patois du jargon celte. Ce patois n'avait pas des expressions si douces.

Il est dit encor que le réga, ou régule *Chilpéric*, seigneur de la province du Soissonnais, & qu'on appelle *roi de France*, fit un divorce avec la reine *Andove* ou *Andovère*; & voici la raison de ce divorce.

Cette *Andovère* après avoir donné au seigneur de Soissons trois enfans mâles, accoucha d'une fille. Les Francs étaient en quelque façon chrétiens depuis *Clovis*. *Andovère* étant relevée de couche présenta sa fille au batême. *Chilpéric* de Soissons, qui apparemment était fort las d'elle, lui déclara que c'était un crime irrémissible d'être maraine de son enfant, qu'elle ne pouvait plus être sa femme par les loix de l'église, & il épousa *Fredegonde*; après quoi il chassa *Fredegonde*, épousa une Visigote, & puis reprit *Fredegonde*.

Tout cela n'a rien de bien légal, & ne doit pas plus être cité que ce qui se passait en Irlande & dans les isles Orcades.

Le code justinien que nous avons adopté en plusieurs points, autorise le divorce. Mais le droit canonique que les catholiques ont encor plus adopté, ne le permet pas.

L'auteur de l'article dit, *que le divorce se pratique dans les états d'Allemagne de la confession d'Augsbourg.*

On peut ajouter que cet usage est établi dans tous les pays du Nord, chez tous les réformés de toutes les confessions possibles, & dans toute l'église grecque.

Le divorce est probablement de la même date à-peu-près que le mariage. Je crois pourtant que le mariage est de quelques semaines plus ancien, c'est-à-dire, qu'on se querella avec sa femme au bout de quinze jours, qu'on la battit au bout d'un mois, & qu'on s'en sépara après six semaines de cohabitation.

Justinien qui rassembla toutes les loix faites avant lui, auxquelles il ajouta les siennes, non-seulement confirme celle du divorce, mais il lui donne encor plus d'étendue, au point que toute femme dont le mari était non pas esclave, mais simplement prisonnier de guerre pendant cinq ans, pouvait après les cinq ans révolus contracter un autre mariage.

Justinien était chrétien, & même théologien; comment donc arriva-t-il que l'églife dérogeât à fes loix? ce fut quand l'églife devint fouveraine & légiflatrice. Les papes n'eurent pas de peine à fubftituer leurs décrétales au code dans l'Occident, plongé dans l'ignorance & dans la barbarie. Ils profitèrent tellement de la ftupidité des hommes, qu'*Honorius III*, *Grégoire IX*, *Innocent III*, défendirent par leurs bulles qu'on enfeignât le droit civil. On peut dire de cette hardieffe, Cela n'eft pas croyable, mais cela eft vrai.

Comme l'églife jugea feule du mariage, elle jugea feule du divorce. Point de prince qui ait fait un divorce, & qui ait époufé une feconde femme fans l'ordre du pape, avant *Henri VIII* roi d'Angleterre, qui ne fe paffa du pape qu'après avoir longtems follicité fon procès en cour de Rome.

Cette coutume établie dans des tems d'ignorance, fe perpétua dans les tems éclairés, par la feule raifon qu'elle exiftait. Tout abus s'éternife de lui-même; c'eft l'écurie d'*Augias*; il faut un *Hercule* pour la nétoyer.

Henri IV ne put être père d'un roi de France que par une fentence du pape: encor falut-il, comme on l'a déja remarqué, non pas prononcer un divorce, mais mentir en prononçant qu'il n'y avait point eu de mariage.

DOGMES.

Toute croyance enseignée par l'église, est un dogme qu'il faut embrasser. Il est triste qu'il y ait des dogmes reçus par l'église latine & rejettés par l'église grecque. Mais si l'unanimité manque, la charité la remplace. C'est surtout entre les cœurs qu'il faudrait de la réunion.

Je crois que nous pouvons à ce propos rapporter un songe qui a déja trouvé grace devant quelques personnes pacifiques.

Le 18 Février de l'an 1763 de l'ère vulgaire, le soleil entrant dans le signe des poissons, je fus transporté au ciel, comme le savent tous mes amis. Ce ne fut point la jument *Borac* de *Mahomet* qui fut ma monture ; ce ne fut point le char enflammé d'*Elie* qui fut ma voiture ; je ne fus porté ni sur l'éléphant de *Sammonocodom* le Siamois, ni sur le cheval de *St. George* patron de l'Angleterre, ni sur le cochon de *St. Antoine:* j'avoue avec ingénuité que mon voyage se fit je ne sais comment.

On croira bien que je fus ébloui ; mais ce qu'on ne croira pas, c'est que je vis juger tous les morts ; & qui étaient les juges ? c'étaient, ne vous en déplaise, tous ceux qui ont fait du bien aux hommes, *Confucius*, *Solon*,

Socrate, *Titus*, les *Antonins*, *Epictète*, tous les grands-hommes qui ayant enseigné & pratiqué les vertus que Dieu exige, semblaient seuls être en droit de prononcer ses arrêts.

Je ne dirai point sur quels trônes ils étaient assis, ni combien de millions d'êtres célestes étaient prosternés devant l'éternel architecte de tous les globes, ni quelle foule d'habitans de ces globes innombrables comparut devant les juges. Je ne rendrai compte ici que de quelques petites particularités tout-à-fait intéressantes dont je fus frappé.

Je remarquai que chaque mort qui plaidait sa cause & qui étalait ses beaux sentimens, avait à côté de lui tous les témoins de ses actions. Par exemple, quand le cardinal de *Lorraine* se vantait d'avoir fait adopter quelques-unes de ses opinions par le concile de Trente, & que pour prix de son orthodoxie il demandait la vie éternelle, tout aussi-tôt paraissaient autour de lui vingt courtisanes ou dames de la cour, portant toutes sur le front le nombre de leurs rendez-vous avec le cardinal. On voyait ceux qui avaient jetté avec lui les fondemens de la ligue; tous les complices de ses desseins pervers venaient l'environner.

Vis-à-vis du cardinal de *Lorraine* était *Jean Chauvin*, qui se vantait dans son patois grossier d'avoir donné des coups de pied à l'idole papale, après que d'autres l'avaient abattue. J'ai écrit contre la peinture & la sculpture, disait-il; j'ai fait voir évidemment que les bonnes œuvres ne servent à rien du tout; & j'ai prouvé qu'il est diabolique de danser le menuet; chassez vîte d'ici le cardinal de *Lorraine*, & placez-moi à côté de *St. Paul.*

Comme il parlait, on vit auprès de lui un bucher enflammé ; un spectre épouvantable portant au cou une fraise espagnole à moitié brûlée, sortait du milieu des flammes avec des cris affreux : Monstre, s'écriait-il, monstre exécrable, tremble, reconnai ce *Servet* que tu as fait périr par le plus cruel des supplices, parce qu'il avait disputé contre toi sur la manière dont trois personnes peuvent faire une seule substance. Alors tous les juges ordonnèrent que le cardinal de *Lorraine* serait précipité dans l'abime, mais que *Calvin* serait puni plus rigoureusement.

Je vis une foule prodigieuse de morts qui disaient, J'ai cru, j'ai cru ; mais sur leur front il était écrit, J'ai fait ; & ils étaient condamnés.

Le jésuite *le Tellier* paraissait fiérement la bulle *Unigenitus* à la main. Mais à ses côtés s'éleva tout-d'un-coup un monceau de deux mille lettres de cachet. Un janséniste y mit le feu, *le Tellier* fut brûlé jusqu'aux os, & le janséniste, qui n'avait pas moins cabalé que le jésuite, eut sa part de la brûlure.

Je voyais arriver à droite & à gauche des troupes de faquirs, de talapoins, de bonzes, de moines blancs, noirs & gris, qui s'étaient tous imaginés que pour faire leur cour à l'Etre suprême il falait ou chanter ou se fouetter, ou marcher tout nuds. J'entendis une voix terrible qui leur demanda, Quel bien avez-vous fait aux hommes ? A cette voix succéda un morne silence, aucun n'osa répondre, & ils furent tous conduits aux petites-maisons de l'univers ; c'est un des plus grands bâtimens qu'on puisse imaginer.

L'un criait, c'est aux métamorphoses de *Xaca* qu'il faut croire ; l'autre, c'est à celles de *Sammonocodom* ; *Bacchus* arrêta le soleil & la lune, disait celui-ci ; les Dieux ressuscitèrent *Pelops*, disait celui-là. Voici la bulle *in Cœna Domini*, disait un nouveau venu, & l'huissier des juges criait, Aux petites-maisons, aux petites-maisons.

Quand tous ces procès furent vuidés, j'entendis alors promulguer cet arrêt.

De par l'Eternel créateur,

Conservateur, rémunérateur,

Vengeur, pardonneur, &c. &c.

Soit notoire à tous les habitans des cent mille millions de milliards de mondes qu'il nous a plû de former, que nous ne jugerons jamais aucun desdits habitans sur leurs idées creuſes, mais uniquement ſur leurs actions, car telle eſt notre juſtice.

J'avoue que ce fut la première fois que j'entendis un tel édit; tous ceux que j'avais lus ſur le petit grain de ſable où je ſuis né, finiſſaient par ces mots ; *car tel eſt notre plaiſir.*

DONATIONS.

LA république Romaine qui s'empara de tant d'états, en donna auſſi quelques-uns.

Scipion fit *Maſſiniſſe* roi de Numidie.

Lucullus, *Sylla*, *Pompée*, donnèrent une demi-douzaine de royaumes.

Cléopatre reçut l'Egypte de *Céſar*. *Antoine*, & enſuite *Octave*, donnèrent le petit royaume de Judée à *Hérode*.

Sous *Trajan* on frappa la fameuſe médaille, *Regna aſſignata* ; les royaumes accordés.

Des villes, des provinces données en ſouveraineté à des prêtres, à des collèges pour la plus grande gloire de DIEU, ou des Dieux; c'eſt ce qu'on ne voit dans aucun pays.

Mahomet & les califes ſes vicaires, prirent beaucoup d'états pour la propagation de leur foi ; mais on ne leur fit aucune donation. Ils ne tenaient rien que de leur Alcoran & de leur ſabre.

La religion chrétienne qui fut d'abord une société de pauvres, ne vécut longtems que d'aumônes. La première donation est celle d'*Anania* & de *Saphira* sa femme. Elle fut en argent comptant, & ne réussit pas aux donateurs.

DONATION DE CONSTANTIN.

La célèbre donation de Rome & de toute l'Italie au pape *Silvestre* par l'empereur *Constantin*, fut soutenue comme une partie du symbole jusqu'au seiziéme siécle. Il falait croire que *Constantin* étant à Nicomédie, fut guéri de la lèpre à Rome, par le batême qu'il reçut de l'évêque *Silvestre*, (quoi qu'il ne fut point batisé) & que pour récompense il donna sur le champ sa ville de Rome & toutes ses provinces occidentales à ce *Silvestre*. Si l'acte de cette donation avait été dressé par le docteur de la comédie italienne, il n'aurait pas été plus plaisamment conçu. On ajoute que *Constantin* déclara tous les chanoines de Rome consuls & patrices; *patricios & consules effici*; qu'il tint lui-même la bride de la haquenée sur laquelle monta le nouvel empereur évêque, *tenentes frenum equi illius*.

Quand on fait réflexion que cette belle histoire a été en Italie une espèce d'article de foi, & une opinion révérée du reste de l'Europe pendant huit siécles, qu'on a poursuivi comme des hérétiques ceux qui en doutaient, il ne faut plus s'étonner de rien.

DONATIONS.

DONATION DE PEPIN.

Aujourd'hui on n'excommunie plus personne pour avoir douté que *Pepin* l'ufurpateur ait donné & pu donner au pape l'exarcat de Ravenne. C'eft tout au plus une mauvaife penfée, un péché veniel qui n'entraine point la perte du corps & de l'ame.

Voici ce qui pourait excufer les jurifconfultes Allemands qui ont des fcrupules fur cette donation.

1°. Le bibliothécaire *Anaftafe* dont le témoignage eft toûjours cité, écrivait cent quarante ans après l'événement.

2°. Il n'était point vraifemblable que *Pepin* mal affermi en France, & à qui l'Aquitaine fefait la guerre, allât donner en Italie des états qu'il avouait appartenir à l'empereur réfidant à Conftantinople.

3°. Le pape *Zacharie* reconnaiffait l'empereur Romain-grec pour fouverain de ces terres difputées par les Lombards, & lui en avait prêté ferment, comme il fe voit par les lettres de cet évèque de Rome *Zacharie* à l'évêque de Mayence *Boniface*. Donc *Pepin* ne pouvait donner au pape les terres impériales.

4°. Quand le pape *Etienne II* fit venir une lettre du ciel, écrite de la propre main de *St. Pierre* à *Pepin*, pour fe plaindre des vexations du roi des Lombards *Aftolphe*,

St. *Pierre* ne dit point du tout dans fa lettre que *Pepin* eût fait préfent de l'exarcat de Ravenne au pape; & certainement *St. Pierre* n'y aurait pas manqué, pour peu que la chofe eût été feulement équivoque ; il entend trop bien fes intérêts.

5°. Enfin, on ne vit jamais l'acte de cette donation ; & ce qui eft plus fort, on n'ofa pas même en fabriquer un faux. Il n'eft pour toute preuve que des récits vagues mêlés de fables. On n'a donc au-lieu de certitude que des écrits de moines abfurdes, copiés de fiécle en fiécle.

Page 120. feconde partie.

L'avocat Italien qui écrivit en 1722, pour faire voir qu'originairement Parme & Plaifance avaient été concédés au St. Siége comme une dépendance de l'exarcat, affure que *les empereurs Grecs furent juftement dépouillés de leurs droits, parce qu'ils avaient foulevé les peuples contre* DIEU. C'eft de nos jours qu'on écrit ainfi ! mais c'eft à Rome. Le cardinal *Bellarmin* va plus loin ; *Les premiers chrétiens*, dit-il, *ne fupportaient les empereurs que parce qu'ils n'étaient pas les plus forts.* L'aveu eft franc ; & je fuis perfuadé que Bellarmin a raifon.

DONATION DE CHARLEMAGNE.

Dans le tems que la cour de Rome croyait avoir befoin de titres, elle prétendit que

Charlemagne avait confirmé la donation de l'exarcat, & qu'il y avait ajouté la Sicile, Venise, Bénevent, la Corse, la Sardaigne. Mais comme *Charlemagne* ne possédait aucun de ces états, il ne pouvait les donner; & quant à la ville de Ravenne, il est bien clair qu'il la garda, puis que dans son testament il fait un legs à *sa ville de Ravenne*, ainsi qu'à *sa ville de Rome*. C'est beaucoup que les papes ayent eu Ravenne & la Romagne avec le tems. Mais pour Venise, il n'y a pas d'apparence qu'ils fassent valoir dans la place St. Marc le diplôme qui leur en accorde la souveraineté.

On a disputé pendant des siécles sur tous ces actes, instrumens, diplômes. Mais c'est une opinion constante, dit *Giannone* ce martyr de la vérité, que toutes ces piéces furent forgées du tems de Grégoire VII. *E costante opinione presso i piu gravi scrittori* Lib. ıx. *che tutti questi istromenti e diplomi furono sup-* cap. ııı. *posti ne' tempi d'Ildebrando.*

DONATION DE BÉNEVENT PAR L'EMPEREUR HENRI III.

La première donation bien avérée qu'on ait faite au siége de Rome, fut celle de Bénevent; & ce fut un échange de l'empereur *Henri III* avec le pape *Léon IX*; il n'y manqua qu'une formalité, c'est qu'il eût falu que l'empereur qui donnait Bénevent, en fût le maître. Elle appartenait aux ducs de Bénevent ; & les empereurs Romains-grecs réclamaient leurs droits sur ce duché. Mais l'histoire n'est autre chose que la liste de ceux qui se sont accommodés du bien d'autrui.

DONATION DE LA COMTESSE MATHILDE.

La plus considérable des donations & la plus autentique, fut celle de tous les biens de la fameuse comtesse *Mathilde* à *Grégoire VII*. C'était une jeune veuve qui donnait tout à son directeur. Il passe pour constant que l'acte en fut réitéré deux fois, & ensuite confirmé par son testament.

Cependant, il reste encor quelque difficulté. On a toûjours cru à Rome que *Mathilde* avait donné tous ses états, tous ses biens présens & à venir à son ami *Grégoire VII*, par un acte solemnel dans son château de Canossa en 1077, pour le remède de son ame & de l'ame de ses parens. Et pour corroborer ce saint instrument, on nous en montre un second de l'an 1102, par lequel il est dit, que c'est à Rome qu'elle a fait cette donation, laquelle s'est égarée, & qu'elle la renouvelle, & toûjours pour le remède de son ame.

Comment un acte si important était-il égaré ? la cour Romaine est-elle si négligente ?
com-

comment cet inftrument écrit à Canoffe avait-il été écrit à Rome ? que fignifient ces contradictions ? Tout ce qui eft bien clair, c'eft que l'ame des donataires fe portait mieux que l'ame de la donatrice qui avait befoin pour fe guérir de fe dépouiller de tout en faveur de fes médecins.

Enfin, voilà donc en 1102 une fouveraine réduite par un acte en forme à ne pouvoir pas difpofer d'un arpent de terre ; & depuis cet acte jufqu'à fa mort en 1115, on trouve encor des donations de terres confidérables faites par cette même *Mathilde* à des chanoines & à des moines. Elle n'avait donc pas tout donné. Et enfin, cet acte de 1102 pourait bien avoir été fait après fa mort par quelque habile homme.

La cour de Rome ajouta encor à tous fes droits le teftament de *Mathilde* qui confirmait fes donations. Les papes ne produifirent jamais ce teftament.

Il falait encor favoir fi cette riche comteffe avait pu difpofer de fes biens, qui étaient la plûpart des fiefs de l'empire.

L'empereur *Henri V* fon héritier, s'empara de tout ; ne reconnut ni teftament, ni donations, ni fait, ni droit. Les papes en temporifant gagnèrent plus que les empereurs en ufant de leur autorité, & avec le tems ces céfars devinrent fi faibles, qu'enfin les papes

Quatriéme partie.

ont obtenu de la succession de *Mathilde* ce qu'on appelle aujourd'hui le *patrimoine de St. Pierre*.

DONATION DE LA SUZERAINETÉ DE NAPLES AUX PAPES.

Les gentilshommes Normands qui furent les premiers instrumens de la conquête de Naples & de Sicile, firent le plus bel exploit de chevalerie dont on ait jamais entendu parler. Quarante à cinquante hommes seulement, délivrent Salerne au moment qu'elle est prise par une armée de Sarrasins. Sept autres gentilshommes Normands, tous frères, suffisent pour chasser ces mêmes Sarrasins de toute la contrée, & pour l'ôter à l'empereur Grec qui les avait payés d'ingratitude. Il est bien naturel que les peuples dont ces héros avaient ranimé la valeur, s'accoutumassent à leur obéir par admiration & par reconnaissance.

Voilà les premiers droits à la couronne des deux Siciles. Les évèques de Rome ne pouvaient pas donner ces états en fief plus que le royaume de Boutan ou de Cachemire.

Ils ne pouvaient même en accorder l'investiture quand on la leur aurait demandée ; car dans le tems de l'anarchie des fiefs, quand un seigneur voulait tenir son bien allodial en fief pour avoir une protection, il ne pouvait s'adreſſer qu'à ſon ſeigneur ſuzerain. Or certainement le pape n'était pas ſeigneur ſuzerain de Naples, de la Pouille, & de la Calabre.

On a beaucoup écrit ſur cette vaſſalité prétendue, mais on n'a jamais remonté à la ſource. J'oſe dire que c'eſt le défaut de preſque tous les juriſconſultes, comme de tous les théologiens. Chacun tire bien ou mal, d'un principe reçu, les conſéquences les plus favorables à ſon parti. Mais ce principe eſt-il vrai ? Ce premier fait ſur lequel ils s'appuient, eſt-il inconteſtable ? C'eſt ce qu'ils ſe donnent bien de garde d'examiner. Ils reſſemblent à nos anciens romanciers qui ſuppoſaient tous que *Francus* avait apporté en France le caſque d'*Hector*. Ce caſque était impénétrable ſans doute : mais *Hector* en effet l'avait-il porté ? Le lait de la vierge eſt auſſi très reſpectable ; mais vingt ſacriſties qui ſe vantent d'en poſſéder une roquille, la poſſèdent-ils en effet ?

Les hommes de ce tems-là auſſi méchans qu'imbécilles, ne s'effrayaient pas des plus grands crimes ; & redoutaient une excommunication qui les rendaient exécrables aux peuples encor plus méchans qu'eux, & beaucoup plus ſots.

Robert Guiſcard & *Richard* vainqueurs de la Pouille & de la Calabre, furent d'abord excommuniés par le pape *Léon IX*. Ils s'étaient déclarés vassaux de l'empire : mais l'empereur *Henri III* mécontent de ces féudataires conquérans, avait engagé *Léon IX* à lancer l'excommunication à la tête d'une armée d'Allemands. Les Normands qui ne craignaient point ces foudres comme les princes d'Italie les craignaient, battirent les Allemands & prirent le pape prisonnier. Mais pour empêcher désormais les empereurs & les papes de venir les troubler dans leurs possessions, ils offrirent leurs conquêtes à l'église sous le nom d'*Oblata*. C'est ainsi que l'Angleterre avait payé le *denier de St. Pierre*, c'est ainsi que les premiers rois d'Espagne & de Portugal, en recouvrant leurs états contre les Sarrasins, promirent à l'église de Rome deux livres d'or par an. Ni l'Angleterre, ni l'Espagne, ni le Portugal ne regardèrent jamais le pape comme leur seigneur suzerain.

Le duc Robert *oblat* de l'église, ne fut pas non plus feudataire du pape ; il ne pouvait pas l'être, puisque les papes n'étaient pas souverains de Rome. Cette ville alors était gouvernée par son sénat, & l'évêque n'avait que du crédit ; le pape était à Rome précisément ce que l'électeur est à Cologne. Il y a une différence prodigieuse entre être oblat d'un saint & être feudataire d'un évêque.

Baronius, dans ses actes, rapporte l'hommage prétendu fait par *Robert* duc de la Pouille

& de la Calabre à *Nicolas II*; mais cette piéce est suspecte comme tant d'autres, on ne l'a jamais vue; elle n'a jamais été dans aucune archive. *Robert* s'intitula, *Duc par la grace de* Dieu & *de St. Pierre.* Mais certainement *St. Pierre* ne lui avait rien donné, & n'était point roi de Rome.

Les autres papes, qui n'étaient pas plus rois que *St. Pierre*, reçurent sans difficulté l'hommage de tous les princes qui se présentèrent pour régner à Naples, surtout quand ces princes furent les plus forts.

DONATION DE L'ANGLETERRE ET DE L'IRLANDE AUX PAPES, PAR LE ROI JEAN.

En 1213 le roi *Jean*, vulgairement nommé *Jean sans terre*, & plus justement *sans vertu*, étant excommunié, & voyant son royaume mis en interdit, le donna au pape *Innocent III* & à ses successeurs. *Non contraint par aucune crainte, mais de mon plein gré & de l'avis de mes barons, pour la rémission de mes péchés contre* Dieu *& l'église; je résigne l'Angleterre & l'Irlande à* Dieu, *à St. Pierre, à St. Paul & à monseigneur le pape Innocent & à ses successeurs dans la chaire apostolique.*

Il se déclara feudataire lieutenant du pape; paya d'abord huit mille livres sterling comptant au légat *Pandolphe*; promit d'en payer mille tous les ans. Donna la première année d'avance au légat qui la foula aux pieds, & jura entre ses genoux qu'il se soumettait à tout perdre faute de payer à l'échéance.

Le plaisant de cette cérémonie fut que le légat s'en alla avec son argent, & oublia de lever l'excommunication.

EXAMEN DE LA VASSALITÉ DE NAPLES ET DE L'ANGLETERRE.

On demande laquelle vaut le mieux de la donation de *Robert Guiscard*, ou de celle de *Jean sans terre* ; tout deux avaient été excommuniés ; tout deux donnaient leurs états à *St. Pierre*, & n'en étaient plus que les fermiers. Si les barons Anglais s'indignèrent du marché infâme de leur roi avec le pape & le cassèrent, les barons Napolitains ont pu casser celui du duc *Robert* : & s'ils l'ont pu autrefois, ils le peuvent aujourd'hui.

De deux choses l'une ; ou l'Angleterre & la Pouille étaient données au pape selon la loi de l'église, ou selon la loi des fiefs, ou comme à un évêque, ou comme à un souverain. Comme à un évêque, c'était précisément contre la loi de JESUS-CHRIST qui défendit si souvent à ses diciples de rien prendre, & qui leur déclara que son royaume n'est point de ce monde.

Si comme à un souverain; c'était un crime de lèze-majesté impériale. Les Normands avaient déja fait hommage à l'empereur. Ainsi nul droit ni spirituel, ni temporel n'appartenait aux papes dans cette affaire. Quand le principe est si vicieux, tous les effets le sont. Naples n'appartient donc pas plus au pape que l'Angleterre.

Il y a encor une autre façon de se pourvoir contre cet ancien marché, c'est le droit des gens plus fort que le droit des fiefs. Ce droit des gens ne veut pas qu'un souverain appartienne à un autre souverain; & la loi la plus ancienne est qu'on soit le maître chez soi, à moins qu'on ne soit le plus faible.

DES DONATIONS FAITES PAR LES PAPES.

Si on a donné des principautés aux évêques de Rome, ils en ont donné bien davantage. Il n'y a pas un seul trône en Europe dont ils n'ayent fait présent. Dès qu'un prince avait conquis un pays, ou même voulait le conquérir, les papes le lui accordaient au nom de *St. Pierre*. Quelquefois même ils firent les avances, & l'on peut dire qu'ils ont donné tous les royaumes excepté celui des cieux.

Peu de gens en France savent que *Jules II* donna les états du roi *Louïs XII* à l'empereur *Fréderic III*, qui ne put s'en mettre en possession ; & l'on ne se souvient pas assez que *Sixte-Quint*, *Grégoire XIV* & *Clément VIII* furent prêts de faire une libéralité de la France à quiconque *Philippe II* aurait choisi pour le mari de sa fille *Claire Eugénie*.

Quant aux empereurs, il n'y en a pas un depuis *Charlemagne*, que la cour de Rome n'ait prétendu avoir nommé. C'est pourquoi *Swift*, dans son *Conte du tonneau*, dit, que mylord *Pierre* devint tout-à-fait fou, & que *Martin* & *Jean* ses frères voulurent le faire enfermer par avis de parens. Nous ne rapportons cette témérité que comme un blasphème d'un prêtre Anglais contre l'évêque de Rome.

Toutes ces donations disparaissent devant celle des Indes orientales & occidentales, dont *Alexandre VI* investit l'Espagne & le Portugal de sa pleine puissance & autorité divine : c'était donner presque toute la terre. Il pouvait donner de même les globes de *Jupiter* & de *Saturne* avec leurs satellites.

DONATIONS ENTRE PARTICULIERS.

Les donations des citoyens se traitent tout différemment. Les codes des nations sont convenus d'abord unanimement, que personne ne peut donner le bien d'autrui, de même que personne ne peut le prendre. C'est la loi des particuliers.

En France la jurisprudence fut incertaine sur cet objet, comme sur presque tous les autres, jusqu'à l'année 1731, où l'équitable chancelier d'*Aguesseau* ayant conçu le dessein de rendre enfin la loi uniforme, ébaucha du moins ce grand ouvrage par l'édit sur les *donations*. Il est rédigé en quarante-sept articles. Mais en voulant rendre uniformes toutes les formalités concernant les donations, on excepta la Flandre de la loi générale; & en exceptant la Flandre on oublia l'Artois qui devrait jouïr de la même exception ; de sorte que six ans après la loi générale on fut obligé d'en faire pour l'Artois une particulière.

On fit surtout ces nouveaux édits concernant les donations & les testamens, pour écarter tous les commentateurs qui embrouillent les loix ; & on en a déja fait dix commentaires.

Ce qu'on peut remarquer sur les donations, c'est qu'elles s'étendent beaucoup plus loin qu'aux particuliers à qui on fait un présent. Il faut payer pour chaque présent aux fermiers du domaine royal, droit de controlle, droit d'insinuation, droit de centiéme denier, droit de deux sous pour livre.

De sorte que toutes les fois que vous donnez à un citoyen, vous êtes bien plus libéral que vous ne pensez. Vous avez le plaisir de contribuer à enrichir les fermiers-généraux ; mais cet argent ne sort point du royaume, comme celui qu'on paye à la cour de Rome.

LES SEPT DORMANTS.

LA fable imagina qu'un *Epiménide* avait dormi d'un somme pendant vingt-sept ans, & qu'à son reveil il fut tout étonné de trouver ses petits enfans mariés qui lui demandaient son nom; ses amis morts, sa ville & les mœurs des habitans changées. C'était un beau champ à la critique, & un plaisant sujet de comédie. La légende a emprunté tous les traits de la fable, & les a grossis.

L'auteur de la *Légende dorée* ne fut pas le premier qui au treiziéme siécle, au-lieu d'un dormeur nous en donna sept, & en fit bravement sept martyrs. Il avait pris cette édifiante histoire chez *Grégoire* de Tours, écrivain véridique qui l'avait prise chez *Sigebert*, qui l'avait prise chez *Métaphraste*, qui l'avait prise chez *Nicéphore*. C'est ainsi que la vérité arrive aux hommes de main en main.

Le révérend père *Pierre Ribadeneira* de la compagnie de JESUS, enchérit encor sur la *Légende dorée* dans sa célèbre *Fleur des saints*, dont il est fait mention dans le *Tartuffe* de Molière. Elle fut traduite, augmentée & enrichie de tailles-douces par le révérend père *Antoine Girard* de la même société; rien n'y manque.

Quelques curieux seront peut-être bien aises de voir la prose du révérend père *Girard*, la voici.

„ Du tems de l'empereur *Déce*, l'église
„ reçut une furieuse & épouvantable bouras-
„ que ; entre les autres chrétiens l'on prit
„ sept frères, jeunes, bien dispos & de bonne
„ grace, qui étaient enfans d'un chevalier
„ d'Ephèse, & qui s'appellaient *Maximien*,
„ *Marie*, *Martinien*, *Denis*, *Jean*, *Sérapion* &
„ *Constantin*. L'empereur leur ôta d'abord
„ leurs ceintures dorées..... ils se cachèrent
„ dans une caverne ; l'empereur en fit murer
„ l'entrée pour les faire mourir de faim. "

Aussi-tôt ils s'endormirent tous sept, & ne se réveillèrent qu'après avoir dormi cent soixante & dix-sept ans.

Le père *Girard* loin de croire que ce soit un *conte à dormir debout*, en prouve l'autenticité par les argumens les plus démonstratifs : & quand on n'aurait d'autre preuve que les noms des sept assoupis, cela suffirait : on ne s'avise pas de donner des noms à des gens qui n'ont jamais existé. Les sept dormants ne pouvaient être ni trompés, ni trompeurs. Aussi ce n'est pas pour contester cette histoire que nous en parlons, mais seulement pour remarquer qu'il n'y a pas un seul événement fabuleux de l'antiquité qui n'ait été rectifié par les anciens légendaires. Toute l'histoire d'*Oedipe*, d'*Hercule*, de *Thésée* se trouve chez eux accommodée à leur manière. Ils ont peu inventé, mais ils ont beaucoup perfectionné.

J'avoue ingénuement que je ne sais pas d'où *Nicéphore* avait tiré cette belle histoire. Je suppose que c'était de la tradition d'Ephèse; car la caverne des sept dormants, & la petite église qui leur est dédiée, subsistent encore. Les moins éveillés des pauvres Grecs y viennent faire leurs dévotions. Le chevalier *Ricaut* & plusieurs autres voyageurs Anglais ont vu ces deux monumens; mais pour leurs dévotions, ils ne les y ont pas faites.

Terminons ce petit article par le raisonnement d'*Abadie*. Voilà des *mémoriaux* institués pour célébrer à jamais l'avanture des sept dormants. Aucun Grec n'en a jamais douté dans Ephèse; ces Grecs n'ont pu être abusés; ils n'ont pu abuser personne; donc l'histoire des sept dormants est incontestable.

DROIT.

DROIT DES GENS, DROIT NATUREL, DROIT PUBLIC.

JE ne connais rien de mieux sur ce sujet que ces vers de l'*Arioste* au chant XLIV.

Fan le'ga oggi rè, papi, imperatori
Doman saranno capitali nimici

Perche quella apparenza esteriori
Non hanno i cor, non hanno gli animi tali
Che non guardando al torto piu che a dritto
Attendon' solamente al'lor profitto.

Rois, empereurs & successeurs de Pierre
Au nom de Dieu signent un beau traité ;
Le lendemain ces gens se font la guerre.
Pourquoi cela ? C'est que la piété,
La bonne foi ne les tourmente guère.
Et que malgré St. Jacques & St. Matthieu
Leur intérêt est leur unique dieu.

S'il n'y avait que deux hommes sur la terre, comment vivraient-ils ensemble ? ils s'aideraient, se nuiraient, se caresseraient, se diraient des injures, se battraient, se réconcilieraient, ne pouraient vivre l'un sans l'autre, ni l'un avec l'autre. Ils feraient comme tous les hommes font aujourd'hui. Ils ont le don du raisonnement, oui ; mais ils ont aussi le don de l'instinct, & ils sentiront, & ils raisonneront, & ils agiront toûjours comme ils y sont destinés par la nature.

Un Dieu n'est pas venu sur notre globe pour assembler le genre-humain & pour lui dire, „J'ordonne aux Nègres & aux Cafres
„ d'aller tout nuds & de manger des insectes.
„ J'ordonne aux Samoyèdes de se vêtir de
„ peaux de rangifères & d'en manger la chair
„ toute insipide qu'elle est, avec du poisson

„ féché & puant, le tout fans fel. Les Tar-
„ tares du Thibet croiront tout ce que leur
„ dira le dalai-lama ; & les Japonois croi-
„ ront tout ce que leur dira le dairi.

„ Les Arabes ne mangeront point de co-
„ chon, & les Veftphaliens ne fe nourriront
„ que de cochon.

„ Je vais tirer une ligne du mont Caucafe
„ à l'Egypte, & de l'Egypte au mont Atlas :
„ tous ceux qui habiteront à l'orient de cette
„ ligne pouront époufer plufieurs femmes,
„ ceux qui feront à l'occident n'en auront
„ qu'une.

„ Si vers le golphe Adriatique depuis Zara
„ jufqu'à la Polefine, ou vers les marais du
„ Rhin & de la Meufe, ou vers le mont
„ Jura, ou même dans l'ifle d'Albion, ou
„ chez les Sarmates, ou chez les Scandina-
„ viens quelqu'un s'avife de vouloir rendre
„ un feul homme defpotique, ou de préten-
„ dre lui-même à l'être, qu'on lui coupe le
„ cou au plus vîte, en attendant que la
„ deftinée & moi nous en ayons autrement
„ ordonné.

„ Si quelqu'un a l'infolence & la démence
„ de vouloir établir ou rétablir une grande
„ affemblée d'hommes libres fur le Mança-
„ narès ou fur la Propontide, qu'il foit ou
„ empâlé ou tiré à quatre chevaux.

„ Quiconque produira fes comptes fui-
„ vant une certaine règle d'arithmétique à

„ Conſtantinople, au grand Caire, à Tafilet,
„ à Deli, à Andrinople, fera fur le champ
„ empâlé fans forme de procès ; & quiconque
„ ofera compter fuivant une autre règle à
„ Rome, à Lisbonne, à Madrid, en Cham-
„ pagne, en Picardie & vers le Danube de-
„ puis Ulm jufqu'à Belgrade, fera brûlé dévo-
„ tement pendant qu'on lui chantera des *mi-*
„ *ferere.*

„ Ce qui fera jufte tout le long de la Loire
„ fera injufte fur les bords de la Tamife : car
„ mes loix font univerfelles, &c. &c. &c. "

Il faut avouer que nous n'avons pas de preuve bien claire, pas même dans le *Journal chrétien*, ni dans la *Clé du cabinet des princes* qu'un DIEU foit venu fur la terre promulguer ce droit public. Il exifte cependant ; il eft fuivi à la lettre tel qu'on vient de l'énoncer ; & on a compilé, compilé, compilé fur ce droit des nations de très beaux commentaires, qui n'ont jamais fait rendre un écu à ceux qui ont été ruinés par la guerre ou par des édits, ou par les commis des fermes.

Ces compilations reffemblent affez aux cas de confcience de *Pontas*. Voici un cas de loi à examiner : il eft défendu de tuer. Tout meurtrier eft puni, à moins qu'il n'ait tué en grande compagnie & au fon des trompettes; c'eft la règle.

DROIT.

Du tems qu'il y avait encor des antropophages dans la forèt des Ardennes, un bon villageois rencontra un antropophage qui emportait un enfant pour le manger. Le villageois ému de pitié, tua le mangeur d'enfans, & délivra le petit garçon qui s'enfuit auſſitôt. Deux paſſans voyent de loin le bon homme, & l'accuſent devant le prévôt d'avoir commis un meurtre ſur le grand chemin. Le corps du délit était ſous les yeux du juge, deux témoins parlaient, on devait payer cent écus au juge pour ſes vacations; la loi était préciſe: le villageois fut pendu ſur le champ pour avoir fait ce qu'auraient fait à ſa place *Hercule*, *Théſée*, *Roland* & *Amadis*. Falait-il pendre le prévôt qui avait ſuivi la loi à la lettre? Et que jugea-t-on à la grande audience? Pour réſoudre mille cas de cette eſpèce on a fait mille volumes.

<small>Tom. I. page 2. traduction de Barbeirac avec commentaires.</small>

Puffendorf établit d'abord des ètres moraux. *Ce ſont, dit-il, certains modes que les ètres intelligens attachent aux choſes naturelles, ou aux mouvemens phyſiques, en vue de diriger ou de reſtreindre la liberté des actions volontaires de l'homme pour mettre quelque ordre, quelque convenance & quelque beauté dans la vie humaine.*

<small>Page 6.</small>

Enſuite pour donner des idées nettes aux Suédois & aux Allemands du juſte & de l'injuſte, il remarque qu'*il y a deux ſortes d'eſpace*,

l'un

l'un à l'égard duquel on dit que les choses sont quelque part, par exemple ici, là; l'autre à l'égard duquel on dit qu'elles existent en un certain tems, par exemple aujourd'hui, hier, demain. Nous concevons aussi deux sortes d'états moraux, l'un qui marque quelque situation morale, & qui a quelque conformité avec le lieu naturel; l'autre qui désigne un certain tems en tant qu'il provient de là quelque effet moral, &c.

Ce n'est pas tout; *Puffendorf* distingue très curieusement les modes moraux simples & les modes d'estimation, les qualités formelles & les qualités opératives. Les qualités formelles sont de simples attributs; mais les opératives doivent soigneusement se diviser en originales & en dérivées.

Et cependant *Barbeirac* a commenté ces belles choses, & on les enseigne dans des universités. On y est partagé entre *Grotius* & *Puffendorf* sur des questions de cette importance. Croyez-moi, lisez les offices de *Cicéron*.

DROIT PUBLIC.

SECONDE SECTION.

Rien ne contribuera peut-être plus à rendre un esprit faux, obscur, confus, incertain, que la lecture de *Grotius*, de *Puffendorf*

& de presque tous les commentaires sur le droit public.

Il ne faut jamais faire un mal dans l'espérance d'un bien, dit la vertu que personne n'écoute. Il est permis de faire la guerre à une puissance qui devient trop prépondérante, dit l'*Esprit des loix*.

Quand les droits doivent-ils être constatés par la prescription ? Les publicistes appellent ici à leur secours le droit divin & le droit humain, les théologiens se mettent de la partie. *Abraham*, disent-ils, & sa semence, avait droit sur le Canaan, car il y avait voyagé, & Dieu le lui avait donné dans une apparition. Mais nos sages maîtres, il y a cinq cent quarante-sept ans, selon la Vulgate, entre *Abraham* qui acheta un caveau dans le pays & *Josué* qui en saccagea une petite partie. N'importe, son droit était clair & net. Mais la prescription ?............... point de prescription. Mais ce qui s'est passé autrefois en Palestine doit-il servir de règle à l'Allemagne & à l'Italie ?..... Oui ; car il l'a dit. Soit, messieurs, je ne dispute pas contre vous, Dieu m'en préserve.

Les descendans d'*Attila* s'établissent, à ce qu'on dit, en Hongrie. Dans quel tems les anciens habitans commencèrent-ils à être tenus en conscience d'être serfs des descendans d'*Attila* ?

DROIT. 371

Nos docteurs qui ont écrit sur la guerre & la paix sont bien profonds ; à les en croire tout appartient de droit au souverain pour lequel ils écrivent. Il n'a pu rien aliéner de son domaine. L'empereur doit posséder Rome, l'Italie & la France, (c'était l'opinion de *Barthole*) premiérement parce que l'empereur s'intitule *roi des Romains* ; secondement parce que l'archevêque de Cologne est chancelier d'Italie, & que l'archevêque de Trèves est chancelier des Gaules. De plus, l'empereur d'Allemagne porte un globe doré à son sacre ; donc il est maître du globe de la terre.

A Rome il n'y a point de prêtre qui n'ait appris dans son cours de théologie que le pape doit être souverain du monde, attendu qu'il est écrit que *Simon* fils de *Jone* en Galilée, ayant surnom *Pierre*, on lui dit, *Tu es Pierre & sur cette pierre je bâtirai mon assemblée*. On avait beau dire à *Grégoire VII*, Il ne s'agit que des ames, il n'est question que du royaume céleste. Maudit damné, répondait-il, il s'agit du terrestre ; & il vous damnait !

Des esprits encor plus profonds fortifient cette raison par un argument sans replique. Celui dont l'évêque de Rome se dit vicaire, a déclaré que son royaume n'est point de ce monde ; donc ce monde doit appartenir au

A a ij

vicaire quand le maître y a renoncé. Qui doit l'emporter du genre-humain ou des décrétales ? Les décrétales sans difficulté.

On demande ensuite, s'il y a eu quelque justice à massacrer en Amérique dix ou douze millions d'hommes désarmés ? On répond qu'il n'y a rien de plus juste & de plus saint, puisqu'ils n'étaient pas catholiques, apostoliques & romains.

Il n'y a pas un siécle qu'il était toûjours ordonné dans toutes les déclarations de guerre des princes chrétiens, de *courre-sus* à tous les sujets du prince à qui la guerre était signifiée par un héraut à cotte de mailles & à manches pendantes. Ainsi la signification une fois faite, si un Auvergnac rencontrait une Allemande il était tenu de la tuer, sauf à la violer avant ou après.

Voici une question fort épineuse dans les écoles : le ban & l'arrière-ban étant commandés pour aller tuer & se faire tuer sur la frontière, les Suabes étant persuadés que la guerre ordonnée était de la plus horrible injustice, devaient-ils marcher ? quelques docteurs disaient oui ; quelques justes disaient non ; que disaient les politiques ?

Quand on eut bien disputé sur ces grandes questions préliminaires, dont jamais aucun souverain ne s'est embarrassé ni ne s'embarrassera, il falut discuter les droits respectifs de cinquante ou soixante familles, sur le comté d'Alost, sur la ville d'Orchies, sur le duché de Berg & de Juliers ; sur le comté de Tournay, sur celui de Nice, sur toutes les frontières de toutes les provinces ; & le plus faible perdit toûjours sa cause.

On agita pendant cent ans si les ducs d'*Orléans*, *Louis XII*, *François I*, avaient droit au duché de Milan, en vertu du contract de mariage de *Valentine de Milan*, petite-fille du bâtard d'un brave paysan nommé *Jacob Muzio*. Le procès fut jugé par la bataille de Pavie.

Les ducs de Savoye, de Lorraine, de Toscane, prétendirent aussi au Milanais ; mais on a cru qu'il y avait dans le Frioul une famille de pauvres gentilshommes issue en droite ligne d'*Albouin* roi des Lombards, qui avait un droit bien antérieur.

Les publicistes ont fait de gros livres sur les droits au royaume de Jérusalem. Les Turcs n'en ont point fait ; mais Jérusalem leur appartient, du moins jusqu'à présent dans l'année 1770 ; & Jérusalem n'est point un royaume.

Fin de la quatriéme partie.

TABLE
DES ARTICLES
contenus dans cette quatriéme partie.

CICÉRON.	Pag. 1.
CLERC.	7.
Du célibat des clercs.	9.
CLIMAT.	13.
Influence du climat.	17.
CLOU.	22.
COHÉRENCE, COHÉSION, ADHÉSION.	25.
COLIMAÇONS. Section première.	26.
Section seconde.	31.
CONCILE.	33.
CONFESSION.	43.
De la révélation par la confession.	47.
Si les laïques & les femmes ont été confesseurs & confesseuses.	53.
Des billets de confession.	55.

CONFIANCE EN SOI-MÊME. Pag. 57.
CONFISCATION. . . . 66.
CONSCIENCE.
   Section première. *De la conscience du bien & du mal.* . . . 71.
   Section seconde. *Conscience. Si un juge doit juger selon la conscience ou selon les preuves.* . . . 74.
   Section troisième. *De la conscience trompeuse.* . . . 75.
   Section quatrième. *Conscience: Liberté de conscience.* . . . 78.
CONSEILLER ou JUGE. . . 81.
CONSÉQUENCE. . . . 84.
CONSPIRATIONS CONTRE LES PEUPLES, ou PROSCRIPTIONS. 87.
   Conspirations ou proscriptions juives. ibid.
   Celle de Mithridate. . . . 88.
   Celle de Sylla, *de* Marius & *des triumvirs.* . . . . 89.
   Celle des Juifs sous Trajan. . . 90.
   Celle de Théodose, &c. . . . 91.
   Celle de l'impératrice Théodora. . 92.
   Celle des croisés contre les Juifs. . 93.
   Celle des croisades contre les Albigeois. 94.

Les vêpres siciliennes.	Pag. 94.
Les templiers.	95.
Massacre dans le nouveau monde.	96.
Conspiration contre Mérindol.	99.
Conspiration de la St. Barthelemi.	102.
Conspiration d'Irlande.	104.
Conspiration dans les vallées du Piémont.	105.

CONTRADICTION. . . . 112.

Des contradictions dans quelques rites. 115.
Des contradictions dans les affaires & dans les hommes. . . . . 117.
Des contradictions dans les hommes & dans les affaires. . . . ibid.
Des contradictions apparentes dans les livres. . . . . 118.

CONTRASTE. . . . 130.
CONVULSIONS. . . . 132.
COQUILLES (des) & *des systêmes bâtis sur des coquilles.* . . 134.
Amas de coquilles. . . . 138.
Observation importante sur la formation des pierres & des coquillages. . 140.
De la grotte des fées. . . . 142.

Du fallun de Touraine & de ses
coquilles. . . . . . Pag. 144.
Idées de Palissi sur les coquilles préten-
dues. . . . . 149.
Du système de Maillet, qui de l'inspec-
tion des coquilles conclut que les poiſ-
ſons sont les premiers pères des hom-
mes. . . . . . 151.
CORPS. . . . . 153.
COUTUME. . . . 158.
CRIMES (des) ou DÉLITS DE
TEMS. ET DE LIEU. . . 159.
Des crimes de tems & de lieu qu'on
doit ignorer. . . . 161.
Question si deux témoins suffisent pour
faire pendre un homme ? . . 163.
CRIMINEL, PROCÈS CRIMINEL. . 166.
Procédure criminelle chez certaines na-
tions. . . . . 169.
CRITIQUE. . . . . 177.
CROIRE. . . . . 187.
CROMWELL. . . . 190.
CU. . . . . . 192.
CUISSAGE ou CULAGE, Droit de
prélibation, de marquette, &c. . 195.

Curé de campagne. (le) (Section première.) . . Pag. 199.
   Section seconde. . . . 203.
Curiosité. . . . 209.
David. . . . . 214.
Défloration. . . . 220.
Déluge universel. . 221.
Démocratie. . . . 227.
Démoniaques, possedés du démon, énergumènes, exorcisés. . 235.
Denis l'Aréopagite, (de St.) & de la fameuse éclipse. . . 237.
   De la grande éclipse observée par Denis. 240.
Dénombrement. . . 242.
   Section seconde. . . . 250.
Destin. . . . . 252.
Dictionnaire. . . 258.
   Extrait des réflexions d'un académicien, sur le dictionnaire de l'académie. 265.
Dieu. Dieux. (Section première.) 268.
   Lettre de Maxime de Madaure. . 271.
   Réponse d'Augustin. . . 272.
   D'une calomnie de Warburton *contre* Cicéron, *au sujet d'un* Dieu *suprême.* . . . . 274.

Les Romains ont-ils pris tous leurs Dieux des Grecs ? Pag. 276.
Section seconde. *Examen de* Spinosa. 277.
Profession de foi de Spinosa. 278.
Du fondement de la philosophie de Spinosa. 281.
Section troisiéme. *Du système de la nature.* 285.
Histoire des anguilles sur lesquelles est fondé le système. 290.
Section quatriéme. *De la nécessité de croire un Etre suprême.* 296.
DIEU. (Amour de). 304.
DIODORE DE SICILE, (de) & D'HÉRODOTE. 309.
DISPUTE. 318.
DISTANCE. (de la) 327.
DIVORCE. 339.
DOGMES. 343.
DONATIONS. 347.
Donation de Constantin. 348.
Donation de Pepin. 349.
Donation de Bénévent par l'empereur Henri III. 351.
Donation de la comtesse Mathilde. 352.

*Donation de la suzeraineté de Naples
aux papes.* . . . Pag. 354.
*Donation de l'Angleterre & de l'Ir-
lande aux papes, par le roi* Jean. 357.
*Examen de la vassalité de Naples & de
l'Angleterre.* . . . 358.
Des donations faites par les papes. 359.
Donations entre particuliers. . 360.
DORMANTS. (les sept) . . 362.
DROIT. DROIT DES GENS, DROIT NA-
TUREL, DROIT PUBLIC. . . 364.
Droit public. (Seconde section.) 369.

ERRATA

du quatriéme volume.

Page 2. *ligne* 16. conseil chargea, *corrigez*, consul chargea.

page 11. *lig.* 13. ut à Riminensis, corr. *ut Riminensis*.

page 38. *lig.* 6. auquel il fit crevez, *corr.* auquel elle fit crever.

page 48. *lig.* 5. nexis animam, corr. *noxis animam*.

page 107. *lig.* 5. occupandis, corr. *occupandi*.

page 151. *lig.* 9. des illes, *corr.* des îles.

page 164. *lig. pénult:* l'envetopper, *corr.* l'envelopper.

page 183. *lig.* 12. *Guiot Fontaines*, corr. *Guiot des Fontaines*.

page 204. *lig.* 5. Je fais assez de connaissance, *corr.* J'ai assez de connaissance.

page 208. *lig. antepénult.* du corps est à celle de, *corr.* du corps & à celle de.

page 228. *lig.* 15. & d'en avoir été empêchés, *corr.* & pour en avoir été empêchés.

ERRATA.

page 262. *lig.* 20. accufés, *corr.* accufé.

page 263. *lig.* 11. des anecdotes, *corr.* & des anecdotes.

page 267. *lig.* 2. ces années, *corr.* ces années dernières.

Page 271. *lig.* 18. & de la nouvelle, *corrigez*, & un de la nouvelle.

page 281. *lig.* 23. & il y paraît, *corr.* & il paraît.

page 320. *lig.* 4. parcourans, *corr.* parcourant.

page 328. *lig.* 24. *ôtez la lettre* i *qui commence cette ligne.*

page 360. *lig.* 9. tenneau, *corr.* tonneau.

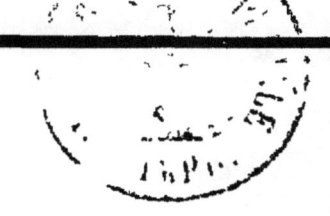

www.ingramcontent.com/pod-product-compliance
Lightning Source LLC
Chambersburg PA
CBHW070441170426
43201CB00010B/1174